PUER AETERNUS

Coleção **AMOR E PSIQUE**

Coordenação: Dra. Maria Elci Spaccaquerche
Dr. Léon Bonaventure

O autoconhecimento e a dimensão social
- *Meditações sobre os 22 arcanos maiores do tarô*, Anônimo
- *Encontros de psicologia analítica*, Maria Elci Spaccaquerche (org.)
- *A família em foco: sob as lentes do cinema*, Marfiza Terezinha Ramalho Reis; Maria Elci Spaccaquerche (orgs.)
- *Jung, o médico da alma*, Viviane Thibaudier
- *Entrevistas com Marie-Louise von Franz*, VV.AA. (org.)
- *Psicologia profunda e nova ética*, Erich Neumann

Contos de fadas e histórias mitológicas
- *A individuação nos contos de fada*, Marie-Louise von Franz
- *A interpretação dos contos de fada*, Marie-Louise von Franz
- *O que conta o conto?*, Jette Bonaventure
- *O gato: um conto da redenção feminina*, Marie-Louise von Franz
- *Mitologemas: encarnações do mundo invisível*, James Hollis
- *A ansiedade e formas de lidar com ela nos contos de fadas*, Verena Kast (ebook)

Corpo e a dimensão fisiopsíquica
- *Corpo poético: o movimento expressivo em C. G. Jung e R. Laban*, Vera Lucia Paes de Almeida (ebook)
- *Dioniso no exílio: sobre a repressão da emoção e do corpo*, Rafael Lopez-Pedraza
- *Medicina arquetípica*, A. J. Ziegler
- *Presença no corpo: eutonia e psicologia analítica*, Marcel Gaumond

O feminino
- *Os mistérios da mulher*, Mary E. Harding
- *A prostituta sagrada*, Nancy Qualls-Corbett
- *As deusas e a mulher*, Jean Shinoda Bolen
- *O medo do feminino*, Erich Neumann
- *O que conta o conto? (II): Variações sobre o tema mulher*, Jette Bonaventure
- *Liderança feminina: gestão, psicologia junguiana, espiritualidade e a jornada global através do purgatório*, Karin Jironet

O masculino
- *Sob a sombra de Saturno*, James Hollis
- *O pai e a psique*, Alberto Pereira Lima Filho
- *Os deuses e o homem*, Jean Shinoda Bolen

Maturidade e envelhecimento
- *A passagem do meio: da miséria ao significado da meia-idade*, James Hollis
- *Incesto e amor humano: a traição da alma na psicoterapia*, Robert Stein
- *No meio da vida: uma perspectiva junguiana*, Murray Stein
- *Assombrações: dissipando os fantasmas que dirigem nossas vidas*, James Hollis

Psicologia e religião
- *Uma busca interior em psicologia e religião*, James Hillman

Psicoterapia, imagens e técnicas psicoterápicas
- *Psiquiatria junguiana*, Heinrich Karl Fierz
- *Psicoterapia*, Marie-Louise von Franz
- *O abuso do poder na psicoterapia e na medicina, serviço social, sacerdócio e magistério*, Adolf Guggenbühl-Craig
- *O mundo secreto dos desenhos: uma abordagem junguiana da cura pela arte*, Gregg M. Furth
- *Saudades do paraíso: perspectivas psicológicas de um arquétipo*, Mario Jacoby
- *O Mistério da coniunctio: imagem alquímica da individuação*, Edward F. Edinger
- *Psicoterapia junguiana e a pesquisa contemporânea com crianças: padrões básicos de intercâmbio emocional*, Mario Jacoby
- *Letras imaginativas: breves ensaios de psicologia arquetípica*, Marcus Quintaes
- *O mundo interior do trauma: defesas arquetípicas do espírito pessoal*, Donald Kalsched
- *Compreensão e cura do trauma emocional*, Daniela F. Sieff

O puer
- *Puer Aeternus: a luta do adulto contra o paraíso da infância*, Marie-Louise von Franz
- *O livro do puer: ensaios sobre o arquétipo do Puer Aeternus*, James Hilman

Relacionamentos e parcerias
- *Os parceiros invisíveis: o masculino e o feminino*, John A. Sanford
- *Eros e pathos: amor e sofrimento*, Aldo Carotenuto

Sombra
- *A sombra e o mal nos contos de fada*, Marie-Louise von Franz
- *Mal, o lado sombrio da realidade*, John A. Sanford
- *Os pantanais da alma: nova vida em lugares sombrios*, James Hollis

Sonhos
- *Os sonhos e a cura da alma*, John A. Sanford
- *Aprendendo com os sonhos*, Marion Rausch Gallbach
- *Como entender os sonhos*, Mary Ann Mattoon
- *Sonhos na psicologia junguiana: novas perspectivas no contexto brasileiro*, VV.AA.
- *Pã e o pesadelo*, James Hillman
- *A busca de sentido*, Marie-Louise von Franz
- *Breve curso sobre os sonhos*, Robert Bosnak

Marie-Louise von Franz

PUER AETERNUS
a luta do adulto
contra o paraíso da infância

Dados Internacionais de Catalogação na Publicação (CIP)
(Câmara Brasileira do Livro, SP, Brasil)

Franz, Marie-Louise von, 1915
Puer aeternus: a luta do adulto contra o paraíso da infância / Marie-Louise von Franz [tradução Jane Maria Corrêa; revisão Ivo Storniolo].
— São Paulo: Paulus, 1992. — Coleção Amor e psique.

ISBN 978-85-349-1442-0

1. Jung, Carl Gustav, 1875-1961 2. Personalidade 3. Psicologia patológica 4. Saint-Exupéry, Antoine de, 1900-1944 I. Título. II. Título: A luta do adulto contra o paraíso da infância. III. Série: Amor e psique.

CDD-155.232
-150.1954
91-2837 -157

Índice para catálogo sistemático:
1. Infantilidade: Traço da personalidade: Psicologia individual 155.232
2. Personalidade: Psicologia individual 155.2
3. Psicologia junguiana 150.1954
4. Psicologia patológica 157
5. Saint-Exupéry, Antoine de, 1900-1944: Aspectos psicológicos 155.232

Coleção AMOR E PSIQUE coordenada por
Dr. Léon Bonaventurre
Dra. Maria Elci S. Barbosa

Título original
*Puer Aeternus — A Psychological Study of the Adult Struggle
with the Paradise of Childhood*
© Marie-Louise von Franz — Sigo Press, 2ª ed., 1981.
ISBN 0-93843401-2

Tradução
Jane Maria Corrêa

Editoração, impressão e acabamento
PAULUS

Seja um leitor preferencial **PAULUS**.
Cadastre-se e receba informações
sobre nossos lançamentos e nossas promoções:
paulus.com.br/cadastro
Televendas: **(11) 3789-4000 / 0800 016 40 11**

MISTO
Papel produzido a partir
de fontes responsáveis
FSC® C108975

1ª edição, 1992
8ª reimpressão, 2021

© PAULUS – 1992

Rua Francisco Cruz, 229 • 04117-091 – São Paulo (Brasil)
Tel.: (11) 5087-3700
paulus.com.br • editorial@paulus.com.br

ISBN 978-85-349-1442-0

INTRODUÇÃO À COLEÇÃO AMOR E PSIQUE

Na busca de sua alma e do sentido de sua vida, o homem descobriu novos caminhos que o levam para a sua interioridade: o seu próprio espaço interior torna-se um lugar novo de experiência. Os viajantes desses caminhos nos revelam que somente o amor é capaz de gerar a alma, mas também o amor precisa da alma. Assim, em lugar de buscar causas, explicações psicopatológicas às nossas feridas e aos nossos sofrimentos, precisamos, em primeiro lugar, amar a nossa alma, assim como ela é. Deste modo é que poderemos reconhecer que estas feridas e estes sofrimentos nasceram de uma falta de amor. Por outro lado, revelam-nos que a alma se orienta para um centro pessoal e transpessoal, para a nossa unidade e a realização de nossa totalidade. Assim, a nossa própria vida carregará em si um sentido, o de restaurar a nossa unidade primeira.

Finalmente, não é o espiritual que aparece primeiro, mas o psíquico, e depois o espiritual. É a partir do olhar do imo espiritual interior que a alma toma seu sentido, o que significa que a psicologia pode de novo estender a mão à teologia.

Esta perspectiva psicológica nova é fruto do esforço para libertar a alma da dominação da psicopatologia, do espírito analítico e do psicologismo, para que volte a si mesma, à sua própria originalidade. Ela nasceu de reflexões durante a prática psicoterápica, e está começando a renovar o modelo e a finalidade da psicoterapia. É uma nova visão do homem na sua existência cotidiana, do seu tempo, e dentro de seu contexto cultural, abrindo dimensões diferentes de nossa existência para podermos reencontrar a nossa alma. Ela poderá alimentar todos aqueles que são sensíveis à necessidade de colocar mais alma em todas as atividades humanas.

A finalidade da presente coleção é precisamente restituir a alma a si mesma e "ver aparecer uma geração de sacerdotes capazes de entender novamente a linguagem da alma", como C. G. Jung o desejava.

Léon Bonaventure

AGRADECIMENTOS

A substância destes capítulos foi apresentada como doze palestras no C. G. Jung Institute de Zurique, durante o inverno de 1959-1960. Desejo agradecer a Una Thomas pela fiel transcrição sobre a qual o texto revisado se baseou. Desejo também agradecer a Patricia Berry e Valery Donleavy pela forma final em que este seminário aparece.

Marie-Louise von Franz
Zurique
Janeiro de 1970

Capítulo 1

Puer aeternus é o nome de um deus da antiguidade. As palavras vêm de *Metarmophoses* de Ovídio[1] e são aplicadas ao deus-criança nos mistérios eleusinianos. Ovídio fala do deus-criança Iaco, dirigindo-se a ele como *puer aeternus* e cultuando-o em seu papel nesses mistérios. Posteriormente, o deus-criança foi identificado com Dionísio e com o deus Eros. Ele é o jovem divino que, de acordo com esse típico mistério eleusiniano de culto à mãe, veio ao mundo em uma noite para ser o redentor. É o deus da vida, da morte e da ressurreição — o deus da juventude divina, correspondente aos deuses orientais Tamuz, Átis e Adônis. O título *puer aeternus* portanto significa "juventude eterna", mas também o usamos para indicar certo tipo de jovem que tem um complexo materno fora do comum e que portanto comporta-se de certas maneiras típicas, que eu gostaria de caracterizar do seguinte modo:

Em geral, o homem que se identifica com o arquétipo do *puer aeternus* permanece durante muito tempo como adolescente, isto é, todas aquelas características que são normais em um jovem de dezessete ou dezoito anos continuam na vida adulta, juntamente com uma grande dependência da mãe, na maioria dos casos. Os dois distúrbios típicos do homem que não se separou da mãe, são, de acordo com Jung[2], o homossexualismo e o complexo de Don Juan. No último caso, a imagem da mãe — a imagem da mulher perfeita que tudo dá ao homem, e

---

1. Ovídio, *Metamorphoses*, IV, 18-20.
2. Carl Gustav Jung, *Symbols of Transformation*, vol. 5, *Collected Works*. Princeton University Press, 1956, 2ª ed., 1967, § 527.

que não tem nenhum defeito — é procurada em todas as mulheres. Ele procura uma mãe-deusa, portanto, cada vez que se apaixona por uma mulher, mas logo descobre que ela é um ser humano comum. Por ter sido atraído por ela sexualmente, toda a paixão de repente desaparece e ele decepciona-se e a deixa, apenas para projetar a imagem novamente em outra mulher, sempre repetindo a mesma história. Eternamente sonha com a mulher maternal que o tomará nos braços e realizará todos os seus desejos. Isto é frequentemente acompanhado pela atitude romântica da adolescência.

Geralmente, grandes dificuldades de adaptação a situações sociais são encontradas. Em alguns casos, há um tipo de individualismo associal: sendo alguém especial, ele não tem necessidade de adaptar-se, pois as pessoas é que têm que adaptar-se a um gênio como ele, e assim por diante. Além disso, assume uma atitude arrogante em relação aos outros devido tanto ao complexo de inferioridade como a falsos sentimentos de superioridade. Tais pessoas geralmente têm grande dificuldade em encontrar o tipo certo de trabalho, pois tudo que aparece nunca é exatamente o que queriam ou procuravam. Há sempre um "cabelo na sopa". A mulher nunca é a ideal; ela é legal como namorada, mas... Há sempre um "mas" que não o deixa casar-se ou comprometer-se.

Isso tudo leva a uma forma de neurose que H. G. Baynes descreveu como "vida provisória"; isto é, a estranha atitude é a sensação que a mulher *não é ainda* a que ele realmente quer, e há sempre a fantasia que em algum momento no futuro a "coisa certa" aparecerá. Se essa atitude se prolonga, significa uma constante recusa interior de viver o presente. Seguindo esta neurose, encontramos frequentemente, em nível maior ou menor, um redentor ou um portador do complexo de Messias, que tem o pensamento secreto de algum dia salvar o mundo. Crê que a última palavra em filosofia, ou religião, ou política, ou arte, ou alguma outra coisa, será descoberta por ele. Isso pode progredir para uma megalomania patológica típica, ou então pode haver alguns indícios da ideia que o tempo dele "ainda não chegou". A única situação que esse tipo de homem teme é a de se ligar a qualquer coisa. Há um medo terrível de se prender, de entrar no tempo e no espaço totalmente, e de ser o ser humano específico que ele é. Há sempre o medo de ser pego em uma situação da qual seja impossível sair. Toda definição é para ele um inferno. Ao mesmo tempo, há sempre algo altamente simbólico — principalmente uma atração por esportes perigosos, particularmente aviação e alpinismo — de modo que nesses esportes ele se encontra o mais alto possível, simbolizando a separação da mãe, isto é, da terra, da vida comum. Se esse tipo de complexo for muito pronunciado, muitos homens que o possuem encontrarão a morte prematura em acidentes de avião e de alpinismo. É um desejo exteriorizado que se expressa dessa forma.

Uma representação dramática do que a aviação realmente significa para o *puer* é apresentada no poema de John Magee. Logo após escrever o poema, Magee morreu em um acidente aéreo.

Voo Alto

Oh! Ultrapassei as imperiosas fronteiras da terra,
   E dancei nos céus com alegres asas de prata;
Em direção ao sol subi, e com o coração leve fui parte das
   alturas, das nuvens entre as quais passa o sol,
   e fiz muitas coisas
Que você nunca sonharia — girei e subi direto
e balancei-me no ar,
   Bem alto no silêncio iluminado pelo sol. Planando lá,
Persegui o vento que assobiava, e bruscamente virei e levei
   Meu ansioso aparelho através de corredores no ar suspensos.

Para cima ao longo do imenso, delirante e ardente azul
   Encontrei-me nas alturas varridas pelo vento,
   com o coração cheio de graça,
Onde nunca voaram os pássaros, nem mesmo a águia,
   E, com minha mente elevada aos céus, e com o silêncio,
   caminhei.
   Pelo nunca antes ultrapassado espaço sagrado,
Estendi a mão e toquei a face de Deus.[3]

---

3. John Gillespie Magee, Jr., "High Flight", in P. Edward Ernest org., *The Family Album of Favorite Poems*, Grosset & Dunlap, New York, 1959.

Pueri geralmente não gostam de esportes que requerem paciência e treinamento longo, pois o *puer aeternus* — no sentido negativo da palavra — é geralmente muito impaciente por temperamento. Conheço um jovem, um exemplo clássico de *puer aeternus*, que praticou por muito tempo o alpinismo, mas que detestava tanto carregar mochila, que preferia treinar-se a dormir na chuva ou na neve. Ele fazia para si um buraco na neve e enrolava-se em uma capa de chuva, e com um tipo de respiração de yoga, era capaz de dormir ao ar livre. Também se treinava a passar praticamente sem comida, simplesmente para evitar carregar peso. Ele vagou durante anos por todas as montanhas da Europa e de outros continentes, dormindo sob as árvores ou na neve. De certo modo, levou uma existência bastante heroica, apenas para não ser obrigado a pernoitar em uma cabana ou carregar mochila. Pode-se dizer que isto foi simbólico, pois um homem assim, na realidade, não quer ser sobrecarregado com nenhum tipo de peso; a única coisa que ele recusa totalmente é ter responsabilidade para com qualquer coisa, ou a carregar o peso de alguma situação.

Em geral, a qualidade positiva de tais jovens é um certo tipo de espiritualidade que vem de um contato relativamente próximo com o inconsciente coletivo. Muitos têm o charme da juventude e a estimulante característica da champanha. Os *pueri aeterni* são geralmente muito agradáveis para conversar; eles usualmente têm assuntos interessantes e têm um efeito estimulante sobre o ouvinte; não gostam de situações convencionais; fazem perguntas profundas e vão direto à verdade; geralmente estão à procura da religião autêntica, uma procura típica do final da adolescência. Geralmente o charme juvenil do *puer aeternus* se prolonga até os últimos estágios da vida.

Contudo, há outro tipo de *puer* que não exibe o charme da juventude eterna e nem o arquétipo da juventude divina brilha nele. Pelo contrário, vive em estado de alheamento, o que é também uma característica típica da adolescência: o jovem sonolento, indisciplinado, de pernas longas que simplesmente fica à toa, com a mente vagando, de modo que às vezes sente-se vontade de jogar um balde d'água nele para fazê-lo acordar. O ar desligado é apenas um aspecto exterior, contudo, e se você consegue penetrar em seu íntimo encontrará uma vida fantasiosa intensa.

O que expus acima é um resumo das principais características de certos jovens que sofrem de complexo materno e que, por causa dele, identificam-se com as características do *puer*. Dei um quadro negativo dessas pessoas porque é assim que eles se mostram quando vistos de maneira superficial mas, como se vê, não explicamos a causa do problema. A questão que queremos esclarecer nesta palestra é a causa pela qual este tipo de problema, do homem que não se separou da mãe, tornou-se comum em nossos dias. Como se sabe, o homossexualismo — eu não acho que o Don Juanismo seja tão comum em nossos dias — está aumentando cada vez mais; até os adolescentes mostram essa tendência, e me parece que o problema do *puer aeternus* está se tornando cada vez mais premente. Sem dúvida, as mães sempre tentaram manter os filhos no ninho, e os filhos sempre tiveram dificuldades de se libertar e muitas vezes continuam a aproveitar as benesses do lar; ainda assim não se explica por que esse problema natural tenha se tornado um problema tão sério em nossos dias. Creio que esta é uma questão profunda e importante que devemos nos colocar porque o resto é mais ou menos óbvio. O homem que possui o complexo materno sempre terá de lutar com suas tendências de se tornar um *puer aeternus*. Qual é a cura? Pode-se perguntar. Se um homem descobre que tem um complexo materno, que é algo que aconteceu a ele — não é algo que ele mesmo provocou — o que ele pode fazer? Em *Symbols of Transformation,* Jung falou sobre a cura — pelo trabalho — e tendo dito isso, hesitou e pensou: "Será que realmente é assim tão simples? É esta a única cura? Posso colocá-lo deste modo?" Mas trabalho é uma palavra tão desagradável para o *puer* que ele não suporta ouvi-la, e o Dr. Jung chegou à conclusão de que o que disse estava certo. Minha experiência também me mostrou que é através do trabalho que o homem pode sair desse tipo de neurose juvenil. Há, contudo, alguns mal-entendidos nesta associação, pois o *puer aeternus* só consegue trabalhar como as pessoas primitivas ou que têm um ego fraco, quando ficam fascinados ou em estado de grande entusiasmo. Aí ele consegue trabalhar vinte e quatro horas por dia ou mesmo até que se canse daquilo. Mas o que ele não consegue fazer é sair para o trabalho em uma horrível manhã chuvosa quando o trabalho é entediante e a gente tem que se esforçar para enfrentá-lo. Disso o *puer aeternus* não dá conta e arranja qualquer desculpa para evitar. Na análise de um *puer aeternus* mais cedo ou mais tarde o analista depara esse problema. É apenas quando o ego se fortaleceu suficientemente que o problema pode ser ultrapassado, e a possibilidade do trabalho diário se concretiza. Naturalmente, embora se conheçam os objetivos, cada caso individual é diferente. Pessoalmente, eu não penso que a solução seja fazer sermões sobre a necessidade do trabalho, pois tais indivíduos simplesmente se zangam e o deixam falando sozinho.

Pelo que sei, o inconsciente geralmente tenta estabelecer um compromisso — principalmente, indicar o caminho onde houver mais entusiasmo ou onde a energia psicológica poderia fluir mais livremente, pois é, naturalmente, mais fácil treinar-se para trabalhar em alguma coisa que coincida com o instinto. Assim as coisas não ficam tão difíceis quanto trabalhar contra a corrente de energia. Portanto, é geralmente aconselhável esperar um pouco, descobrir os caminhos para os quais sua corrente natural de energia e interesse corre, e então tentar encaminhá-lo para um trabalho de acordo com seus pendores e suas tendências. Mas, em todo campo de trabalho deve-se enfrentar a rotina. Todo trabalho, mesmo sendo criativo, contém uma certa quantidade de rotina e monotonia, da qual o *puer* foge, concluindo que "aquele não é o trabalho que procurava!" Em tais momentos, se a pessoa for apoiada pelo inconsciente, os sonhos ocorrem e mostram que o indivíduo deve lutar contra o obstáculo. Se for bem sucedido, então a batalha está ganha.

Em uma carta[4] Jung escreve sobre o *puer:* "Considero a atitude do *puer aeternus* um mal inevitável. O caráter do *puer aeternus* é de uma puerilidade que deve ser de algum modo superada. Sempre leva-o a sofrer golpes do destino que mostram a necessidade de agir de maneira diferente. Mas a razão

---

4. Gerhard Adler e Aniela Jaffé, orgs., *C. G. Jung: Cartas,* 2 vols. Princeton: Princeton University Press, 1973, vol. 1, pág. 82. Carta de 23 de fevereiro, 1931.

não consegue nada nesse sentido, porque o *puer aeternus* não assume responsabilidade por sua própria vida".

A fim de entrar nas causas profundas do problema, gostaria primeiro de interpretar *O pequeno príncipe* de Antoine de Saint-Exupéry porque ele esclarece bastante a situação. Esse homem, como você provavelmente sabe, morreu em um acidente de aviação durante a segunda guerra mundial. Ele mostra todas as características do *puer aeternus,* o que, contudo, não altera o fato de ter sido grande poeta e escritor. Sua vida foi a princípio difícil de compreender. Essa dificuldade é típica: quando você tenta seguir sua biografia, você consegue apenas colecionar poucos fatos dispersos aqui e ali, pois, como já deixei claro, o *puer aeternus* quase nunca toca a terra. Ele nunca se compromete com situações do mundo, mas apenas gira ao redor da terra, tocando-a de vez em quando, iluminando aqui e ali, e, portanto, temos que seguir as pistas. Maiores informações tornaram-se disponíveis apenas alguns anos depois de sua morte. Está resumida no *"Antoine de Saint-Exupéry, sua vida e seu tempo".*[5]

Saint-Exupéry nasceu em 1900, em uma família aristocrática francesa, e cresceu numa linda casa de campo com sua atmosfera tradicional. Escolheu tornar-se aviador profissional e foi por um tempo piloto da companhia Aero-postale, que tinha um serviço entre a Europa e a América do Sul. Cerca de 1929, ele serviu a linha Toulouse-Dakar-Buenos Aires e colaborou no estabelecimento de outras linhas na América do Sul. Mais tarde, comandou um aeródromo completamente isolado no deserto do norte da África — Cabo Julie — por muito tempo. Sua tarefa principal era salvar da morte pilotos que haviam caído com seus aviões no deserto ou por ter caído nas mãos das tribos árabes. Esse foi o tipo de vida que tal homem escolheu, e Saint-Exupéry preferia o posto do deserto a qualquer outro. Em 1939, no início da guerra, lutou pela França como capitão da força aérea. Depois do colapso da França ele planejava escapar para o Egito, mas por razões técnicas esse plano teve que ser

---

5. Curtis Cate, *Antoine de Saint-Exupéry, His Life and Times.* New York: G. P. Putnam's Sons, 1970.

abandonado. Foi então desmobilizado e seguiu para Nova Iorque, onde terminou seu livro *Flight to Arras*. Mais tarde, quando os aliados desceram na África, ele queria voltar para a força aérea e, embora fosse recusado devido à idade, foi bem-sucedido em aproveitar toda ocasião possível para voar de novo. Em julho de 1944, tendo deixado Algiers com seu avião para um voo de reconhecimento na França, desapareceu sem deixar qualquer traço de si mesmo ou do avião. Mais tarde — algum tempo depois de a guerra terminar — um jovem alemão relatou que ele havia sido atingido sobre o mar por um avião alemão Fokker Wolff. De um grupo de sete aviões, um homem disse que um francês havia sido atingido e derrubado sobre o Mediterrâneo; pelas indicações dadas parecia ser o de Saint-Exupéry.

O casamento de Saint-Exupéry não foi muito feliz. Sua esposa parece ter sido uma mulher bastante temperamental, e ele nunca ficava com ela por mais de uma ou duas semanas; e então, por uma razão ou outra, ele partia de novo. Quando não recebeu permissão para voar ficou deprimido, caminhando de um lado para outro em seu apartamento da manhã à noite, nervoso e desesperado. Somente quando pôde voar, voltou ao seu *Self* normal e sentiu-se bem. Quando tinha de ficar em terra com sua esposa, ou em qualquer outra situação, caía em depressão e, portanto, sempre tentava voltar a voar.

Seus outros livros mostram o quanto ele se preocupava com os problemas do momento e com a cosmovisão de nosso tempo. Aqueles de vocês que tenham lido algum deles devem ter notado que, como muitos franceses, especialmente os da nobreza, ele era adepto das ideias nazistas. Os franceses são francos;[6] às vezes esquecemos disso porque eles odeiam tanto os alemães, mas as camadas superiores da sociedade são frequentemente de origem germânica. Os alemães imigraram para a França há não muito tempo atrás. Do ponto de vista histórico, e, portanto, principalmente nos círculos militares e entre a nobreza, eles têm

---

6. Franco: membro do povo do oeste da Alemanha que imigrou para as províncias romanas em 253 d.C., estabelecendo-se aproximadamente onde hoje é a França, além de outros lugares na Europa (N. da trad.).

muita afinidade com a mentalidade prussiana. Inegavelmente, isso aparece nas personagens de Saint-Exupéry: por exemplo, em Rivière, ele tenta delinear um tipo de Führer, o homem frio que manda seus jovens aviadores para a guerra por uma causa nobre. Isso é apenas uma parte do aspecto exterior de seu meio e não é realmente relevante para seu problema mais sério, que é a procura por...? Mas o que ele procura? Essa é uma pergunta que eu não responderei agora, mas para a qual tentarei achar a resposta junto com vocês.

Uma de suas obras mais populares, como vocês sabem, é *"O Pequeno Príncipe"*. O livro foi um tremendo sucesso, e muitas pessoas fizeram dele sua Bíblia. Contudo, se você conversar com elas, adotarão uma atitude levemente desafiadora insistindo que o consideram um livro maravilhoso. Fico pensando sobre essa atitude desafiadora e penso que a única explicação é a de que mesmo aqueles que gostam tanto dele têm algo não muito bem resolvido em suas mentes. Há uma questão que penso termos direito de colocar — mesmo para aqueles que fazem dele sua Bíblia — e ela é sobre o estilo levemente sentimental, um toque sentimental que embora cause um certo mal-estar, não diminui o livro no que ele tem de bom. Onde há sentimentalismo, em geral há também uma certa quantidade de brutalidade. Joering foi um exemplo típico, pois, sem qualquer escrúpulo, ele assinava a sentença de morte de 300 pessoas; mas, se um de seus passarinhos morresse, o velho gordo chorava. Ele é um exemplo clássico! Brutalidade fria é muitas vezes disfarçada com sentimentalismo. Você encontra essa fria brutalidade masculina em ação nas personagens de Rivière e no Sheik dos livros de Saint-Exupéry.

Quando interpretamos *O pequeno príncipe,* fizemos um estudo de caso onde isso se tornou bem claro: principalmente no problema da sombra do *puer aeternus*. Aqui, geralmente, encontramos um homem que no fundo é frio e brutal, compensando uma atitude idealista em excesso de sua consciência, e que o *puer aeternus* não consegue assimilar voluntariamente. Por exemplo, no tipo Don Juan, encontramos uma brutalidade fria como gelo sem nenhum sentimento humano para com a amante antiga, e o entusiasmo sentimental total é transferido para outra mulher. Essa brutalidade, ou a fria atitude realista, muitas vezes aparece também em situações relacionadas a dinheiro. Por não se importar com sua adaptação social, ou em arranjar um trabalho fixo e trabalhar, ele tem de arranjar dinheiro de algum modo, o que geralmente consegue em negócios escusos — debaixo do pano, por assim dizer. Ele arranja o dinheiro, Deus sabe onde, e por meios ilícitos. Se você examinar o problema à luz da sombra inconsciente, você observa um complexo — uma reação.

Observação: Muitos dos aspectos que você atribui ao puer aeternus *podem ser também atribuídos aos psicopatas. Qual a distinção que você faz entre os dois?*

Muitas. Mas eu não diria que o que foi dito acima é típico do psicopata. Por exemplo, o caso que apresentarei mais tarde, sobre um tipo esquizóide *borderline*, é uma outra variedade. Em minha experiência percebi que além do *puer aeternus* há o homem que é psicopata ou esquizóide ou histérico ou apenas um pouco neurótico, dependendo do caso individual e outras implicações do problema. Digamos que alguém tem um problema religioso. Esse é um problema específico, mas além dele a pessoa pode ser normal, psicopata, esquizóide ou histérica. O mesmo se aplica ao problema da homossexualidade, que pode ser combinado com ou livre de outros traços neuróticos e pode ser relacionado intimamente ou não, com o problema do tempo. Esse me parece ser o problema dominante.

O Dr. Jung tinha uma noção muito interessante sobre homossexualismo: pensava que ele poderia ser uma compensação inconsciente para a superpopulação; quer dizer, achava que a natureza forçasse essa tendência a fim de compensar a superpopulação — de maneira que certo número de pessoas não contribuiriam para esse problema. A natureza pode muito bem empregar tal recurso e a superpopulação é realmente hoje nosso maior problema. Antigamente não havia estatísticas, portanto é difícil provar alguma coisa a esse respeito. Somente sabemos que a homossexualidade é hoje tremendamente comum. Meu pai, que era oficial do exército austríaco e que falava abertamente sobre tais assuntos, dizia que no seu tempo a homossexualidade não era um problema no exército e que havia muito poucos casos, enquanto hoje em dia, como vocês sabem, é um verdadeiro problema que se tornou bastante difundido, particularmente entre aviadores.

Foi solicitado a mim que dissesse alguma coisa sobre o problema do *puer aeternus* do ponto de vista do *animus* das mulheres. Não tenho material para isso a não ser uns poucos sonhos, mas posso dizer que em sua estrutura básica o problema não é diferente. É simplesmente o mesmo, apenas mais profundo. Você pode dizer que com a mulher o *animus* sempre antecipa suas futuras obrigações e compromissos. Portanto, o problema do *puer aeternus* que tem que descer à terra é análogo ao da mulher que também tem que viver dentro da realidade; na mulher o ego já está no controle há algum tempo. Naturalmente, o problema do *puer aeternus* é sempre ligado ao problema criativo, e é dominante na psicologia feminina. Se ela tem um *animus* de *puer aeternus*, ela geralmente tem um problema de criatividade. A cura para a mulher é infelizmente a mesma do homem, isto é, o trabalho. No caso da mulher, pode também ser através da maternidade.

Lembro-me do caso de uma mulher que não quis ter filhos. Ela sempre sonhou com figuras com *animus* de *puer aeternus* e com a natureza prendendo-a à terra. As mensagens de seus sonhos a pressionavam no sentido de tornar-se mãe, um dos principais caminhos pelos quais a mulher se prende à realidade. Ela se torna definitivamente comprometida com alguém e não pode mais ficar brincando por aí. Isso se aplica principalmente à mulher do tipo hetaira, aquela que tem um monte de casos com vários homens e que não quer se prender a nenhum. A criança torna a relação mais definitiva. Portanto, esse é um rumo que as coisas podem tomar no caso das mulheres. Ter filhos significa muito trabalho, trabalho regular e às vezes bem monótono.

Agora vamos para a interpretação de *O pequeno príncipe*. A história tem duas partes completamente distintas, começando com uma introdução escrita por Saint-Exupéry na primeira pessoa, como parte de um relato pessoal autobiográfico. Ele começa assim:

"*Uma vez, quando eu tinha seis anos de idade, vi uma magnífica gravura em um livro, chamado "Histórias verdadeiras da natureza", sobre uma floresta primitiva. Era uma gravura de uma serpente denominada boa no ato de engolir um animal. Aqui está a ilustração do desenho:*

No livro dizia: A serpente boa engole a presa inteira sem mastigar. Depois disso ela não consegue se mover e dorme durante os seis meses que leva para fazer a digestão.

Então pensei profundamente sobre as aventuras das selvas. E depois de algum trabalho com um lápis colorido consegui fazer meu primeiro desenho, o meu Desenho Número Um. Ele era assim:

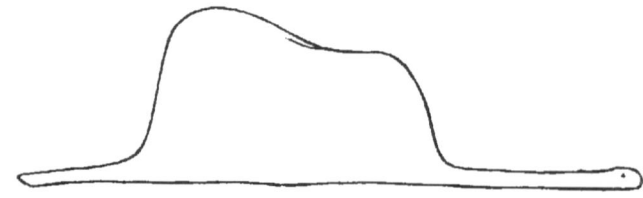

Mostrei minha obra prima para os adultos e lhes perguntei se o desenho lhes dava medo.

Mas eles responderam: "Medo? Por que alguém deve ter medo de um chapéu?"

Meu desenho não era de um chapéu. Era de uma serpente engolindo um elefante, mas desde que os adultos não conseguiram entendê-lo, fiz outro desenho: desenhei as entranhas de uma serpente boa, de modo que os adultos pudessem vê-la mais claramente. Eles sempre precisam que se lhes expliquem as coisas. Meu Desenho Número Dois era assim:

A resposta dos adultos, dessa vez, foi me aconselhar a deixar de lado meus desenhos de serpente boa, tanto do lado de fora como de dentro, e me dedicar à geografia, história, aritmética e gramática. É por isso que, na idade de seis anos, desisti do que poderia ter sido uma magnífica carreira de pintor. Fui desencorajado pelo fracasso do meu Desenho Número Um e do meu Desenho Número Dois. Os adultos nunca conseguem entender nada sozinhos e é cansativo para as crianças estar a toda hora explicando as coisas para eles.

Portanto, escolhi uma nova profissão, e aprendi a pilotar aviões. Já voei um pouco sobre todas as partes do mundo; e é verdade que a geografia me tem sido muito útil. Em uma olhada consigo distinguir a China do Arizona. Se alguém se perder à noite, tal conhecimento é valioso.

No curso de minha vida tenho conhecido muitas e muitas pessoas preocupadas com problemas e suas consequências. Já vivi muito entre os adultos. Já cheguei bem perto deles, eles já estiveram ao alcance de minha mão. E isso não melhorou muito minha opinião sobre eles.

Toda vez que conheço um que parece ter a mente mais aberta, faço o teste de mostrar-lhe meu Desenho Número Um, que sempre trago comigo. Eu tento descobrir, também, se essa é uma pessoa que realmente sabe das coisas. Mas todos eles, ou elas, sempre disseram: "Isto é um chapéu".

Então eu nunca conversava com essas pessoas sobre serpente boa, ou florestas primitivas, ou estrelas. Eu me diminuía para chegar ao nível delas. E conversava sobre jogos de cartas, golfe, política e gravatas. E o adulto ficava encantado em conhecer um homem tão sensato.

Portanto, vivi sozinho, sem ninguém com quem pudesse realmente conversar, até que tive um acidente com meu avião no deserto do Saara, seis anos atrás. Algo quebrou no motor. E como eu não tinha comigo nem mecânicos nem passageiros, me dispus a tentar fazer o difícil conserto sozinho. Era uma questão de vida ou de morte para mim: a água que eu trazia mal dava para uma semana.

A primeira noite, então, dormi na areia, a mais de mil quilômetros de qualquer habitação humana. Estava mais isolado que um marinheiro cujo navio naufragou e que estava em uma jangada no meio do oceano. Portanto, você pode imaginar minha surpresa quando, ao pôr do sol, fui acordado por uma vozinha estranha. Ela dizia:

— "Por favor, desenha-me um carneiro!"
— "O quê!?"

Aí ele encontra o pequeno príncipe. Agora tiraremos nossas conclusões a respeito da primeira parte. Ela contém todos os problemas dentro da casca de noz.

Vemos que ele nunca havia entrado no mundo dos adultos. Ele fala sobre o vazio, a estupidez e a falta de sentido deles. Havia conversas sobre política, jogos e gravatas, é verdade, mas esse é o tipo de mundo adulto que uma pessoa certamente rejeita — é o vazio da *persona*. Mas ele omite também outras partes da vida adulta. Você vê no tom sensível da primeira parte que ele quer dizer que a vida infantil é uma vida de fantasia, a vida do artista. Ele acredita que a infância é a verdadeira vida, e que todo o resto é a *persona* vazia correndo atrás de dinheiro, tentando impressionar os outros para ser prestigiada, havendo perdido sua verdadeira natureza, por assim dizer. É assim que ele vê a vida adulta, pois não encontrou a ponte através da qual ele poderia conquistar o que chamamos vida verdadeira na vida adulta. Esse é o grande problema, eu acho, contido na casca de noz; quer dizer, como abandonar essa vida de fantasia da infância e juventude sem que a vida perca seu valor? Como alguém pode crescer sem perder sua sensação de totalidade, de criatividade e de sentir-se realmente vivo, que teve em sua juventude? Pode-se ser cínico a esse respeito e argumentar que não se pode fazer uma omelete sem quebrar os ovos — algo tem que ser sacrificado — mas, pela minha experiência não creio que isto seja completamente correto. É compreensível que não se queira sair do mundo da infância. A questão é: como podemos crescer e ainda assim não perdê-lo?

O grande problema é que você tira as pessoas do paraíso da infância e da vida de fantasia, nos quais elas estão em ligação íntima com seu verdadeiro *Self* interior em um nível infantil, e então elas se sentem desiludidas e se tornam cínicas. Lembro-me de uma vez ter tido um analisando que era um típico *puer aeternus* e que queria tornar-se escritor, mas que vivia num total mundo de fantasia. Ele veio dos Estados Unidos com um amigo, e os dois combinaram que o amigo faria análise freudiana e ele análise junguiana, e que dentro de um ano se encontrariam para comparar suas experiências. Eles foram para países diferentes e encontraram-se como fora combinado, e o jovem que tinha feito análise freudiana disse estar completamente curado de seus conflitos. Tudo estava bem, e ele compreendera sua atitude infantil em relação à vida; tinha superado seu complexo materno e outras atitudes infantis. Meu analisando perguntou-lhe o que ia fazer, o outro disse que não sabia, mas que queria ganhar dinheiro e arranjar uma esposa. Meu analisando disse que ele definitivamente não estava curado, e que ainda não sabia para onde ir. Ele sabia que queria ser escritor e tinha começado a tentar essa carreira, mas não sabia ainda onde se estabelecer, e assim por diante. Então, o que tinha feito análise freudiana disse: "Bem, isso é estranho; eles exorcizaram meus demônios, mas junto com eles meus anjos também foram embora!"

Portanto, você vê, esse é o problema! Pode-se ficar livre dos demônios e também dos anjos dizendo que o problema é a infantilidade que faz parte do complexo materno e, através de uma análise reducionista, reduzir tudo a sentimentos infantis que devem ser sacrificados. Podemos dizer algo a respeito disso.

Esse homem estava, de algum modo, mais curado do que meu analisando; por outro lado, parece-me que uma desilusão tão profunda faz com que alguém se pergunte se vale a pena continuar vivendo. Valerá a pena trabalhar apenas para ganhar dinheiro o resto da vida e ter pequenos prazeres burgueses? Não me parece muito satisfatório. A tristeza com que o homem que estava "curado" comentou que além do demônio seus anjos também o haviam abandonado me fez sentir que ele próprio não estava tão feliz com sua cura; ele tinha o tom de cínica desilusão, o que para mim demonstra que não houve cura alguma.

Não deve ser esquecido que a atmosfera do meio em que Exupéry vivia em Paris era em parte muito crítica e sem ilusões. Ele frequentava círculos nos quais parecia que as coisas importantes da vida eram os jogos de cartas, o dinheiro e coisas assim. Portanto, ele, a seu modo, protesta contra isso, devota-se à sua vida artística interior e à sua visão de mundo, não aceitando e se revoltando contra tal vida adulta. Pode-se perceber muito bem como, de um modo sutil, critica os adultos com muita perspicácia. Ao mesmo tempo, contudo, não sabe como sair desse mundo infantil sem cair no mundo sem ilusões do adulto, que é como este se apresenta aos seus olhos. Se você associar isso com o simbolismo de seu desenho, as implicações são ainda mais profundas. A serpente boa é obviamente uma imagem do inconsciente, que sufoca a vida e impede o desenvolvimento do ser humano. É a introjeção do aspecto regressivo do inconsciente, a tendência à regressão, que surge em uma pessoa quando ela é dominada pelo inconsciente. Você pode até mesmo dizer que a serpente boa representa a pulsão de morte. A boa é o monstro da viagem noturna marítima, mas aqui, ao contrário de outros similares mitológicos, o herói devorado não se liberta.

O *animal* devorado é o elefante, portanto devemos examinar seu simbolismo. Desde que o elefante só foi conhecido nos países europeus no final da antiguidade, não há muito material mitológico disponível. Contudo, na antiguidade o elefante possuía grande significado. Quando Alexandre o Grande foi à Índia, ele conheceu os elefantes e mais tarde eles foram levados à Europa. Os romanos posteriormente usaram elefantes da mesma maneira que se usam tanques na guerra moderna.

Quando lemos o que foi escrito a respeito deles, comprovamos que provocaram grande quantidade de fantasias mitológicas. Já foi dito que "eram muito castos, que apenas se acasalavam uma vez na vida e muito reservadamente a fim de reproduzir a nova geração e, portanto," de acordo com o relator medieval, "são uma alegoria da castidade conjugal". Como o unicórnio, o elefante também ama uma virgem e consente ser conquistado apenas por ela, um tema que tem relação com a encarnação de Cristo. Dizem que o elefante representa a fortaleza invencível e é a imagem de Cristo. "Na antiguidade acreditava-se que o elefante era terrivelmente ambicioso e que, se as devidas honras não lhe fossem prestadas, morreria de desgosto, tão grande é seu senso de honra. As cobras gostam de sugar o sangue dos elefantes, e assim, de repente, o elefante tomba. Por isso eles as perseguem, tentando esmagá-las. Na Idade Média equiparava-se o temperamento do elefante ao do homem — generoso mas de humor instável. Dizia-se que o elefante era generoso, inteligente e taciturno, mas, quando ficava enfurecido, não podia ser apaziguado por prazeres sensuais. O único meio de acalmá-lo era a música." Isso tudo está escrito em *Polyhistor Symbolicus,* por um padre jesuíta chamado Nikolaus Caussinus. Ele conta várias histórias engraçadas sobre os elefantes, fazendo um resumo de tudo o que os povos antigos diziam sobre eles e acrescentando um pouco de fantasia medieval. "Os elefantes banham-se muito frequentemente", ele continua, "e usam flores para perfumar-se." Portanto representam purificação, castidade, e pia adoração à Deus. Isso mostra que o que aconteceu aos europeus quando conheceram o elefante foi o mesmo que havia acontecido aos africanos, isto é, o arquétipo do herói foi projetado nele. É uma grande honra para um homem ser chamado de leão, mas a honra mais alta é ser chamado de elefante, pois se o leão representa coragem e liderança, o elefante é o arquétipo do homem sábio ou do pajé, mas que além da coragem tem sabedoria e conhecimentos secretos.

Portanto, em sua hierarquia, o elefante representa a personalidade individual. É peculiar a maneira pela qual os europeus projetaram no elefante a mesma imagem que tinham os africanos, e o tomaram também como imagem do herói divino, a imagem de Cristo, possuindo virtudes excepcionais, exceto pelo seu humor instável e seus ataques de raiva. É surpreendente, mas essas eram as duas características mais marcantes de Saint-Exupéry e, portanto, pode-se dizer que essa é uma descrição exata de sua personalidade. Ele próprio era sutil, casto — até certo ponto, no sentido de ser muito sensível e delicado — muito ambicioso e muito sensível também quanto à sua honra. Ele constantemente buscava o significado da religião — mas não adorava a Deus, pois ainda não o havia encontrado — mas estava sempre procurando. Era generoso, inteligente, taciturno, muito irritável e tinha tendências a ter mau gênio e ataques de raiva. Portanto, vemos um impressionante retrato dele no elefante, e podemos ver o padrão arquetípico repetir-se em um único indivíduo, de modo quase idêntico.

Podemos dizer que o elefante é a fantasia típica do herói adulto. E então, esse modelo — a imagem em sua alma do que ele quer vir a ser, é devorado pela serpente, a mãe devoradora, e esse primeiro desenho mostra toda a tragédia. Muito frequentemente, os sonhos da infância antecipam o destino interior com 20 ou 30 anos de antecedência. Esta primeira gravura mostra que Saint-Exupéry tinha um lado heroico, vivo e atuante, mas que esse lado nunca iria aparecer, pois seria devorado pelas tendências regressivas do inconsciente e, como sabemos, através dos acontecimentos posteriores pela morte.

O mito da mãe devoradora pode ser associado à mãe de Saint-Exupéry; mas, por se tratar de pessoa conhecida na sociedade, evitarei maiores comentários sobre ela. Ela certamente tem uma personalidade muito poderosa. É mulher grande, forte, e pelo que ouvimos dizer, possui uma tremenda energia, interessa-se por todos os tipos de atividades, e tenta fazer de tudo, como pintura, desenho e literatura. É muito dinâmica e, apesar de estar agora bem idosa, continua muito forte. Obviamente, deve ter sido muito difícil para um garoto sensível ter uma mãe assim. Também se ouve dizer que ela previu a morte do filho. Várias vezes ela o julgou morto e vestiu luto como as viúvas francesas, e depois tirava o luto quando ficava sabendo que ele não havia morrido. Portanto, o padrão arquetípico do que chamamos mãe-morte estava vívido em seu psiquismo.

Em nosso meio social, a mãe-morte é algo que não é abertamente reconhecido, mas eu tive uma grande surpresa a esse respeito no seguinte caso que aconteceu comigo. Eu tinha ido encontrar alguém em uma casa cuja anfitriã tinha um filho tipo *puer aeternus*, que ela havia quase devorado. Eram pessoas bastante simples. Possuíam uma padaria e o filho jamais trabalhava, e vivia circulando em trajes de montaria. Era o típico Don Juan, muito elegante e que de quatro em quatro dias mudava de namorada. Esse jovem um dia foi nadar no lago de Zurique com sua namorada e, na situação clássica, *halb zog sie ihn, halb sank er hin* ("meio ela o puxou, meio ela o afogou") — como Goethe descreveria a situação — ambos afundaram. A garota foi tirada da água, porém já estava morta. Eu li no jornal essa notícia, e quando voltei àquela casa encontrei a mãe e lhe disse como eu lamentava o terrível acidente. Ela me convidou para entrar e levou-me à sala de estar onde havia uma grande fotografia do filho em um caixão, cercado de flores como um herói e ela me disse: "Olhe para ele! Como está bonito na morte!" Concordei, e então ela sorriu e disse: "Bem, prefiro vê-lo assim do que entregá-lo a qualquer outra mulher".

A Grande Mãe presta um culto religioso a seu filho e então ele se torna Tamuz, Adônis e Átis, falecidos; ele substitui a imagem de Deus. Ele também é o Cristo crucificado e ela é a Virgem Maria chorando ao lado da cruz. A maior satisfação é que a vida adquire um significado arquetípico. A pessoa deixa de ser simplesmente a senhora Fulana de Tal que perdeu um filho em um acidente, e torna-se a Grande Mãe, a Virgem Maria que chora aos pés da cruz — e isso eleva a própria mãe e dá à sua tristeza uma significação mais profunda. Às vezes ela faz disso uma coisa doentia. Fiquei terrivelmente chocada pelo que a mulher disse, então disse a mim mesma que essa mulher teve a ingenuidade de pôr em palavras o que muitas outras sentem. Sendo uma pessoa simplória, ela disse sem pudor: "Preferiria vê-lo morto que entregá-lo a outra mulher!" *Ela* era a esposa dele! Parece-me que se deu algo parecido com a mãe de Saint-Exupéry; de outro modo, por que haveria ela de antecipar sua morte e vestir luto antes da hora? É como se ela sempre soubesse que as coisas terminariam assim. Sabemos apenas que esse terrível padrão impessoal parece ter penetrado também em sua vida pessoal. Conscientemente, Saint-Exupéry certamente possuía um complexo materno positivo, que sempre inclui o perigo de ser devorado pelo inconsciente.

É interessante notar que Saint-Exupéry diz que sempre carregava seus desenhos e usava-os para testar as pessoas. Parece que não se sentia definitivamente derrotado, como se ainda houvesse uma esperança de ser compreendido. Se apenas pudesse encontrar alguém que lhe perguntasse o que afinal de contas estava desenhando, que isso era perigoso e o que realmente significava. Queria compreensão, mas não a recebeu. Penso que se tivesse entrado em contato — talvez isto seja otimismo em excesso — se houvesse entrado em contato com a psicologia, algo poderia ter sido feito sobre seu problema, porque esteve muito próximo de encontrar a solução. Mas vivia nesse tipo de ambiente francês superficial onde absolutamente não havia perspectivas de abordagem psicológica, e em tal atmosfera é muito difícil chegar perto do inconsciente. A civilização francesa moderna, por diferentes razões internas, é particularmente alheia ao inconsciente, e assim provavelmente ele nunca encontrou ninguém que poderia lhe dar uma indicação do que poderia estar acontecendo no seu psiquismo.

A história então se transfere para o pequeno príncipe. Já conhecemos a parte onde o avião de Saint-Exupéry cai no Saara e ele encontra o pequeno príncipe. Continuarei com o texto. A voz diz:

— *Por favor... desenha-me um carneiro!*
Pus-me de pé, como atingido por um raio. Esfreguei os olhos. Olhei bem. E vi um pedacinho de gente inteiramente extraordinário, que me considerava com gravidade. Eis o melhor retrato que, mais tarde, consegui fazer dele. (Ele o desenhou como um pequeno Napoleão, que foi uma coisa incomum e tipicamente francesa! Isso significa que ele o viu como um herói em potencial, um grande conquistador e não apenas como a criança encantada que ele realmente devia ser.) *Meu desenho é, segu-*

*ramente, muito menos sedutor que o modelo. Não tenho culpa.
Fora desencorajado, aos seis anos... (E assim ele continua no
velho estilo.)*

*Olhava pois essa aparição com olhos redondos de espanto.
Não esqueçam que eu me achava a mil milhas de qualquer terra
habitada. Ora, o meu homenzinho não me parecia nem perdido,
nem morto de fadiga, nem morto de fome, de sede ou de medo.
Não tinha absolutamente a aparência de uma criança perdida
no deserto, a mil milhas da região habitada. Quando pude enfim
articular palavra, perguntei-lhe:*
— *Mas... que fazes aqui?*
*E ele repetiu-me então, brandamente, como uma coisa muito
séria:*
— *Por favor... desenha-me um carneiro...*
*Quando o mistério é muito impressionante, a gente não
ousa desobedecer. Por mais absurdo que aquilo me parecesse a
mil milhas de todos os lugares habitados e em perigo de morte,
tirei do bolso uma folha de papel e uma caneta. Mas lembrei-me,
então, que eu havia estudado de preferência geografia, história,
cálculo e gramática, e disse ao garoto (com um pouco de mau
humor) que eu não sabia desenhar. Respondeu-me:*

— Não tem importância. Desenha-me um carneiro.

Como jamais houvesse desenhado um carneiro, refiz para ele um dos dois únicos desenhos que sabia. O da serpente boa fechada. E fiquei estupefado de ouvir o garoto replicar:

— Não! Não! Eu não quero um elefante numa serpente boa. A serpente boa é perigosa e o elefante toma muito espaço. Tudo é pequeno onde eu moro. Preciso é dum carneiro. Desenha-me um carneiro.

Então eu desenhei.

Olhou atentamente, e disse:
— Não! Esse já está muito doente. Desenha outro.
Desenhei de novo.

Meu amigo sorriu com indulgência:
— Bem vês que isto não é um carneiro. É um bode... Olha os chifres...

Fiz mais uma vez o desenho.

Mas ele foi recusado como os precedentes:
Este aí é muito velho. Quero um carneiro que viva muito.
Então, perdendo a paciência, como tinha pressa de desmontar o motor, rabisquei o desenho ao lado.
E arrisquei:

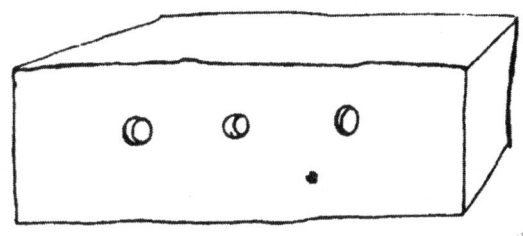

— *Esta é a caixa. O carneiro está dentro.*
Mas fiquei surpreso de ver iluminar-se a face do meu pequeno juiz:
— *Era assim mesmo que eu queria! Será preciso muito capim para esse carneiro?*
— *Por quê?*
— *Porque é muito pequeno onde eu moro...*
— *Qualquer coisa chega. Eu te dei um carneirinho de nada!*
Inclinou a cabeça sobre o desenho:
— *Não é tão pequeno assim... Olha! Adormeceu...*
E foi desse modo que eu travei conhecimento, um dia, com o pequeno príncipe.

Então Saint-Exupéry conta que demorou muito para descobrir de onde o pequeno príncipe era, porque este sempre fazia perguntas mas não as respondia. Aos poucos ele descobre que o homenzinho tinha vindo das estrelas e que vivia em um pequeno planeta.

O encontro milagroso no deserto está de algum modo ligado à vida pessoal de Saint-Exupéry. Uma vez aconteceu-lhe um desastre aéreo no deserto do Saara, mas então ele não estava sozinho, como no livro, mas com Prevost, seu mecânico. Eles tiveram que trabalhar exaustivamente e quase morreram de sede. Tiveram alucinações, delírios e miragens, e estavam praticamente morrendo quando um árabe os encontrou e lhes deu água de seu cantil. Mais tarde foram salvos. Naturalmente ele usa suas lembranças no livro, mas as transforma de modo bem típico; por exemplo, sua sombra, o mecânico, não está com ele, e ele também não fala sobre o salvamento. Mas algo sobrenatural acontece, e então podemos ver como as fantasias arquetípicas aparecem na vida real, quer dizer, a situação intolerável e sem esperanças que em todos os mitos e contos de fadas é a situação inicial que prepara a aparição dos seres encantados. Isso mostra a situação psicológica típica onde a personalidade consciente esgotou todos seus recursos e não sabe mais o que fazer. É bem próprio desses contos alguém perder-se no mar ou na floresta e encontrar um duende ou algum outro ser sobrenatural. Nesses momentos em que a pessoa sente-se completamente perdida, sem nenhuma perspectiva pela frente, a energia que estava bloqueada flui e geralmente oferece uma solução originária do inconsciente, por isso este é o momento das aparições sobrenaturais como vemos aqui. Geralmente acontece em situações concretas as pessoas terem alucinações de algum tipo se o conflito ou bloqueio atingirem níveis insuportáveis. Em nível mais baixo, a vida onírica torna-se muito ativa, as pessoas são forçadas a prestar atenção a ela — e então surgem as aparições dentro do sonho. Geralmente, isso acontece quando a vida normal da pessoa sofre algum tipo de distúrbio sério.

Quando sofreu o acidente com o mecânico, Saint-Exupéry já estava vivendo uma crise em sua vida. Estava com seus trinta anos, sua perícia em voar estava decaindo, e não conseguia mudar de profissão. Já sofria de crises nervosas, que superava engajando-se em outra missão. No início, voar era sua grande vocação, mas esta se transformou em válvula de escape para situações novas às quais não conseguia se adaptar. Muitas vezes escolhe-se uma atividade que na época parece ser bastante adequada e que não poderia ser classificada como válvula de escape; mas de repente o fluxo vital a abandona e aos poucos a pessoa percebe que sua libido quer ser reorientada para outros objetivos. Persevera-se na antiga atividade porque não se consegue trocá-la por outra. Em tais situações, perseverar na antiga atividade significa regressão ou fuga do sentimento interior da pessoa, que lhe diz ser a mudança necessária. Mas porque a pessoa não tem consciência de que precisa mudar ou por não querer mudar, ela persevera. Quando Saint-Exupéry sofreu o desastre de avião, sua carreira como aviador já estava em crise. Aqui a aparição mostra o que isto significava para ele.

Há um relevante paralelo do encontro com o príncipe das estrelas na tradição islâmica. Acho que é possível que, tendo vivido por tanto tempo no meio dos beduínos no Saara, Saint-Exupéry chegasse a conhecer essa lenda. A famosa história é encontrada no Corão, na 18ª Sura, que Jung interpretou detalhadamente,[7] e é sobre Moisés no deserto com seu servo Josué, o filho de Nun, que levava uma cesta com peixes para a refeição. Em determinado lugar o peixe desaparece, e Moisés diz que isso acontecera porque alguma coisa iria ocorrer. Subitamente Khidr surge. (Khidr significa o Verdant.) Ele deve ser o primeiro anjo, ou o primeiro servo de Alá. Ele é uma espécie de companheiro imortal que então acompanha Moisés por algum tempo, mas lhe diz que ele (Moisés) não iria conseguir suportar sua companhia e que duvidaria de suas ações. Moisés lhe assegura que terá confiança o bastante para seguirem juntos, mas fracassa miseravelmente. Muitos de vocês conhecem a história e sabem como Khidr primeiro chega a uma vila onde há barcos na água e como faz um buraco em cada um deles de modo que afundam.

---

7. Carl Gustav Jung, *Os arquétipos e o inconsciente coletivo,* vol. 9, parte I, *Collected Works*. Princeton: Princeton University Press, 1959, § 200.

Moisés admoesta Khidr perguntando-lhe como pôde fazer uma coisa destas. Khidr diz que havia avisado antes que ele não entenderia. Khidr explica que os ladrões iriam roubar os barcos e que ele havia provocado uma tragédia menor, pois bastava agora que os pescadores consertassem os barcos que de outro modo teriam perdido irremediavelmente. Portanto Khidr estava lhes prestando uma ajuda, mas, Moisés, sendo tão ignorante, naturalmente não o havia compreendido. De novo Moisés promete confiar nele e não ter reações puramente racionais. Mais tarde eles encontram um homem e Khidr o mata. De novo Moisés explode e lhe pergunta como pôde fazer isso. Khidr então explica que o homem estava indo assassinar os pais e que era melhor que morresse antes de cometer tal crime para assim conseguir salvar sua alma. Desta vez, Moisés tem realmente boa vontade em aceitar suas explicações. Porém, quando um terceiro evento similar acontece, quando Khidr causa o desmoronamento de um muro, apenas para descobrir o tesouro oculto de dois órfãos, Moisés se revolta de novo. Finalmente Khidr tem que deixá-lo.

A história ilustra a incompatibilidade do ego racional consciente com a figura do *Self* e de seus objetivos. O ego racional, com seus pensamentos e ações bem intencionados, encontra-se em oposição à grande personalidade interior, Khidr. Naturalmente, essa famosa história serve para dizer às pessoas que elas devem ser capazes de duvidar de sua atitude consciente e devem sempre esperar pelos milagres realizados pelo inconsciente. Aquela situação é a mesma, pois algo acontece ali que é absolutamente contrário às ideias conscientes de Saint-Exupéry, que lhe dizem que ele precisa consertar o motor o mais rápido possível. Ele quer se salvar e não tem vontade de continuar a brincadeira infantil com o pequeno príncipe vindo das estrelas. Por outro lado, é muito significativo para ele que o pequeno príncipe seja o único que compreende imediatamente o desenho. Ele deveria ficar contente ao ver que é seu outro lado que o compreende realmente, o primeiro companheiro que pertence a seu mundo, o mundo da infância do qual ele sente tanta falta. Ele fica impaciente, contudo, achando que é um aborrecimento e que tem que fazer o motor funcionar. E então algo bem típico acontece — o gesto de impaciência característico do *puer aeternus!* Quando ele tem que fazer algo seriamente, no mundo exterior ou interior, ele faz algumas tentativas e então, impacientemente, desiste. Minha experiência me mostrou que quando analisamos um homem desse tipo não produz nenhum efeito você orientá-lo no sentido de levar o mundo interior ou exterior a sério. O que é realmente importante é ele perseverar em alguma atividade. Se for a análise, então analise-o seriamente, levem-se os seus sonhos a sério, deixe que eles orientem sua vida. Se for o trabalho, que realmente se dedique a ele dentro da realidade. O que importa é que ele faça algo do princípio ao fim, seja lá o que for. Mas o grande perigo, ou o comportamento neurótico, é que o *puer aeternus,* ao realizar tais atividades, tende a fazer o que Saint-Exupéry fez aqui: simplesmente colocar tudo dentro de uma caixa e fechar a tampa com um gesto de impaciência. É por isso que estas pessoas dizem de repente que elas mudaram de ideia e que têm outros planos, que não é aquilo que estavam procurando. E eles sempre fazem isso no momento em que as coisas ficam difíceis. É essa infindável mudança que é perigosa e não o que eles fazem. Infelizmente, mas caracteristicamente, Saint-Exupéry muda no momento crucial.

Capítulo 2

Da última vez, falamos da serpente boa que havia engolido um elefante e de como Saint-Exupéry tinha feito o desenho quando menino e como estava sempre procurando alguém que o compreendesse e nunca encontrou ninguém. Pudemos dizer que esta pequena introdução antecipa o final trágico e brusco da vida de Saint-Exupéry e também de seu livro. No mito do herói, se este for engolido pelo dragão, pela cobra, pelo monstro marinho ou pela baleia, ele tem de cortar o coração ou o estômago de dentro para fora, ou dançar dentro da baleia até que o monstro morra ou seja obrigado a expelir o herói pela boca. Em nossa história, o *animal* herói — já interpretamos o elefante como o tipo de antecipação simbólica do herói na forma de *animal* — é engolido e não consegue mais sair. Podemos, portanto, ver essa introdução simbolicamente. Como em um sonho infantil, isto significaria que a fantasia infantil de Saint-Exupéry continuou vívida em sua mente e mostra que há algo basicamente fraco, basicamente fragmentado nele desde o início. Há algo que não pode escapar do aspecto fatal do inconsciente.

Saint-Exupéry, de modo levemente irônico, fala depreciativamente das pessoas e do mundo adulto que se levam a sério demais e que se ocupam com futilidades. Que ele próprio possui tais atributos é mostrado claramente em suas biografias. O general Davet, um de seus superiores, disse sobre ele: "Era homem íntegro e que tinha queda por prazeres infantis que às vezes era surpreendente. Tinha inúmeros ataques de timidez diante de seus superiores hierárquicos. Esse esquema militar rígido era a sua *bête noir*". Outras biografias afirmam que ele deixava as pessoas que o conheciam um pouco decepcionadas com sua atitude afetada: dava a impressão de estar sempre representando e não ser pessoa completamente autêntica. Essa tendência de se permitir prazeres surpreendentemente infantis não é apenas um sintoma do problema do *puer aeternus,* mas também é próprio de personalidades criativas. A criatividade pressupõe uma grande capacidade de ser autêntico e espontâneo — pois se alguém não consegue ser espontâneo também não consegue ser criativo — e portanto muitos artistas e outras pessoas criativas são bastante lúdicas. Essa é também a grande forma de relaxamento e recuperação de um esforço criativo exaustivo. Portanto, não podemos dizer que esse traço seja exclusivo da natureza infantil de Saint-Exupéry; ele pode também ser característico de seu temperamento artístico.

O comentário feito pelo general Davet que Saint-Exupéry nunca havia ultrapassado seu ódio contra as regras militares e sociais e que por outro lado ele temia seus superiores e ficava tímido diante deles é importante quando associado ao tema da ovelha, que passaremos a discutir.

Para os superiores hierárquicos os subordinados são considerados ovelhas; assim que encontramos alguém em uma posição superior tornamo-nos ovelhas e ele, o pastor. Somos apenas o número tal para ele, e é assim mesmo que eles nos fazem sentir. É o problema moderno do poder absoluto do estado, da desvalorização do indivíduo. Em uma escala menor, esse é o problema de todo *puer aeternus* todas as vezes que ele sente dificuldades de adaptação, mas é também um problema de nosso tempo. A revolta que todo mundo sente ao ser reduzido à condição de ovelha em um rebanho não é restrita ao *puer aeternus,* pois há algo verdadeiro e justificável nela. Todo mundo que ainda não resolveu o problema dentro de si — quer dizer, a que nível é suportável o fato de ser apenas um rosto na multidão e conciliar isso com o fato de ser um indivíduo com direito a tratamento diferenciado — experimenta essa reação complexa contra o que Davet classifica de regulamentos militares.

O problema não é apenas de Saint-Exupéry, mas também o grande problema de toda a civilização cristã. Na França, contudo, ele toma uma característica própria, pois os franceses tendem a ser individualistas demais, um tipo de protesto contra o controle do Estado. Desde a primeira guerra mundial há uma tendência na França de se revoltar e de reagir negativamente a tudo o que seja visto como imposição do Estado. Por exemplo, um grande número de pessoas votaram no partido comunista não porque fossem realmente comunistas em sua *cosmovisão,* mas simplesmente como um protesto contra a ordem estabelecida. Tais pessoas declaravam que desde que não gostavam dos legisladores e palhaços de Paris que constituíam o governo, pretendiam votar no comunismo. Isso mostra uma atitude infantil em relação ao problema da responsabilidade social e coletiva. É a mesma atitude que agora vemos explodir no comportamento de adolescentes que desafiam a polícia ou viram uma fileira de carros ou coisa parecida para protestar contra a sociedade. Isso, porém, é compreensível quando vem de indivíduos muito jovens que explodem sem antes refletir. Mas quando os adultos comportam-se do mesmo modo, quando votam no comunismo simplesmente porque não gostam daqueles que estão no governo, mostram uma atitude bastante imatura. Mas isso é um complexo bastante comum e que todos nós possuímos em menor ou maior grau, pois ainda não decidimos quanto devemos aceitar ser pastoreados pelo Estado como ovelhas e até que ponto podemos rejeitar tal pressão coletiva e nos revoltarmos contra ela. O *puer aeternus* naturalmente tem esse problema de uma forma ainda mais pronunciada.

    Antes de continuarmos com o simbolismo da ovelha, devemos nos perguntar por que Saint-Exupéry encontra o pequeno príncipe no deserto. Ao interpretar a história, tomamos o desastre de avião como ilustração do acidente acontecido com Saint-Exupéry na vida real e também de uma situação arquetípica simbólica com a qual todo encontro com o inconsciente começa: isto é, a completa interrupção das atividades anteriores, a impossibilidade de prosseguir no caminho para alcançar os objetivos da vida e também a estagnação do fluxo de energia vital. Subitamente, tudo paralisa, ficamos bloqueados e presos numa situação neurótica e nesse momento a energia vital é mobilizada e irrompe na revelação da imagem arquetípica.

Na última palestra, citei a história islâmica da 18ª Sura do Corão, onde, tendo perdido sua única nutrição, o peixe, Moisés leva Khidr, o primeiro anjo de Alá, com ele para o deserto. Não fica automaticamente claro que após tal tragédia uma criança seria encontrada; qualquer outro tipo de figura arquetípica poderia aparecer. Devemos portanto passar a examinar a questão do deus-criança. Quero subdividir essa discussão do maior símbolo encontrado no livro, porque parte do que o pequeno príncipe realmente representa somente se torna claro muito mais tarde quando prosseguimos na leitura. Agora lerei, apenas como uma visão geral, o que Jung diz a respeito do deus-criança:

> *O arquétipo do "deus-criança" é encontrado em toda parte e está intimamente ligado a todos os outros aspectos mitológicos do tema da criança. Quase não é necessário aludir à história ainda viva do "Cristo-criança" que na lenda de São Cristóvão também assume a forma típica de ser "menor que pequeno e maior que grande". No folclore o tema da criança aparece na forma de duende ou elfo, como personificação das forças ocultas da natureza. A esta pertence também o pequeno homem de metal da antiguidade... que até a Idade Média avançada habitava as minas e representava os metais da alquimia, principalmente o mercúrio renascido em perfeita forma (como o hermafrodita, "*filius sapientiae*" ou "*infans noster*"). Graças à interpretação religiosa de "criança", uma razoável quantidade de provas nos mostra que na Idade Média a "criança" não era meramente uma figura tradicional mas sim uma visão espontaneamente experimentada (como as assim chamadas "irrupções do inconsciente"). Eu mencionaria a visão do "menino nu" e o sonho do irmão Eustáquio. Relatos interessantes dessas experiências espontâneas são também encontrados nas histórias inglesas de fantasmas, onde lemos sobre a visão do "menino radiante" que dizem ter sido visto em lugares onde existem ruínas romanas. Essa aparição era percebida como um omen maléfico. Quase parece que estamos lidando com a figura do* puer aeternus *que se tornou não auspicioso*

através da "metamorfose" ou, em outras palavras, havia compartilhado o destino dos deuses romanos e clássicos que se tornaram bugbears. *O caráter místico da experiência foi também confirmado na parte II do* Fausto, *de Goethe, onde o próprio Fausto é transforma-do em um menino e admitido na "sociedade de jovens abençoados", o que foi o "estágio embrionário" do Dr. Marianus.*[8]

...Não sei se Goethe estava se referindo, com essa ideia peculiar, aos cupidos dos antigos túmulos. Isso não está fora de cogitação. A figura do "cucullatus" indica o oculto, isto é, aquele que é invisível, o gênio dos que partiram, e que reaparecem nas brincadeiras infantis de uma nova vida cercada pelas formas marinhas dos golfinhos e tritões. (Peço licença para interromper a citação de Jung para explicar que *cucullatus* significa "aquele que usa um capuz", que veste um casaco com um capuz, e acho altamente simbólico que Jean Cocteau, que usava esse tipo de casaco, tenha lançado essa moda para os jovens. Eles são, em sua maioria, *puer aeternus* até na maneira de vestir! Fico imaginando se Cocteau tinha consciência disso. (Continuando com a citação), *o mar, origem de todas as formas de vida, é o símbolo favorito do inconsciente. Justamente como a "criança" está em certas circunstâncias (por exemplo no caso de Hermes e Dactyles) intimamente relacionada ao falo, símbolo da criação, assim ela retorna de novo nos falos sepulcrais, símbolos da criação renovada.*[9]

O grande problema com o qual somos confrontados nessa exposição de Jung é o aspecto duplo do arquétipo infantil. Justamente porque significa renovação da vida, da espontaneidade, e novas possibilidades aparecem subitamente e que mudam a situação inteira para melhor, assim também o deus-criança tem um aspecto negativo e destrutivo, onde Jung refere-se a aparições do "menino radiante" e diz que isso tem a ver com o

---

8. Ibidem, § 268 e seguintes.
9. Ibidem, § 298 e seguintes.

deus-criança pagão que foi condenado a aparecer somente em forma negativa. O deus-criança negativo nos leva a águas mais profundas, mas pode-se dizer com segurança que toda vez que esse tema aparece, somos quase sempre confrontados com os problemas que passarei a expor.

Quando o tema da criança aparece, ele representa um pouco de espontaneidade, e o grande problema — em cada caso um problema ético — individual — é decidir se se trata de uma sombra infantil que deve ser suprimida e reprimida, ou de algo criativo que caminha em direção a uma possibilidade de vida futura. A criança está sempre à frente e por trás de nós. Atrás de nós, é a sombra infantil que deixamos para trás e a infantilidade que deve ser sacrificada — aquilo que sempre puxa para trás levando à imaturidade, dependência, preguiça, falta de seriedade, fuga da responsabilidade e da vida. Por outro lado, se a criança que vem em nossa frente significa renovação, a possibilidade da juventude eterna da espontaneidade e de novas possibilidades — então a vida corre em direção do futuro criativo. O grande problema sempre é conseguir distinguir em cada situação se existe naquele caso um impulso infantil que nos faz regredir ou um impulso que parece infantil para a própria consciência da pessoa, mas que realmente deve ser aceito e vivido porque leva ao crescimento.

Às vezes, a resposta para esse dilema é bastante óbvia, pois o contexto dos sonhos pode mostrar muito claramente o que significa. Vamos dizer que o tipo *puer aeternus* de homem sonha com um menino pequeno; então ele pode deduzir pela história do sonho se a aparição da criança tem efeito fatal, e nesse caso podemos tratar como se a sombra infantil estivesse ainda puxando para trás. Se a mesma figura aparece de modo positivo, contudo, aí você pode dizer que o que parece às vezes muito tolo e infantil deve ser aceito por encerrar em si uma possibilidade de vida. Se fosse sempre assim, então a análise desse tipo de problema seria muito simples. Infelizmente, como todos os produtos do inconsciente, o lado destrutivo e o construtivo, a regressão e o avanço estão intimamente interligados e completamente emaranhados. É por isso que quando tais figuras aparecem é muito difícil decidir entre elas e, às vezes, é praticamente impossível. Isso parece-me ser uma parte da situação fatal com a qual nos confrontamos nesse livro e no problema de Saint-Exupéry. Não se consegue (pelo menos eu não consigo), decidir se tratamos a figura do pequeno príncipe como sombra infantil destrutiva, cuja aparição é fatal e anuncia a morte de Saint-Exupéry, ou se a tratamos como uma chama divina de seu gênio criativo.

Um de nossos alunos, o Dr. Robert Stein, apresentou a ideia que existe algo como um *Self* defeituoso; que em certas pessoas cujo destino é muito infeliz, o símbolo do *Self* aparece defeituoso. Isto significaria que tais pessoas não têm chance na vida porque o núcleo de seu psiquismo é incompleto e imperfeito e portanto todo o processo de individuação não pode se desenvolver nessas péssimas condições. Eu *não* concordo com essa ideia porque nunca vi tais símbolos de *Self* defeituoso sem que haja uma atitude igualmente defeituosa do ego. Toda vez que você encontra tal símbolo defeituoso do *Self*, quando ele for ambíguo, incompleto e mórbido, há sempre ao mesmo tempo uma atitude mórbida e que deixa a desejar do ego. Portanto, é impossível provar cientificamente que a causa de todo o problema está em um *Self* defeituoso. Poderia também ser dito que devido às atitudes errôneas do ego, o *Self* não pode atuar de modo positivo. Se você se alimentar mal, seu estômago não pode reagir bem. Você pode então achar que há algo errado e consultar vários médicos sem lhes dizer que você está comendo de maneira errada. Os médicos concluirão que é trágico, mas que você tem problemas estomacais dos quais não é possível descobrir a causa. Por outro lado, pode-se também dizer que se você come o que não deve, ou não come, ou o faz irregularmente, a culpa não é do estômago. Portanto, o *Self* defeituoso sempre acompanha o ego que não funciona adequadamente e, portanto, naturalmente, o *Self* não consegue funcionar de maneira apropriada. Se o ego for preguiçoso, grandioso e não consciente, não funcionando portanto adequadamente, é claro que o *Self* também não irá funcionar adequadamente. Se o Dr. Stein estivesse aqui hoje, ele certamente faria objeções e diria: "Não, é o contrário. O ego não consegue funcionar porque o *Self* é defeituoso". Aqui enfrentamos o velho problema filosófico do livre-arbítrio: Posso querer a coisa certa? Esse é o problema que o *puer aeternus* geralmente apresentará a você. Ele dirá que tudo vai mal porque ele é preguiçoso, mas que ele não pode querer ser assim! Ele dirá que talvez este seja o seu problema: ser incapaz de lutar contra a preguiça. Portanto, é inútil tratá-lo como um rascal para quem tudo daria certo se não fosse tão preguiçoso. Esse é um argumento que já ouvi não sei quantas vezes! É até certo ponto verdade, pois o *puer aeternus* não consegue trabalhar; portanto você pode até dizer que é devido ao seu *Self* defeituoso, que algo está errado em sua estrutura global e ele não pode ser ajudado.

Esse é o problema que surge em muitas neuroses, não apenas na do *puer aeternus*. Ele é muito profundo, e minha atitude em relação a ele é paradoxal: procuro me comportar o máximo possível como se a pessoa pudesse realmente fazer opções pois essa é sua única chance de salvação. Se o caso não der certo, contudo, eu digo que as coisas não poderiam ter sido de outro modo. Se não fizermos assim, aumentaremos a grandiosidade da pessoa. Isso quer dizer que se a pessoa se der mal ou morrer em resultado de uma doença ou acidente, pode-se concluir que isso ocorreu devido ao fato dela não ter tido consciência de seu problema — que foi por sua própria culpa que teve esse destino — o que considero revoltante. Não se tem o direito de afirmar coisas como: a natureza fez sua própria vingança, ela seria mesmo castigada com doenças e acidentes terríveis. Isso é moralismo da pior espécie. Nesse caso é melhor nos limitarmos a levar em conta a outra hipótese — que a pessoa não iria dar conta, que sua estrutura era falha e portanto ela não iria mesmo conseguir. Contudo, como a catástrofe não aconteceu, é melhor tomar outra atitude: tentar criar uma atmosfera esperançosa e acreditar na possibilidade do livre arbítrio. Empiricamente, há muitos casos onde subitamente as pessoas decidem combater suas neuroses e vão em frente. Então você pode dizer que isso é um milagre ou que é fruto das próprias ações da pessoa, mas também é o que teologicamente se diz ter sido uma cura pela graça de Deus. São suas ações adequadas que levam à salvação ou a graça de Deus? Em minha experiência, você pode ficar apenas na contradição e permanecer no paradoxo. Somos confrontados com esse problema de uma forma específica no livro porque do princípio ao fim dele é colocado esse fatalismo em nossa mente. Algo constantemente dá errado no livro e não se descobre se foi por culpa de Saint-Exupéry ou se simplesmente não dependia da vontade dele. Houve alguma razão desde o início que não permitiu que ele solucionasse o problema?

Observação: Mas Jung diz que não há doença no inconsciente coletivo e, assim sendo, o Self é um arquétipo, e não me parece que haja falha alguma com ele.

Eu concordo plenamente. Acho que se ele parece ser defeituoso, é por causa da atitude errônea do ego. Objetivamente, ele não pode ser defeituoso, e é por isso que não posso aceitar tal ideia. Se o ego é capaz de mudar, ele acarretará mudanças também em outros aspectos da personalidade, e as atitudes positivas do ego fazem com que os símbolos do *Self* também se tornem positivos. Isso é algo que vivenciamos repetidamente, quer dizer, se a pessoa consegue ter uma certa quantidade de "insights", então toda a sua estrutura inconsciente muda. Mas seus adversários filosóficos diriam que o fato de um homem conseguir mudar e o outro não, é devido ao *Self* — e então caminhamos em círculos.

Nesse caso específico, portanto, tentarei interpretar a figura da criança de modo duplo — como a sombra infantil do *Self*. Então tentaremos discernir as coisas, o que significa que teremos que interpretar o material inteiro de acordo com uma perspectiva. A hipótese de que a criança das estrelas que Saint-Exupéry encontra seja a sombra infantil pode ser facilmente provada, pois ela é a única que compreende a história da serpente boa e do elefante. Isso é algo remanescente da infância, e temos uma carta de Saint-Exupéry para sua mãe, escrita em 1935, pouco tempo antes de sua morte, na qual ele diz que sua única fonte de consolo eram certas lembranças da infância, tais como o cheiro das velas de Natal. Sua alma estava tão completamente seca e ele estava morrendo de sede. Há nostalgia por essa infância, e pode-se dizer que o pequeno príncipe representa seu mundo de criança e portanto sua sombra infantil. É característico o que ele escreve para a mãe; pode-se ver que ele ainda está envolvido no complexo materno.

Por outro lado, pode ser dito que o fato de essa criança aparecer na terra não é *apenas negativo;* não é a aparição apenas da sombra infantil, porque, como veremos mais tarde, o pequeno príncipe desce de uma estrela. Pode-se estabelecer um paralelo entre essas duas situações, a queda de Saint-Exupéry e a descida do pequeno príncipe de um planeta à terra. Portanto, pela primeira vez, duas coisas que deveriam estar no ar se encontram na terra: o príncipe que deveria estar no cosmos e Saint-Exupéry que constantemente se encontrava nos céus. Desde o momento em que o pequeno príncipe aterrisa na terra, ele não é mais a sombra infantil, porque algo tocou a realidade. Ele portanto está agora em posição ambígua. Se isso se tivesse tornado consciente, poderia ter se tornado parte de seu futuro ao invés de provocar uma regressão. Não é mais a sombra infantil, mas um tipo de tomada de consciência que acontece o tempo todo. Tornar-se mais consciente significa, praticamente, entrar mais e mais na realidade — o que significa perder as ilusões.

A maior dificuldade que trazemos conosco desde a infância é o nosso pacote de ilusões. Esse problema sutil consiste em abrir mão de certas ilusões sem se tornar cínico. Há pessoas que se desiludem cedo na vida; você vê isso quando tem que analisar órfãos negligenciados de camadas altas e baixas da sociedade, aqueles que hoje são chamados de "crianças negligenciadas", o que significa que são tanto crianças pobres, criadas na favela e que tiveram destinos e famílias horríveis, ou crianças ricas que tiveram todas as carências, exceto de dinheiro — pais divorciados, um péssimo ambiente em casa e falta de afeto, que é tão vital para as crianças. Tais pessoas muito frequentemente crescem mais rapidamente que outras porque se tornam bastante realistas, desiludidas, autossuficientes e independentes desde cedo. As vicissitudes da vida as forçaram a isso, mas você pode facilmente dizer por suas expressões falsamente amadurecidas, que alguma coisa andou mal com elas. Elas foram forçadas a abandonar a infância e a cair na realidade.

Se você analisar essas pessoas, descobrirá que elas não elaboraram o problema das ilusões infantis mas apenas o reprimiram. Têm certeza que seu desejo de amor e seus ideais nunca serão satisfeitos. Creem que isso está fora de cogitação. Mas isso é uma convicção do ego que não leva a nada, e uma análise mais profunda mostra que elas permanecem completamente mergulhadas em suas ilusões infantis: o desejo de ter uma mãe que as amasse ou de felicidade permanece o mesmo, encontra-se apenas reprimido. Elas são realmente muito menos adultas do que as outras, e o problema foi apenas posto de lado. O indivíduo tem então a terrível tarefa de reviver essas ilusões porque sua vida ali parou. Portanto, a pessoa acaba regredindo a essas lembranças até que alguém tente puxá-la para fora adequadamente. Esse é o problema que se encontra dentro das pessoas que dizem não conseguir amar nem confiar em ninguém. Nessas condições, a vida fica sem sentido. Através da transferência elas começam a ter esperanças que talvez possam confiar e amar de novo, mas você pode ter certeza que o primeiro amor que vão viver será completamente infantil. O analisando muitas vezes sabe em que vai dar: o amor vai ser inútil e vai lhe trazer novas desilusões. Isso é bem verdade, pois tais pessoas trazem um material tão infantil que tem de ser refutado pelo analista ou pela vida. Tais pessoas lidam com seus sentimentos de maneira tão infantil que, por exemplo, o analista pode estar doente de cama que elas vivenciam isto como um insulto pessoal e sentem-se abandonadas e desapontadas. Pessoas bastante adultas dizem ter consciência de que tais reações são absolutamente idiotas e irracionais, mas que não conseguem agir de outra maneira e perguntam com todo o direito: "O que alguém pode fazer se tem dentro de si uma criança assim tão incorrigível?" Sermões não têm efeito melhor do que teriam sobre uma criança birrenta que não consegue ouvir.

Como uma pessoa pode enfrentar tão difícil problema? Se ela simplesmente riscá-lo de sua vida por considerá-lo uma fonte de problemas e de ilusões, então perderá sua espontaneidade e será uma pessoa desiludida e amarga; mas se o vive, ele se tornará impossível e a realidade a fará sofrer o tempo todo. Essa é a questão. As pessoas que negaram seus sentimentos ou suas demandas sobre outras pessoas ou sua capacidade de confiar, geralmente não se sentem totalmente reais, espontâneas ou elas mesmas. Elas se sentem apenas meio-vivas e geralmente não se veem como pessoas completamente reais. Negar a criança divina significa não se levar totalmente a sério. Quando isso acontece, a pessoa representa! A pessoa pode acabar se adaptando à vida, mas se ela for honesta consigo mesma não poderá negar que está representando a maior parte do tempo. De outro modo, ela se comportaria de uma forma tão infantil que ninguém a suportaria. Portanto, o que ela pode fazer?

Esse é o dilema da criança divina, que fica dividida entre a sua personalidade adulta e a infantil. Teoricamente, a solução é clara: deve-se ultrapassar a imaturidade, substituindo-a pela maturidade. Deve-se buscar esse objetivo, e se a análise for bem-feita ele será alcançado. A pessoa consegue separar e eliminar definitivamente o que for infantil e preservar a criatividade e a vida futura. Mas, na prática, isso é algo cheio de sutilezas e muito difícil de ser alcançado.

A criança divina, ou príncipe das estrelas, que Saint-Exupéry encontra no deserto, pede uma ovelha, e ficamos sabendo que ele veio à terra para buscá-la. Mais tarde vemos que em seu planeta há um supercrescimento de baobás que brotam constantemente. O príncipe das estrelas quer a ovelha para comer os brotos logo que eles aparecerem, para não ter que trabalhar o tempo inteiro arrancando-os. Mas ele não explica isso a Saint-Exupéry, e a razão verdadeira só aparece mais tarde.

Primeiramente, temos de ver o simbolismo da ovelha na vida pessoal de Saint-Exupéry, e depois na mitologia. Em um de seus livros, Saint-Exupéry mesmo diz: "Seu destino, bom ou mau, é determinado por você mesmo. Chega um momento em que você é vulnerável e seus próprios erros o condenam e o derrubam como um pião. (Naturalmente estava se referindo aos seus voos. Ele quer dizer que não existem acidentes por acaso: estes seriam resultado de um processo tanto interno como externo.). Não são os grandes obstáculos que atrapalham, mas os pequenos: três laranjeiras no final da pista de pouso, ou trinta ovelhas que você não vê e que de repente aparecem entre as rodas do avião". Antigamente, as ovelhas eram usadas para manter a grama sempre aparada nos campos de aviação e poderia acontecer de o avião por engano atropelá-las. Pode-se dizer que ele projeta nas ovelhas aquele destino que um dia leva o *puer aeternus* à morte, ou, neste caso, ele próprio. É o inimigo fatal.

A ovelha tem um nome bem revelador em grego. É chamada *probaton*, que vem do verbo "andar para a frente" ou "o *animal* que anda para a frente". Esse é um nome incrível: o *animal* não tem outra escolha ou função a não ser caminhar para frente. Isso é tudo que tem capacidade de fazer! Os gregos são ainda mais sábios, pois classificam o *animal* como neutro e o chamam de "a coisa que anda para frente". Isso ilustra as características estranhas das ovelhas, que sempre seguem o líder do rebanho aonde quer que ele vá. Já foi constatado que toda vez que um lobo ou cachorro persegue o carneiro líder, fazendo com que ele caia no precipício, duzentas ou trezentas ovelhas pulam atrás dele. Isso está sempre nos jornais. Há uns dez anos atrás isso aconteceu em Lenzerheide, nos Alpes, quando um lobo perseguiu o carneiro líder até o precipício, fazendo com que ele caísse; depois os homens tiveram de matar a tiros ou facadas mais ou menos duas centenas de ovelhas. Nem todas estavam mortas, mas simplesmente empilhadas umas por cima das outras. É por isso que o termo ovelha tornou-se pejorativo. O instinto de caminhar e permanecer juntas no rebanho é tão desenvolvido na ovelha que elas não conseguem ignorá-lo nem mesmo para salvar suas vidas. A quem viu o filme de Walt Disney "O selvagem mundo branco" teve oportunidade de ver o mesmo acontecer com os lemmings, que se lançaram ao mar. Uma vez que eles começam a ser mover obedecendo a esse instinto cego, não conseguem mais se libertar.

A ovelha tende a ter um comportamento instintivo similar e, portanto, é o símbolo — quando aparece em associação negativa em um sonho — da psicologia de massa, que nos leva a ser influenciados pelas atitudes da massa e a abrir mão de nossos próprios julgamentos e impulsos. Naturalmente, o homem gregário existe dentro de nós. Por exemplo, você pode ficar sabendo que tal conferência está tendo um grande público e aí você pensa: "então ela deve ser boa". Ou então você lê sobre a exposição que está acontecendo no Kunsthaus e resolve ir, mas não tem coragem de dizer que você achou as pinturas horríveis. Você primeiro dá uma olhada e se percebe que as pessoas que julga entendidas gostam delas, você jamais ousará expressar sua opinião. Muitos olham primeiro o nome do autor antes de opinar. Esse tipo de pessoas são ovelhas.

A ovelha na mitologia tem uma relação estranha com o mundo da criança divina. Todos vocês se lembram das ilustrações da Madona, muitas vezes ao lado de sua mãe e de são João Batista (há muitas a partir do século XVI) brincando com um carneirinho, ou existem as de Jesus criança com um carneirinho, segurando uma cruz e assim por diante. Naturalmente, o carneiro é uma representação do próprio Cristo, mas na arte ele é expresso como algo separado. Ele próprio é o carneiro sacrifical, o *agnus dei*. Na arte o carneiro é mostrado como o parceiro de brincadeiras, o que naturalmente significa (como todas as vezes que um deus é mostrado como *animal*) que o deus é seu *animal* totêmico, é sua forma *animal*. No folclore alemão, há uma crença que as almas das crianças antes de nascerem vivem como ovelhas no seio da Mãe-Holle — um tipo de mãe-terra — e que essas almas das crianças que ainda não nasceram são idênticas a que os alemães chamam de *Lammerwolkchem* (almas-ovelhas) — em inglês "nuvens ovelhas". Os camponeses pensavam que estas pequenas "nuvens ovelhas" eram almas de crianças inocentes. Se no "Dia dos Inocentes" houvesse o mesmo número de nuvens no céu, era um sinal que muitas crianças morreriam. Além disso, se você examinar as crendices tradicionais sobre as ovelhas, você verá que elas são o símbolo da inocência e que são influenciáveis e facilmente afetadas pelo mau-olhado e por bruxarias. Podem ser mais facilmente enfeitiçadas do que qualquer outro *animal*, e podem morrer devido ao mau-olhado. Um sexto sentido é atribuído à ovelha pois, devido ao seu comportamento, consegue predizer as coisas. Essa característica é projetada em muitos *animais* domésticos: os cavalos também têm um sexto sentido na crença popular, assim como as ovelhas. Não são somente as ovelhas que têm premonições, mas a tradição folclórica de serem enfeitiçadas e perseguidas por bruxas e lobos é específica delas.

O leite, outra substância branca, é também o símbolo da inocência e da pureza, mas que pode ser facilmente enfeitiçado. Uma das principais atividades dos duendes e bruxas no campo é estragar o leite do vizinho. Portanto, precauções inumeráveis têm de ser tomadas: não se pode atravessar a rua com o leite depois das sete da noite; deve-se virar o balde antes de ordenhar a vaca; deve-se dizer três "aves" e assim por diante. Nossos cuidados higiênicos nem sequer podem ser comparados com as precauções contra os feitiços das bruxas feitos na antiguidade que eram infinitamente mais complicados. Por exemplo, se a bruxa passasse na rua, o leite ficaria azedo ou azul imediatamente; se o mau-olhado atingisse o estábulo, o leite se tornaria azulado e então só um exorcista poderia quebrar o feitiço. É interessante notar que os símbolos das coisas bem inocentes são particularmente sensíveis à infecções ou a ataques do mal; isso é porque os opostos se atraem, pois se trata de um desafio aos poderes maléficos.

Na vida prática do *puer aeternus,* que é o homem que não se livrou do arquétipo da juventude eterna, observamos a mesma coisa, isto é, a tendência a ser ingênuo, idealista e a acreditar em qualquer coisa. Portanto, ele automaticamente atrai pessoas que irão enganá-lo e passá-lo para trás. Já tive muitas oportunidades de observar, ao analisar esse tipo de homem, como eles, de uma maneira fatal, são atraídos por mulheres de moral duvidosa ou arranjam amigos que do mesmo modo não inspiram confiança. É como se sua ingenuidade inexperiente e seu tipo errado de idealismo automaticamente atraíssem o oposto, e de nada adianta avisá-los a respeito de tais relacionamentos. Eles pensarão que é ciúme ou algo parecido e simplesmente não vão ouvir. Tal ingenuidade ou inocência infantil podem ser curadas dessas ilusões somente através da decepção e das más experiências. Os conselhos não adiantam — tais homens têm de aprender pela experiência, sem a qual eles nunca despertarão de sua inocência. É como se os lobos — quer dizer, os patifes e as pessoas destrutivas — instintivamente vissem tais ovelhas como sua presa natural. Isso naturalmente leva-nos a analisar o problema de nossa tradição religiosa de uma maneira mais profunda.

Como se sabe, Cristo é o pastor e nós somos o seu rebanho. Essa é uma imagem que sobressai em nossa tradição religiosa e que gerou uma coisa muito destrutiva; isto é, por ser Cristo o pastor e nós o rebanho, fomos ensinados pela Igreja que não devemos ter nossas próprias opiniões ou pensar por nós mesmos, e sim simplesmente ter fé. Se não conseguimos acreditar na ressurreição do corpo — um mistério tão grande que ninguém consegue entender — então devemos simplesmente ter fé. Toda a nossa tradição religiosa segue essa orientação, e assim, quando outro sistema qualquer surge, como o nazismo e o comunismo, somos ensinados a fechar os olhos, a não pensar por nós mesmos e treinados a simplesmente ter fé no Führer ou nos dirigentes do Kremlin. Somos realmente treinados a fazer parte do rebanho! Quando o líder é uma pessoa responsável, ou o ideal dominante for algo bom, tudo bem. Os fundamentos dessa educação religiosa estão prejudicando muito nossa civilização, pois o cristão ocidental é muito mais influenciável pelas epidemias de massa do que o oriental. Ele é predisposto a acreditar em *slogans*, tendo sempre ouvido que há muitas coisas que ele não conseguiria compreender e nas quais deveria ter fé para ser salvo. Assim somos treinados pela psicologia de rebanho, e essa é uma tremenda sombra da educação cristã pela qual estamos pagando.

A obra de Saint-Exupéry mostra como ele estava possuído por essa ideia. Ele diz em *Cidadela:* "Construir a paz é construir um estábulo suficientemente grande para abrigar todo o rebanho, no qual este possa dormir. (Que ideal! Pôr a humanidade para dormir!) Construir a paz é tomar emprestado a Deus seu bastão divino de pastor para que todos se submetam a ele". Você pode ver que ele se identifica com Deus. Ele é o pastor divino que aceita a humanidade para pastorear, a megalomania religiosa do *puer aeternus*.

E agora deparamos outro complexo: "É como a mãe que ama seus filhos, sendo que um deles é tímido e terno, o outro cheio de vida, um outro talvez é corcunda, e o último é delicado, mas todos, com suas diferenças, tocam o coração da mãe, e todos, na diversidade de seu amor, servem à glória". (Em francês, é ainda mais sentimental e impressionante: *Bâtir la paix, c'est bâtir l'etable assez grand pour que le troupeau entier s'y endors. Bâtir la paix, c'est obtenir de Dieu qu'il prête son manteau de berger pour recevoir les hommes dans tout l'entendu de leur désir. Ainsi de la mère que aime ses fils et celui là timide et tendre et l'autre ardent à vivre, et l'autre peut-être bossu, chétif et malvenu, mais tour, dans leurs diversités, émouvent son coeur, et tous dans la diversité de leur amour servent la gloire.)*

Aqui você pode ver como a imagem do pastor divino e do rebanho está misturada com o sentimentalismo do complexo-materno de um modo perigoso. Subitamente, é a mãe que é a pastora e os filhos o rebanho. Um lobo surge, devora o pastor e fica com o bastão, e então você sabe o que acontece ao rebanho! É a grande chance para um lobo! No caso da religião, o lobo pode ser um dos grandes ditadores e líderes atuais ou qualquer político que mente e engana na vida pública. Na vida privada, é o *animus* da mãe devoradora que serve como pastora para o filho-carneiro. E há os filhos bons e devotados que acreditam que têm a honra de cuidar da mãe, uma senhora idosa; eles não veem que o *animus* da mãe os havia devorado e se alimentado de sua inocência. O *animus* devorador da mãe às vezes se alimenta da inocência e dos sentimentos mais nobres e devotados do filho; neste caso também o carneiro foi devorado pelo pastor.

Portanto, o menino das estrelas de nossa história quer uma ovelha. Ficamos sabendo que ela é necessária para comer as árvores que crescem demais, que obviamente são um símbolo da mãe devoradora, portanto o desejo de uma ovelha parece, à primeira vista, ter um significado positivo; quer dizer, o asteroide está ameaçado pelo supercrescimento, que é o complexo materno. Já ilustrei isso de uma outra maneira, com a ovelha como parte do complexo materno, o que é útil, e não como o remédio certo contra o crescimento. Portanto, aqui novamente deparamos uma total ambiguidade. De que maneira a ovelha ajuda a combater o complexo materno? Depois veremos como ela ajuda a aumentá-lo. A história diz que ela apara os novos brotos, que são o supercrescimento do complexo materno, mas psicologicamente o que isto significa? Quanto o ser gregário que existe dentro de nós pode ser útil no combate ao complexo materno?

Resposta: A mãe não parece ser tão devoradora quando ele se rende a ela.

Você quer dizer que se a ovelha caminhar para a boca do lobo o lobo se tornará menos perigoso por estar bem alimentado. De certo modo, não acho que ceder aos desejos devoradores da mãe tenha alguma vez servido para melhorar as coisas. Minha experiência me mostrou que o complexo devorador geralmente engorda e cresce com cada mordida que dá.

Resposta: Eu diria que todos têm que ficar livres da mãe.

Sim, e o que pode ser feito para desligar um homem da mãe?

Resposta: Se um homem seguir seu padrão — quer dizer, livrar-se de sua mãe — então ele está fazendo o que é certo.

Você quer dizer que ele ouve uma máxima psicológica que diz que todos têm que se desligar da mãe. Se ele faz isso, ele segue as diretrizes do rebanho; ele o faz porque "dizem que é assim que deve ser", e assim separa-se da mãe. Isso está bem certo. Normalmente, poucos jovens conseguem se libertar sozinhos da mãe, eles o fazem através da coletividade. Por exemplo, em nosso país é o serviço militar que ajuda os jovens a lutar contra seus complexos maternos. É a mentalidade do rebanho; o homem-gregário, que os leva ao serviço militar, mas essa adaptação coletiva pode ser — e às vezes é temporariamente — uma ajuda para que eles se individualizem — especialmente aqui na Suíça. Nas camadas mais simples da sociedade, o serviço militar ainda funciona muito como as iniciações rituais nas tribos primitivas; é o momento de separar-se da mãe.

Você pode dizer que as adaptações coletivas de todos os tipos, mesmo as humildes e não individualistas, são úteis contra o complexo materno; quer dizer, como mencionei anteriormente, cumprir com seu dever, apresentar-se ao serviço militar, tentar se comportar como todo mundo, não tendo aquele tipo de individualidade elegante que é típico do homem que tem complexo materno — e desistir da ideia de que é alguém especial, alguém que não precisa fazer tais adaptações, nivelando-se por baixo, tudo isso é um veneno para o complexo materno. Portanto, desistir de ideias megalomaníacas e aceitar ser apenas alguém, ou ninguém na multidão, é até certo ponto uma cura, embora apenas temporária e não completa. Ainda assim, é o primeiro passo para se desligar da mãe.

Você vê — *similia similibus curantur* (o semelhante cura o semelhante) — como situações perigosas são geralmente curadas por outras situações perigosas. Tornar-se um homem gregário é uma coisa perigosa psicologicamente, mas é útil contra o perigo da falsa individualidade que o homem desenvolve dentro do complexo materno. Mas então ele enfrenta outro perigo: o remédio usado neste caso é perigoso. Portanto, o fato de o príncipe das estrelas querer uma ovelha pode ser interpretado positivamente. Ele quer, em seu ideal, um isolamento divino da companhia da alma gregária. Isso aumentaria seu asteroide e seu mundo. Não há *anima*is no mundo das estrelas; se ele levasse um para lá significaria que estava levando um pouco do princípio da realidade, o que parece bastante positivo. Mas também pode ser interpretado negativamente, pois não é uma tomada de consciência mas apenas a colocação de um instinto contra o outro que foi expresso na história. Por isso acho que você pode chegar a uma avaliação definitiva e dizer que a ovelha é completamente negativa.

Comentário: A ovelha está na caixa!

Isso confirma o que eu disse. Eu diria que ele prefere levar a ovelha para cima do que descer à terra com ela. Ovelhas caminham sobre a terra. Portanto, se para ter uma, ele ficasse na terra, então ela seria aquilo que o puxaria para a realidade. Do mesmo modo, o homem é puxado para a terra se ele serve ao exército ou tem que fazer outras dolorosas adaptações. Mas se você leva a ovelha para o mundo de fantasia da infância, então isso não é uma adaptação à realidade e sim uma pseudoadaptação. Isso é algo muito sutil e específico em Saint-Exupéry, e não muito encontrado em outros casos. É para ele um perigo específico, mas ao qual reage de forma bem estranha. Ele defende a ligação à terra, a adaptação social, a aceitação da realidade e dos vínculos amorosos, e assim por diante, mas não pratica essas coisas em sua vida. Ele assimila tudo intelectualmente e leva tudo para seu mundo imaginário. É um truque que muitos *pueri aeterni* fazem: a compreensão de que devem se adaptar à realidade é uma ideia intelectual para eles, que é preenchida de fantasias mas que não vivem na realidade. A ideia é executada apenas racionalmente e em um nível filosófico, mas não ao nível da ação. Parece que eles compreenderam bem, como se não tivessem a atitude errada, como se soubessem o que é certo e importante. Mas eles não põem em prática. Se você ler as obras de Saint-Exupéry, você pode me contradizer afirmando que ele não é um *puer aeternus:* olhe para o Sheik em *A Cidadela,* um homem amadurecido que assume suas responsabilidades, olhe para Rivière em *Vol de Nuit:* ele não é um *puer aeternus,* mas um homem que também assume suas responsabilidades; é um homem adulto, não apenas um sujeito que sofre de complexo materno. Tudo isso faz parte de suas ideias, mas Saint-Exupéry nunca foi o Sheik ou Rivière; ele os fantasiou, e também a ideia de homem amadurecido, com os pés na terra, mas nunca viveu sua fantasia. Isso penso ser um dos mais difíceis problemas dessa constelação neurótica. O *puer aeternus* sempre faz assim: compreende tudo sobre a realidade e a transforma em fantasia. Ele não consegue cruzar a fronteira entre a fantasia e a ação. É também a curva perigosa na análise dessas pessoas, pois a menos que o analista constantemente observe o problema como raposa alerta, a análise prosseguirá maravilhosamente, o *puer aeternus* compreenderá tudo, integrará a sombra e o fato de que tem de trabalhar e pôr os pés no chão, mas a menos que você fique como um cão de guarda vigiando-o, ele sempre fracassará. A integração total acontece na estratosfera e não na terra. Acabamos tendo que bancar a governanta, perguntando a que horas ele levanta de manhã, quantas horas trabalha por dia, e assim por diante. É um trabalho bastante tedioso, mas é o que acaba acontecendo, pois de outro modo, uma terrível decepção seria inevitável.

Devemos agora considerar a ovelha dentro da caixa. Quando você assimila algo racionalmente, você coloca aquilo dentro de uma caixa. Quando Saint-Exupéry impacientemente coloca a ovelha dentro da caixa ela aceita a ideia, mas apenas *como uma ideia.* Ela existe, mas apenas na caixa de seu cérebro. O pequeno príncipe acha que o desenho é tão bom quanto a verdadeira ovelha. Tudo permanece no mundo do pensamento.

Pergunta: Se Saint-Exupéry tivesse sido curado de sua personalidade imatura, ele teria continuado a ser um artista? Ser "curado" de imaturidade não significa pôr fim à arte. Se tomarmos Goethe como exemplo, podemos ver que em seus primeiros trabalhos há indícios do complexo materno, e ele também sentia que não lhe sobraria nada se desistisse de sua mentalidade de *puer*. Mas ele superou sua crise, e embora o *puer* de seu livro *The Sorrows of Young Werther* tenha se suicidado, Goethe sobreviveu.

No grande artista há sempre um *puer* no início, mas que pode vir a ser superado. É uma questão de talento. Se um homem deixa de ser artista quando deixa de ser *puer*, isto significa que ele realmente nunca foi um artista. Se a análise impede tais pseudoartistas de exercer sua arte, podemos dar graças a Deus! Não devemos esquecer que não é apenas Saint-Exupéry que tem esse problema; ele é um exemplo de uma neurose que afeta muitos. Ele mostrou literariamente a situação do *puer*, e de uma linda forma; ele levantou a questão. Há tipos de artistas que não conseguem passar pela transformação que Goethe passou, e estes estão condenados. Não se pode dizer que eles não foram artistas, mas que não se desenvolveram além desse ponto. No livro *The Sorrows of Young Werther* Goethe não lidou com o problema do *puer* de maneira definitiva e assim ele continuou em outras obras. Em seu livro seguinte, o drama *Torquato Tasso,* Goethe o apresentava como um problema dentro dele mesmo; ao mesmo tempo, personificando o *puer* em Tasso e Antônio, o homem que quer viver na terra, ele se esquivou do problema. Então viveu um conflito que foi ainda mais longe em *Fausto*. Nossos sentimentos nos dizem quando o escritor se vê às voltas ou não com esse problema. Personificar o *puer* é apenas o primeiro passo.

Pergunta: Você pode explicar melhor a afirmação que a preguiça é característica do puer aeternus? *Tanto Goethe quanto Saint-Exupéry trabalharam duramente em suas vidas.*

O *puer aeternus* tem de aprender a levar em frente o trabalho de que não gosta e não apenas aquele pelo qual sente muito entusiasmo, o que é algo que todo mundo tem de fazer. As pessoas primitivas que são tachadas de preguiçosas, conseguem fazer isso. No momento que têm de fazer algo elas trabalham até mesmo ao ponto de exaustão, mas eu não diria que isso é o trabalho regular do qual o *puer* precisa. Este seria o trabalho que exige que você saia cedo da cama dia após dia para cumprir uma obrigação que às vezes é bastante fastidiosa, por sua pura força de vontade. Goethe tinha um cargo político e servia em Weimar, sentado no escritório fazendo trabalho burocrático. Ele retrata isso em sua personagem Antônio. Goethe vivia o que escrevia. Ficava no escritório exercendo suas funções rotineiras quando preferiria estar livre em algum outro lugar. De algum modo, tinha profunda consciência da necessidade de aceitarmos ativamente esse lado da vida. Sendo tipo sensível, ele desenvolveu um lado bastante trivial que aparece em suas máximas, que são banais e desinteressantes (suas conversações com Eckermann são muito decepcionantes).

Comentário: Talvez isso venha a clarear a declaração de Rousseau de que seu maior defeito era a preguiça, mas todos sabiam que ele trabalhava de manhã à noite e lia muitos e muitos livros.

Sim, mas ele deve ter fugido de algum outro tipo de trabalho. As pessoas podem enganar a si mesmas ocupando-se o tempo todo com outras coisas a fim de evitar o trabalho que realmente deveriam estar fazendo. Rousseau tinha de tomar escalda-pés para conseguir trabalhar, e trabalhava em uma espécie de transe com os pés de molho em água quente. Suas *Confissões* seriam, sem dúvida, objetivas e menos sentimentais sem tais práticas!

Comentário: Voltando à ideia de o autor expressar suas neuroses em suas obras — muitos são admirados por isso e tais atividades são vistas como expressão de seu talento.

Não creio que sejam apenas vistas como talento mas sim como algo que todos nós gostaríamos de fazer. Eu gostaria de ganhar muito dinheiro com meus traços neuróticos. Acho que o problema está no conteúdo do que foi escrito. Acho que o que a pessoa escreve diz respeito a seu próprio problema — de outro modo não haveria inspiração — mas quando você expõe o problema, ou enquanto você escreve sobre ele, você tem de vivenciá-lo. Toda vez que faço uma palestra sobre determinado problema acabo ficando envolvida com ele. Já observei que com pessoas impulsivas ocorre o oposto, primeiro elas vivem o problema e depois escrevem sobre ele. Quando você escreve sobre um problema, os eventos ocorrem simultaneamente de maneira que você mergulha ainda mais no tema que está abordando. O Dr. Jung disse-me que quando ele escrevia sobre determinados temas ele recebia cartas de todos os lugares, como da Austrália e de muitos outros sobre o mesmo tema. Se você aborda um problema importante e vital para você, geralmente é isso que acontece, às vezes à sua frente e às vezes atrás, e essa é a diferença entre apenas escrever sobre sua neurose e ir além dela. Você tem o problema e se o vivencia ao mesmo tempo que escreve sobre ele, você adquire maior compreensão para ir superando-o paulatinamente, e as próximas coisas que você escreverá já apresentarão algum progresso neste sentido e você não ficará se repetindo. Goethe vivia o que escrevia e sempre mostrava progressos. Os poetas românticos se repetiam muito mais pois andavam em círculos porque não podiam, ou não queriam, vivenciá-los. Não quero fazer acusação, mas devemos estar preparados para viver o que pregamos. Muitos artistas não querem que seu trabalho seja analisado porque temem ser confrontados com ele em sua vida real. É por isso que às vezes mostram tanta resistência em relação aos psicanalistas, alegando que sua criatividade não caberia nos estreitos limites da análise. Mas a criatividade autêntica é tão terrivelmente forte que mesmo o mais bem dotado dos analistas não conseguiria destruí-la. Essa resistência em deixar sua obra ser analisada é muito suspeita.

Capítulo 3

Alguém me perguntou em particular sobre a questão da ovelha colocada dentro da caixa. Esse ouvinte achou que fui dura demais com Saint-Exupéry, que havia mostrado coragem e capacidade para uma reação consistente à sua vida e que não podemos acusá-lo de tentar fugir da realidade de qualquer modo, pelo menos não desse modo. Eu acho que isto simplesmente mostra que eu não fui suficientemente clara.

Colocar a ovelha na caixa não é um gesto de fuga; ao contrário, ele surge do que podemos chamar de uma certa força vital que permite enfrentar o conflito. Saint-Exupéry quer voltar a trabalhar em seu motor. Ao invés de deixá-lo desenhar rapidamente uma ovelha, o príncipe das estrelas o amola dizendo que o desenho não está certo, e isto e aquilo, e assim ele fica dividido entre o motor e a criança, cuja importância compreende e que o solicita como o fazem as crianças. Tem certeza de que se desenhar outra ovelha ela também não ficará a contento, ou que haverá muitas perguntas e na realidade há essa necessidade urgente de consertar o motor. Se você tomar isto simbolicamente, significaria um conflito entre as demandas internas e externas, o que estabelece uma tremenda tensão. Como você pode enfrentar as demandas da realidade externa, que a razão lhe diz estarem certas, e ao mesmo tempo as que vêm de dentro? A dificuldade é que as demandas internas precisam de tempo. Você não pode dar asas à imaginação por cinco minutos, então parar e passar a fazer outras coisas! Se, por exemplo, a pessoa estiver em análise, os sonhos têm de ser escritos. Isso pode requerer duas horas de trabalho, o que é apenas o começo, pois ainda há muito trabalho a ser feito. A pessoa deve também meditar sobre eles. É um trabalho de tempo integral, e muitas vezes é necessário parar para resolver as questões urgentes da vida diária. Essa é uma das tensões com as quais deparamos das mais difíceis de enfrentar — ser capaz de atender às necessidades em vários níveis. A personalidade fraca — e nisso não vai nenhuma crítica moralista — significa que a pessoa não nasceu suficientemente forte. Tais pessoas só conseguem lidar com esse problema deixando um desses aspectos definitivamente de lado. Pode-se observar a incapacidade de lidar com as tensões além de determinado ponto. A personalidade fraca é tomada de impaciência, enquanto a forte pode suportar a tensão por mais tempo. Neste caso, nota-se que Saint-Exupéry, depois da terceira tentativa de desenhar a ovelha, desiste e toma a decisão, como quem toma um atalho, de desenhá-la em uma caixa e voltar logo para seu motor. Essa indicação de fraqueza aparece de outras formas; por exemplo, o planeta do príncipe das estrelas é muito pequeno, ele próprio é muito delicado, ou, pegando o primeiro desenho, o herói não sai de dentro da cobra devoradora, isto é, a mãe. Também ao olharmos para as fotografias de Saint-Exupéry, observamos que ele tem um rosto muito estranho e "dividido": a parte de baixo parece ser de um menino de 7 anos, e a expressão da boca é completamente imatura; é a boca pequena e ingênua de uma criança, e vemos o queixo pequeno e magro enquanto a parte de cima dá a impressão de um homem amadurecido e muito inteligente. Algo parece fraco e infantil; portanto há tensões que não consegue suportar. Não digo isso criticamente, mas como se fosse um diagnóstico, da mesma maneira que um médico poderia dizer que alguém não é suficientemente forte para resistir a uma pneumonia. Não há crítica, apenas a constatação de um fato trágico.

Há alguns homens que têm o problema do *puer aeternus* e não obstante conseguem suportar tensões e conflitos, mas sua reação a eles é de pura impaciência e não de terrível fraqueza. No complexo materno, é frequentemente o sofredor que não deseja sair da situação. Por exemplo, em *Aion,* o Dr. Jung diz: "Um filho superprotegido sempre faz tentativas vãs e impacientes para viver na realidade. A crença secreta de poder receber tudo o que deseja, inclusive a felicidade, através da mãe, contém seu ímpeto e sua perseverança. Ele nunca chega a conhecer completamente a realidade, pois para isso é preciso ter a virilidade e a deslealdade de Eros para lhe ajudarem a esquecer a mãe".[10]

Assim, você pode observar que a impaciência é às vezes efeito do complexo materno. No caso de Saint-Exupéry, acho que se dá o mesmo. Além disso, há algo trágico; isto é, uma fraqueza inata pela qual não podemos responsabilizá-lo. Isto significa que sua vitalidade foi recalcada de algum modo, e que se trata de um destino trágico e inevitável.

Pergunta: Você disse "deslealdade de Eros"?

Sim, o que significa a capacidade de sair de uma relação. Isso leva a um outro problema — quer dizer que o *puer aeternus,* no sentido negativo da palavra, muitas vezes tende a ser dependente, fraco e a fazer o papel de "bonzinho" em seus relacionamentos, sendo incapaz de ter rápidas reações de defesa quando necessário. Por exemplo: ele absorve demais a *anima* das mulheres que o circundam: se alguma faz uma cena, acusando-o das piores coisas, ele aceita as acusações e não diz nada, até que de repente se cansa e simplesmente abandona essa mulher da maneira mais fria e cruel possível. Já vi alguns que tiraram tudo de suas mulheres e as trocaram por outras sem qualquer explicação. Não há nenhuma espécie de transição. O "menino bonzinho", o homem que aceita tudo, de repente é substituído pela sombra do bandido que nada tem de humano. O mesmo acontece na análise: eles concordam com tudo, não mostram resistência nem discutem com o analista; de repente, sem qualquer motivo aparente, eles dizem que estão mudando de analista ou parando a análise, e você cai das nuvens se não conseguiu prever isso. Não há agradecimentos nem nada. Está simplesmente terminado. No princípio havia calor, dependên-

---

10. Carl Gustav Jung, *Aion: Research into the Phenomelogy of Self,* vol. 9 parte II, *Collected Works*. Princeton: Princeton University Press, 1959; 2ª ed., § 22.

cia e falta de agressividade masculina, e depois disso, tudo se passou de forma negativa, desumana e distante. Isso é típico do *puer aeternus*. Muito mais força seria necessária para elaborar o problema pacientemente em vez de simplesmente desistir, abandonando assim a análise.

Continuando com nossa história, chegamos à parte que Saint-Exupéry tem uma longa conversa com o príncipe e fica sabendo que ele veio do espaço, do Asteroide B-612, e que quer a ovelha para comer os baobás do planeta. Ainda não descobri a que o número do asteroide — B-612 — está associado. Pode-se imaginar, pela maneira que Saint-Exupéry o descreve, que ele está brincando com seu conhecimento astronômico e matemático e quer expressar a ideia de uma pequena estrela X-Y. Se nisso há um significado simbólico eu não sei qual ele possa ser, quer dizer, não consegui formar uma noção precisa.

O grande perigo são os brotos de baobá que se tornam enormes árvores, cujas raízes, se fossem deixadas crescer, rachariam o planeta no meio. É por esse motivo que o pequeno príncipe fica ocupado todo o tempo arrancando as plantas antes que cresçam demais. Essa é sua preocupação constante e sua intenção é levar uma ovelha da terra para comer os brotos e livrá-lo da luta constante contra os baobás. (Em alemão são chamados de Affenbrotbaum, árvore pão-de-macaco. São grandes árvores nativas da África.)

Saint-Exupéry diz que seriam necessários muitos elefantes para comer tais árvores. O pequeno príncipe diz que nesse caso seria preciso pôr um em cima do outro; de outro modo não haveria espaço, e desses comentários Saint-Exupéry imagina a situação. Ele faz um desenho para ilustrar sua ideia de como ficariam os elefantes. Ele desenhou três elefantes de um lado, dois do outro, todos de pé em cima do outro, mas os dois elefantes que desenha do outro lado são desenhados de costas, de maneira a mostrar que a quarta função está voltada para outra direção.

É interessante notar que apesar de não conhecer nada sobre psicologia junguiana, ele faz três iguais e a quarta função virada para outro lado. Os três elefantes — o principal e os auxiliares — são um pouco pesados demais e a quarta função está virada e voltada para outra direção. Saint-Exupéry diz:

E, de acordo com as indicações do principezinho, desenhei o tal planeta. Não gosto de tomar o tom de moralista. Mas o perigo dos baobás é tão pouco conhecido, e tão grandes os riscos daquele que se perdesse num asteroide, que, ao menos uma vez, faço exceção à minha reserva. E digo portanto: "Meninos! Cuidado com os baobás!" Foi para advertir meus amigos de um perigo que há tanto tempo os ameaçava, como a mim, sem que pudéssemos suspeitar, que tanto caprichei naquele desenho. A lição que eu dava valia a pena. Perguntarão, talvez: Por que não há nesse livro outros desenhos tão grandiosos como o desenho dos baobás?

Os desenhos no livro, feitos pelo próprio Saint-Exupéry, são muito delicados e de cores claras, mas o de baobás tem cores muito mais fortes e foi feito com muito mais cuidado e acurácia. Ele próprio diz que trabalhou bastante nele, e você percebe isso imediatamente, pois não apenas as cores são fortes, mas percebemos que ele teve muito trabalho para desenhar os detalhes das árvores.

A resposta é simples. Sempre tentei. Mas com os outros não fui bem-sucedido. Quando fiz meus desenhos dos baobás eu me superei pela força inspiradora da necessidade urgente.

Aqui tocamos no problema principal. Saint-Exupéry diz que quando fez o desenho dos baobás, percebeu o terrível perigo. Há três grandes árvores e também o desenho de um menino vestido de vermelho com um machado nas mãos. O pequeno príncipe diz a Saint-Exupéry que ele teve um vizinho em outro asteroide que tinha preguiça demais para arrancar os brotos de baobá e seu asteroide foi destruído. O desenho mostra as grandes árvores e o menino desorientado; você pode deduzir pelo tamanho do machadinho e pelo grosso tronco das árvores que já não é mais possível cortá-las. Este é o desenho "urgente" que Saint-Exupéry fez com enorme esforço.

Se examinarmos o problema dos elefantes que têm que ser empilhados para caber no asteroide, vocês entenderão onde queríamos chegar.

Qual, em sua opinião, é o problema com este desenho?
Resposta: O problema da mãe está ficando cada vez maior.

Sim, mas o elefante não é o problema da mãe. O problema é o herói, a heroica substância masculina, a coisa que é comida pela cobra; isto é, o próprio Saint-Exupéry. O problema não é os elefantes serem grandes demais, é a terra que não é suficientemente forte para aguentá-los. Tudo bem com os elefantes, só que não há espaço suficiente para eles. Qual pode ser o significado disso?
Resposta: O ego não é suficientemente forte.

Não, não tenho certeza se posso dizer que o problema seja do ego. Talvez isto seja o resultado. Bem, frequentemente dizemos que as pessoas não têm os pés na terra — esse é um modo intuitivo de falar — mas o que queremos dizer com isso?
Resposta: Que elas estão fora da realidade.

Sim. Elas saem da realidade facilmente. Dizemos que algumas pessoas têm força vital, isto é, que têm muita força interior. Um dos maiores problemas da psicoterapia é: Quanta força vital possui esta pessoa? Quanto ela pode suportar? Você pode apenas deduzir isso com seus sentimentos, impressões e intuição. Não é algo que possa ser provado cientificamente, e às vezes avaliamos o indivíduo erroneamente. Às vezes você pensa que a pessoa não tem tanta fortaleza e ela o surpreende pela maneira pela qual lida com uma crise. Você julga que uma pessoa tudo pode suportar, quando sem nenhum motivo aparente ela se quebra. Ela não tem força, o que é algo que se pode observar apenas no decorrer dos fatos. Mas quando se tem muita experiência com as pessoas é mais fácil intuir sua verdadeira capacidade.

Como vocês sabem, em sua teoria de esquizofrenia, o Dr. Jung descreveu a diferença entre o que ele chama de tipo astênico e tipo forte. No tipo forte, o problema é que existe uma enorme reserva de fantasia e força no inconsciente, confrontando um ego relativamente fraco; por causa disso a pessoa pode fragmentar-se. Mas se no tipo forte é o excesso que causa a perturbação, no tipo astênico é a falta. Em algum ponto nem o ego nem o inconsciente têm suficiente ímpeto. As pessoas em tais condições não têm sonhos. Onde, durante o maior conflito, você esperaria uma reação vital do inconsciente, ou os sonhos são curtos e superficiais ou então a pessoa não tem nenhum sonho como se a natureza não reagisse. É muito importante saber disso porque, naturalmente, com o tipo forte você pode arriscar um tipo de terapia mais objetiva e direta. Por exemplo, pode-se confrontar a pessoa com o problema e provocar uma terrível crise — uma crise que cura — para que ela a supere e saia fortalecida.

Com o tipo astênico, você não pode fazer isso. Com ele deve-se adotar um tratamento de enfermeiro fazendo constantes transfusões de sangue, mal comparando, nunca forçando o problema ou colocando a pessoa contra a parede, porque isso a destruiria. Não se tem que decidir isso sozinho; em geral, o inconsciente decide. No tipo astênico, os próprios sonhos não forçam o problema. Frequentemente me surpreendo que as pessoas desse tipo, quando têm os mais urgentes problemas, têm sonhos que apenas falam sobre este ou aquele detalhe e não chegam ao problema principal. Então digo para mim mesma: "Bem, deve ser desse jeito mesmo, a confrontação seria insuportável. O inconsciente sabe o que faz e está dizendo que não se deve tocar nesse problema. Seria forte demais e explodiria a pessoa". Devemos nos limitar aos aparentemente pequenos sonhos que aparecem e seguir a orientação do inconsciente.

Com o tipo forte, você geralmente percebe que os sonhos atingem diretamente o âmago do problema com grande estrutura dramática. Então você percebe que a coisa toda está chegando a um clímax, a uma crise curadora e a uma terrível situação de conflito, e então o problema resolve-se por si mesmo, de uma maneira ou de outra. O mesmo ocorre com certas pessoas que se pegarem pneumonia terão uma reação tremenda. Haverá uma luta de vida ou morte, com febre alta a qual elas vencem e ficam curadas. Outras, e isso é muito mais intrigante, não têm febre, apenas sua temperatura fica um pouco elevada. A doença se arrasta e não chega ao clímax porque a reação vital do corpo não é suficientemente forte; não há vitalidade suficiente. Às vezes há casos mistos. Uma pessoa pode ter também uma aparência vital, pertencendo, portanto, ao tipo forte, mas possui no íntimo uma parte frágil e desse modo sua condição é mista. Neste caso, a situação fica ainda mais difícil porque temos que seguir duas orientações, colocando bastante peso onde ele pode ser carregado e nunca pressionado o ponto fraco que necessita de infinitos cuidados, trato e paciência. Essa é uma combinação frequentemente encontrada em personalidades muito cindidas: por um lado há uma notável capacidade de viver e por outro uma extrema vulnerabilidade que tem de ser cercada e mantida sob cuidados. Tais tipos mistos não são realmente difíceis, pois se conseguirmos que eles próprios tomem consciência da situação, conseguem cuidar de seus pontos fracos. Isso simplesmente significa fazê-los compreender seu lado perigoso, mas com cuidado e paciência — sem forçar — e prestando constante atenção vital à fraqueza. Fazendo assim esse ponto fraco vai se recuperando aos poucos.

Acho que Saint-Exupéry é um tipo misto, nem fraco e nem forte. Ele tem uma tremenda força, coragem, vitalidade e capacidade de superar situações difíceis, mas há um aspecto de sua personalidade que é extremamente fraco e sem vitalidade — e é isso que o planeta personifica. Naturalmente, esse aspecto frágil é o aspecto essencial em seu caso, e esses sintomas de não apresentar reações vitais quando elas são necessárias são encontrados em todo o livro. Portanto você pode dizer que a vontade de viver é muito pequena em comparação com seu gênio e capacidade. A terra significa vontade de viver e aceitação da vida, e esse é o seu ponto fraco. A incongruência de sua personalidade é o problema. Isso não ilustra bem o problema do *puer aeternus* em geral, pois é um problema próprio de Saint-Exupéry; contudo, essa condição é frequentemente encontrada em combinação com a outra. A pessoa que tem pouca força vital consegue assimilar todas as coisas psicologicamente, mas terá grande dificuldade em compreendê-las na prática. Tais pessoas enfrentam tudo na análise com força e sinceridade, mas quando são pressionadas a passar para a prática, um terrível pânico se apossa delas. No momento que têm de viver as coisas na vida real, a força acaba e uma criança medrosa surge protestando: "Oh não! Não consigo fazer isso!" Este é um exemplo levado às últimas consequências na atitude da pessoa introvertida na qual há uma grande coragem em aceitar as verdades interiores, mas muito pouca coragem quando se trata da vida real.

Já examinamos os dois desenhos de elefante encontrados no livro, e é interessante compará-los. Eles representam situações opostas: no primeiro, o elefante é vencido pela cobra; no segundo é ele que domina a situação, e não há terra suficiente para ele pôr os pés. Isso mostra que a situação pode ser examinada de dois ângulos diferentes: ou que a grande personagem, o herói, em Saint-Exupéry, foi arrasada pelo inconsciente devorador — o complexo materno — ou pode-se também dizer que o herói de Saint-Exupéry não teve base suficiente para tornar-se real. São dois aspectos da mesma tragédia. É interessante notar que o próprio pequeno príncipe diz que "a serpente boa é uma criatura muito perigosa e que o elefante é muito dócil". Saint-Exupéry está num impasse, pois não sabe como aceitar sua grandeza e sua fraqueza. Não sabe como lidar com nenhuma delas.

Os baobás do desenho são enormes e dão a impressão de dominar todo o astro com seu luxuriante crescimento, portanto você pode dizer que a mãe-natureza é esmagadora no campo da cultura e da consciência humana. Se você olhar para a gravura, verá que as raízes são desenhadas em forma de cobras. Também acho que não é por acaso que ele escolhe desenhar uma *boa* e que chama essas árvores de *baobás*. Parece haver um jogo de palavras. Ele parece ter associado os dois fatores: tanto as serpentes boas quanto as árvores são poderosíssimas. Devemos portanto tomar as árvores em seu aspecto negativo. Como vocês interpretariam esse desenho?

Resposta: Gilgamesh teve de cortar o cedro.

Sim, Gilgamesh teve de cortar o cedro na floresta de Istar. Lá, a árvore representava o poder de Istar, que entre outras coisas é a deusa da árvore e foi quem indicou Chumbaba como guardião dela. Aqui novamente a árvore está ligada à mãe negativa. Que mais podemos associar a esta árvore? *Resposta: A árvore é o símbolo da própria vida.*

Sim. Se você ler o que Jung escreveu no capítulo intitulado *A Árvore Filosófica*, verá que a árvore é interpretada como símbolo da vida, do crescimento interior, do processo de individuação e maturidade. Mas isso não é adequado a este caso.[11]

Comentário: A árvore é frequentemente ligada à deusa-mãe, que é muitas vezes adorada em forma de árvore. Mas há uma relação ainda mais próxima: por exemplo, Átis na árvore, e Osíris pendurando seu caixão na árvore.

A árvore é geralmente o que chamamos de mãe-mortal na mitologia; o caixão na árvore, e o morto colocado nele são interpretados como uma devolução à mãe, colocados de volta na árvore, a mãe-mortal. No festival de Átis em Roma, uma árvore era carregada portando a imagem de Átis em seu topo, geralmente só da cintura para cima. Jung, em *Símbolos de Transformação*, cita um antigo poema que diz que a cruz cristã tem sido vista como a madrasta terrível que matou Cristo.[12] Esta seria a primeira associação, quer dizer, que a árvore é a mãe, o caixão, e está envolvida na morte do deus *puer aeternus*. Como você interpreta isso? Chegamos a uma contradição: a árvore é claramente, em tantas associações simbólicas, o processo de individuação e é também o símbolo da morte, um fator destrutivo.

Comentário: No desenho, a árvore é monstruosa. É grande demais para o planeta, o que indicaria que o problema da mãe é grande e devorador demais.

---

11. Carl Gustav Jung, *Psychology and Religion: West and East*, v. 13, *Collected Works*, §§ 304 em diante.
12. Carl Gustav Jung, *Symbols of Transformation*, §§ 661 em diante.

Sim, mas como você associa isso ao processo de individuação? Este é um processo de crescimento interior ao qual estamos presos — é impossível deixar de passar por ele. Se você disser não a ele e esquivar-se, *ele se voltará contra você* e aí é seu próprio crescimento interior que acabará com você. Se você recusar o crescimento, ele o arrasará, o que significa que a pessoa permanecerá completamente infantil e não terá outras possibilidades, o que certamente acarretará um grande empobrecimento em sua vida. Mas se a pessoa tem uma grande personalidade interior — isto é, a capacidade de crescimento — então um distúrbio psicológico ocorrerá. É por isso que dizemos que a neurose é de certo modo um sintoma positivo. Ela mostra que alguma coisa quer crescer; mostra que a pessoa não está bem em seu estágio atual. Se o crescimento não for aceito, então ele cresce contra o indivíduo, às custas dele, e isso é o que pode ser chamado de individuação negativa. O processo de individuação, do crescimento e amadurecimento interiores ocorre inconscientemente e arruína a personalidade ao invés de curá-la. É assim que a árvore mortal, a árvore da mãe-mortal e a árvore da vida estão intimamente relacionadas. A possibilidade de crescimento interior é perigosa porque ou você diz sim a ele e vai em frente, ou você é destruído por ele. Não há nenhuma outra escolha. É um destino que tem de ser aceito.

Se você olhar negativamente o *puer aeternus* você diz que ele não quer resolver o problema da mãe, ele não quer deixar a juventude ou sua fase juvenil, mas o processo de crescimento continua da mesma maneira até destruí-lo; ele é morto pelo mesmo fator em sua alma que poderia tê-lo ajudado a resolver o problema. Se você já observou esse problema na vida real, você sabe como as pessoas recusam-se a crescer, a amadurecer e a enfrentar o problema e como cada vez mais o problema se acumula no inconsciente. Então você tem que dizer: "Pelo amor de Deus, faça alguma coisa, pois o problema está crescendo contra você e você será arrasado por ele". Mas pode ser que seja tarde demais, como o pequeno príncipe diz no livro, e o crescimento destrutivo já sugou toda a energia.

O crescimento luxuriante é também imagem de uma rica vida de fantasia, de uma riqueza criativa interior. Muitas vezes você encontra no *puer* tal vida fantasiosa, mas a riqueza da fantasia é retida e não consegue fluir em sua vida porque ele se recusa a aceitar a realidade como ela é. Ele não aproveita sua vida interior. Na verdade levanta às 10:30 horas, fica à toa até a hora do almoço fumando um cigarro, imerso em suas emoções e fantasias. À tarde ele tem a intenção de trabalhar, mas primeiro sai com os amigos e depois com a namorada, e a noite é passada em longas conversas sobre o significado da vida. Vai para a cama à 1 hora e o dia seguinte é a repetição do anterior. Desse modo sua capacidade de viver e aproveitar sua criatividade é desperdiçada, pois não consegue fazer nada que tenha realmente significado e assim não desenvolve sua potencialidade. O indivíduo anda em uma nuvem de fantasias que são interessantes e ricas de possibilidades, cheias de vida não vivida. Você sente que aquela pessoa tem tremenda riqueza interior e capacidade, mas que não é possível para ela realizar seu potencial. Então a árvore — a riqueza interior — se torna negativa e destrói a personalidade. É por isso que a árvore é frequentemente associada com o símbolo materno negativo, e o complexo materno é perigoso, pois por causa dele o processo de individuação pode se tornar negativo.

Há um paralelo no épico filandês Kalevala, que descreve a luta entre a criança divina e a árvore. "Um homem surgiu do mar, um herói vindo das ondas. Não era o maior dentre os maiores nem o menor entre os menores: era do tamanho do dedo polegar. Seu elmo era de cobre, assim como suas botas e luvas..." Vainamoinen perguntou ao herói que veio do mar o que ele pretendia fazer e ele respondeu: "Sou um homem pequeno, como você vê — mas sou um poderoso herói das águas. Vim para derrubar o carvalho encontrado e reduzi-lo a pedacinhos!" Vainamoinen, velho e paciente, riu: "Ora, você não tem força, nunca conseguirá fazer isso!" Mas o homenzinho pegou o machado. "Ele bateu na árvore com o machado e a feriu com a lâmina polida, uma vez, duas vezes, três vezes. Fagulhas saíam do machado e da árvore mágica enquanto ela ia dobrando-se à sua vontade. Na terceira a árvore foi sacudida; as centenas de ramos caíram. O tronco caiu para o leste, o topo para o oeste, as folhas espalharam-se pelo sul e os ramos para o norte...

Então, quando a árvore estava derrubada (agora vem a parte mais importante) o sol brilhou novamente, a linda lua cintilou, as nuvens passaram ligeiras e um arco-íris enfeitou os céus".[13]

Aí você vê quando o desenvolvimento anormal da fantasia é contido e reconhecido como sendo simplesmente o complexo materno, outra dimensão da consciência aparece: o céu aparece de novo, as nuvens passam ligeiras e o sol e a lua podem brilhar. O horizonte não se estreita, pois a contenção da fantasia faz com que ele se alargue para o ser humano. Acho que esse texto é infinitamente importante por causa das objeções que o *puer* sempre coloca quando você o incentiva a derrubar a árvore, alegando que isso estreitaria seus horizontes. O que lhe restaria se tivesse de abandonar suas fantasias desejosas, sua masturbação e coisas assim? Seria apenas um pequeno burguês burocrata, e assim por diante. Ele não poderia suportar uma vida tão limitada! Mas isso não é verdade! Se a pessoa tem coragem para cortar esse tipo equivocado de grandiosidade, ela retornará, mas de um modo mais adequado — o horizonte de sua vida se ampliará em vez de se estreitar, como ela imaginava. Penso que essa lenda deve ser difundida porque é isso que o herói, quando tem que cortar a árvore, nunca quer compreender ou acreditar. Se ele apenas soubesse quanto sua vida se enriqueceria sem essas fantasias estéreis, talvez o fizesse.

O asteroide do pequeno príncipe ainda não havia sido destruído pelo baobá cujos brotos ele quer que a ovelha coma, mas o asteroide de seu vizinho já o foi. Como você interpretaria esse fato? O único desenho a respeito do qual Saint-Exupéry admite ter se superado "pela força inspiradora da necessidade urgente" é aquele que descreve o caso que acabou tragicamente. No desenho ele pôs seu amor e energia. Como você interpretaria psicologicamente o fato de existirem dois asteroides? Um que foi destruído e o outro que ainda não foi?

Resposta: O que foi destruído é a sombra do astro.

---

13. Carl Gustav Jung e Carl Kerényi, *Essays on a Science of Mythology*, trans. por R.F.C. Hull. Princeton: Princeton University Press, 1949, pp. 137 em diante.

Sim, você poderia dizer isso. O sujeito preguiçoso que deixou as árvores crescerem demais é uma sombra do nosso pequeno príncipe, e é por isso que ele fala tão negativamente sobre seu vizinho, chamando-o de preguiçoso e negligente. E então você vê o que aconteceu! Mas o que significa isso psicologicamente para Saint-Exupéry, se o tema da criança divina se duplica e cinde-se nela e em sua sombra?

Resposta: Uma parte já foi engolida pelo complexo materno.

Sim, está certo. A metade já foi devorada, mas ainda há esperança, pois ele ainda pode recuperar-se.

Comentário: É um aviso muito sério se ele pudesse ter consciência dele. Ele se colocou no desenho.

Sim, mas quero chegar a algo um pouquinho diferente. Primeiro, uma questão geral. O que significa se o pequeno príncipe se divide em um sim e um não?

Resposta: Que algo está aflorando na consciência.

Sim. Você pode dizer que a cisão é um sintoma de que algo está começando a aflorar na consciência. Mas por que acontece a cisão em duas partes opostas?

Resposta: Somos incapazes de perceber os opostos fundidos em um só (o estado no qual se encontram no inconsciente) e, portanto, quando os vemos simultaneamente, nós os percebemos como sendo dois. Então, quando eles se aproximam da consciência, parece que uma parte retorna ao inconsciente e o outro lado aparece.

Sim, ele aparece se tudo correr bem. Como podemos provar essa teoria? Como você a aplicaria ao nosso material? Como o pequeno príncipe é um sim e um não, antes de fragmentar-se? Qual é o sim e qual é o não nesta criança divina?

Resposta: Um lado da criança é infantil e o outro é um símbolo do Self.

Sim, exatamente. Você poderia dizer que o príncipe é a sombra infantil ou o símbolo do *Self*. Até esse momento a figura aparece dupla, você nunca sabe como defini-la, se negativamente, e chamá-la de sombra infantil, ou positivamente, e chamá-la de

Self. Assim, sempre temos problemas em interpretar a figura da criança: trata-se de infantilidade ou de vida futura? Na verdade, trata-se de ambos, e aí reside a dificuldade. Quero lembrar-lhes sucintamente o que Jung diz em seu ensaio "A psicologia do arquétipo infantil":

> *"A 'criança' é... renatus in novam infantiam (renascida para uma nova infância). Ela é portanto o início e o fim, uma criatura inicial e terminal. A criatura inicial existia antes do homem, e a terminal existirá quando o homem não mais existir. Falando psicologicamente, isto significa que a 'criança' simboliza a essência pré-consciente; é o estado inconsciente da primeira infância; e a pós-consciente é uma antecipação, por analogia, da vida depois da morte. Nessa maneira de ver as coisas, a natureza envolvente do todo psíquico é expressa. O todo nunca se limita às fronteiras da mente consciente — ele inclui a extensão definível e indefinível do inconsciente..."*. (E agora vem a sentença realmente importante.) *"A 'criança eterna' no homem é uma experiência indescritível, uma incongruência, uma deficiência e prerrogativa divina."* (Em uma linguagem mais clara, isso expressa o nosso pressuposto: a congruência ou a deficiência é a sombra infantil e uma prerrogativa divina.) *"Algo imponderável que determina, afinal, o valor ou a falta de valor da personalidade."*[14]

Fica bastante claro que a genialidade de Saint-Exupéry vem daquela criança divina dentro dele. Ele não seria um artista assim genial se não tivesse a capacidade de ser totalmente ingênuo e espontâneo; isso é a fonte de sua criatividade e que ao mesmo tempo é quase algo que desvaloriza sua personalidade. É por isso que estou sempre passando de uma avaliação positiva para uma negativa em minha interpretação, pois encontramos a combinação das duas coisas, o que nos desorienta. Não se pode julgar, mas simplesmente entender isso como um fator contraditório e imponderável. Aqui pode-se dizer que há uma

---

14. *Ibidem*, pp. 134 e 135.

tentativa do inconsciente de desemaranhar os dois fatores. Um deles seria sem dúvida a sombra infantil, o preguiçoso que perde a oportunidade de lutar contra o complexo materno até ser tarde demais; o outro, o príncipe das estrelas, seria o *Self*, algo que tenta decolar em direção ao futuro, em direção da nova possibilidade da vida depois da crise, de encontrar uma renovação. Aqui, o inconsciente tenta mostrar dois aspectos separadamente, a fim de que se tornem conscientes, porque a consciência não tem capacidade de compreender um *mixtum compositun*. Geralmente as coisas têm primeiro de ser desmembradas para que possam ser integradas de novo, porque a consciência é feita de tal maneira que precisa separar as coisas.

Na minha primeira conferência, falei sobre o problema da neurose da vida provisória, quer dizer, das pessoas que vivem na expectativa de conseguir *algum* dia (agora não — mas um dia...) e está quase sempre ligada ao complexo de redentor. O Sr. Malamoud deu-me uma cópia de um trabalho de Erich Fromm, *Vom Gefuhl der Ohnmacht* ("O sentimento de ser incapaz de fazer qualquer coisa") no qual ele fala desse problema em detalhe. Vou citar apenas uma parte. Ele diz: "Se a pessoa acredita no tempo, então ela não tem possibilidade de mudar rapidamente; pois há uma constante expectativa de que 'em seu devido tempo' tudo vai se ajeitar. Se a pessoa não for capaz de resolver um conflito, ela espera que 'com o tempo' os conflitos se resolverão por si mesmos e ela não precisa fazer nada a respeito deles. Você observa essa atitude muito frequentemente, especialmente a crença no tempo para resolver a vida da pessoa. As pessoas se consolam desse modo não só pelo fato de nada fazerem realmente mas também por não se prepararem para o que têm de fazer, porque para isso há muito tempo e portanto não há necessidade de se apressarem. Tal mecanismo é ilustrado pelo caso de um escritor muito talentoso que queria escrever um livro que achava que seria o mais importante da literatura mundial, mas que tinha apenas algumas ideias sobre o que iria escrever e ficava sonhando com o efeito que o livro ia ter. Dizia sempre aos amigos que ele ainda não havia terminado o livro. Na realidade ele não havia ainda escrito uma só linha, embora, de acordo com ele próprio, já houvesse trabalhado sete anos nele. Quanto mais velhas essas pessoas ficam, mais se agarram à ilusão de que um *dia* se realizarão. Certas pessoas, quando chegam a certa idade, geralmente aos 40 anos, começam a ficar mais dentro da realidade e começam a usar suas próprias forças, ou então têm uma crise emocional que é devida ao fato de não poderem viver sem o conforto da ilusão com o tempo".

Essa é uma descrição acurada do que tentei expressar. H. G. Baynes escreveu sobre isso há muito tempo em seu trabalho sobre a vida provisória.

A seguinte parte do livro relatarei em detalhes.

Assim eu comecei a compreender, pouco a pouco, meu pequeno principezinho, a tua vidinha melancólica. Muito tempo não tiveste outra distração que a doçura do pôr do sol. Aprendi esse novo detalhe quando me disseste, na manhã do quarto dia:

— Gosto muito do pôr do sol. Vamos ver um...

— Mas é preciso esperar...

— Esperar o quê?

— Esperar que o sol se ponha.

Tu fizeste um ar de surpresa, e, logo depois, riste de ti mesmo. Disseste-me:

— Eu imagino sempre estar em casa!

De fato. Quando é meio-dia nos Estados Unidos, o sol, todo mundo sabe, está se deitando na França. Bastaria ir à França num minuto para assistir ao pôr do sol. Infelizmente, a França é longe demais. Mas no teu pequeno planeta, bastava apenas recuar um pouco a cadeira. E contemplavas o crepúsculo todas as vezes que desejavas...

— Um dia eu vi o sol se pôr quarenta e três vezes!

E um pouco mais tarde acrescentaste:

— Quando a gente está triste demais, gosta do pôr do sol...

— Estavas tão triste assim no dia dos quarenta e três?

Mas o principezinho não respondeu.

Como vocês interpretariam isso?
Resposta: É uma premonição de sua morte prematura?

Podemos dizer que sim, com os simbólicos 43 crepúsculos. Pode ser um pressentimento de morte, e o que mais? Pode ser a tradição romântica da morte prematura. Que relação tem isso com o resto da questão?

Resposta: Não há nada realista nisso. Há apenas a repetição — ele assiste ao pôr do sol uma vez atrás da outra.

Sim, isso é uma forma de egoísmo, de narcisismo e esse é o tipo do estado de espírito em que as pessoas entram quando a vida não está fluindo, quando o tempo não é preenchido. Quando você está envolvido em aventuras interiores e exteriores, você não tem tempo de olhar o pôr do sol, o que no entanto poderia ser um momento de beleza e relaxamento depois de um dia atarefado — o momento em que a paz da noite chega. Mas não é algo que traga tristeza, a não ser que a vida seja muito ociosa e sem atrativos.

Acho que isso tem a ver com a tragédia dos jovens que são torturados pelo tédio na adolescência. Lembro-me de minha própria experiência, pois dos quatorze aos dezoito anos sentia-me extremamente entediada e depois dessa fase nunca mais tive essa sensação. Deve ser porque tinha de ficar horas e horas na escola sem poder fazer o que realmente gostava. Quando pude fazer o que queria, o tédio desapareceu. Já observei que, de maneira bastante estranha, parece que os jovens sofrem de alguma neurose que passa com a idade. Deve ser por serem obrigados a fazer muitas coisas que não gostam e assim não sentem que estão vivendo sua verdadeira vida. O tédio é simplesmente uma sensação de não estar participando completamente da vida. Na verdade não existe o tédio. Eu ainda tive que fazer cursos desinteressantes na universidade, mas então já sabia como me distrair. Se você tiver criatividade, você sempre consegue evitar o tédio. Você pode por exemplo usar suas fantasias na vida real. A vida pode ser agradável, interessante ou desagradável ou desinteressante, mas certamente não será cheia de tédio. O tédio é, portanto, um sintoma que surge quando a pessoa não consegue viver seu potencial. Mas existem crianças e também adultos que não sabem o que fazer consigo mesmos. Na juventude isso não é um sintoma negativo porque até certo ponto é parte de sua condição, pois eles ainda não conseguem preencher totalmente sua vida.

O sofrimento dos jovens normais deve-se ao fato que, por dentro eles já se sentem capazes, inteligentes e adultos, mas ainda não têm a chance de usar essas qualidades no mundo. A sociedade não lhes oferece opções. Já dei aulas para a faixa de idade entre catorze e dezoito anos e percebi que muitos de seus problemas eram devidos ao fato de interiormente serem capazes de fazer suas próprias escolhas de maneira inteligente e racional, mas na escola e na família eram tratados como crianças e não tinham oportunidade de colocar suas ideias em prática. Naturalmente isso não fazia com que suas vidas fossem fáceis. Aí aparece um tipo de resistência indiferente acerca de qualquer coisa, o mau humor e fraco desempenho escolar. Geralmente, se alguém for bem-sucedido em trazê-los para um nível mais alto, dando-lhes trabalho mais avançado e mais responsabilidade, o problema se resolve. Eles são mantidos artificialmente em um nível mais baixo, o que resulta em tédio. Portanto devemos dizer-lhes: "Justamente porque vocês estão entediados, e porque são preguiçosos, vou lhes dar trabalho em dobro, mas da melhor qualidade!" Isso põe fim ao tédio.

Vocês sabem que o suicídio é muito comum entre os dezesseis e os vinte anos. As pessoas nessa faixa de idade muito frequentemente sofrem de um estranho tipo de melancolia, sentem-se como se fossem velhas e têm uma expressão facial de quem carrega todo o peso do mundo e de quem se sente muito, muito velho. Para que sair com a turma, dançar e se divertir? Elas se retraem e têm uma atitude de avós diante da vida. Isso é apenas um sintoma e simplesmente significa que elas ainda não se integraram no curso da vida, por isso deixam-se simplesmente levar pela correnteza. Nessa idade é tecnicamente difícil para as pessoas que são um pouco diferentes das outras encontrar seu próprio caminho. Obviamente, temos aqui o caso da criança que constante e tristemente assiste ao pôr do sol.

Em seguida, aprendemos que a vida no asteroide B-612 não era tão monótona quanto parecia, pois Saint-Exupéry fica sabendo que lá o pequeno príncipe tem uma rosa. Sua semente veio do espaço e aterrissou no pequeno planeta crescendo vagarosamente até que surgiu uma linda rosa relevando sua beleza. Saint-Exupéry descobre isso porque o pequeno príncipe de repente fica muito preocupado e não para de lhe perguntar se a ovelha também comia rosas. Se fosse assim ele não poderia levá-la, pois além dos baobás ela comeria também a rosa! Assim, com sua ansiedade, o pequeno príncipe revela que tem uma rosa em seu planeta. Este é o retrato que ele faz dela:

Mas o arbusto logo parou de crescer, e começou então a preparar uma flor. O principezinho, que assistia à instalação de um enorme botão, bem sentiu que sairia dali uma aparição miraculosa; mas a flor não acabava mais de preparar-se, de preparar sua beleza, no seu verde quarto. Escolhia as cores com cuidado. Vestia-se lentamente, ajustava uma a uma suas pétalas. Não queria sair, como os cravos, amarrotada. No radioso esplendor da sua beleza é que ela queria aparecer. Ah! sim. Era vaidosa. Sua misteriosa toalete, portanto, durara dias e dias. E eis que uma bela manhã, justamente à hora do sol nascer, havia-se, afinal, mostrado.

E ela, que se preparara com tanto esmero, disse, bocejando:
— Ah! eu acabo de despertar... Desculpa... Estou ainda toda despenteada...
O principezinho, então, não pôde conter o seu espanto:
— Como és bonita!
— Não é? respondeu a flor docemente. Nasci ao mesmo tempo que o sol...
O principezinho percebeu logo que a flor não era modesta. Mas era tão comovente!
— Creio que é hora do almoço, acrescentou ela. Tu poderias cuidar de mim...
E o principezinho, embaraçado, fora buscar um regador com água fresca, e servira à flor.
Assim, ela o afligira logo com sua mórbida vaidade. Um dia, por exemplo, falando dos seus quatro espinhos, dissera ao pequeno príncipe:
— É que eles podem vir, os tigres, com suas garras!
— Não há tigres no meu planeta, objetara o principezinho. E depois, os tigres não comem erva.
— Não sou uma erva, respondera a flor suavemente.

— Perdoa-me...
— Não tenho receio dos tigres, mas tenho horror das correntes de ar. Não terias acaso um paravento?
"Horror das correntes de ar... Não é muito bom para uma planta, notara o principezinho. É bem complicada essa flor..."
— À noite me colocarás sob a redoma. Faz muito frio no teu planeta. Está mal instalado. De onde eu venho...
Mas interrompeu-se de súbito. Viera em forma de semente. Não pudera conhecer nada dos outros mundos. Humilhada por se ter deixado apanhar numa mentira tão tola, tossiu duas ou três vezes, para pôr a culpa no príncipe:
— E o paravento?
— Ia buscá-lo. Mas tu me falavas...
Então ela redobrara a tosse para infligir-lhe remorso.
Assim, o principezinho, apesar da boa vontade do seu amor, logo duvidara dela. Tomara a sério palavras sem importância, e se tornara infeliz.
"Não a devia ter escutado — confessou-me um dia — não se deve nunca escutar as flores. Basta olhá-las, aspirar o perfume. A minha embalsamava o planeta, mas eu não me contentava com isso. A tal história das garras, que tanto me agastara, me devia ter enternecido..."
Confessou-me ainda:
"Não soube compreender coisa alguma! Devia tê-la julgado pelos atos, não pelas palavras. Ela me perfumava, me iluminava... Não devia jamais ter fugido. Deveria ter-lhe adivinhado a ternura sob os seus pobres ardis. São tão contraditórias as flores! Mas eu era jovem demais para saber amar".

Vocês podem observar claramente que ele alude aqui à sua experiência com mulheres e à sua primeira projeção da *anima* e deixa perceber como isso foi difícil para ele. Ele revela não saber lidar não apenas com o temperamento e a vaidade da rosa como também com seu charme e beleza. O nome de uma de suas mulheres era Rosa, e casou com ela de maneira bem romântica. Por sofrer tanto com o temperamento instável da rosa, decide sair do planeta e, vendo um bando de pássaros selvagens imigrar, resolveu agarrar-se a um deles e deixar-se levar, e foi desse modo que chegou à terra. Portanto, ficamos sabendo de repente que havia partido por não conseguir mais suportar a flor. Sua instabilidade e todas as dificuldades em lidar com essa rainha das flores expulsou-o de seu planeta. A rosa também fica triste quando ele se despede, mas não demonstra. O menino diz:

Na manhã da partida, pôs o planeta em ordem. Revolveu cuidadosamente seus dois vulcões em atividade. Pois possuía dois vulcões. E era muito cômodo para esquentar o almoço. Possuía também um vulcão extinto. Mas, como ele dizia: "Quem é que pode garantir?", revolveu também o extinto. Se eles são bem revolvidos, os vulcões queimam lentamente, regularmente, sem erupções. As erupções vulcânicas são como fagulhas de lareira. Na terra, nós somos muito pequenos para revolver os vulcões. Por isso é que nos causam tanto dano.

O principezinho arrancou também, não sem um pouco de melancolia, os últimos rebentos de baobá. Ele julgava nunca mais voltar. Mas todos esses trabalhos familiares lhe pareceram, aquela manhã, extremamente doces. E, quando regou pela última vez a flor, e se dispunha a colocá-la sob a redoma, percebeu que estava com vontade de chorar.

— Adeus, disse ele à flor.

Mas a flor não respondeu.

— Adeus, repetiu ele.

A flor tossiu. Mas não era por causa do resfriado.

— Eu fui uma tola, disse por fim. Peço-te perdão. Trata de ser feliz.

A ausência de censuras o surpreendeu. Ficou parado, inteiramente sem jeito, com a redoma no ar. Não podia compreender essa calma doçura.

— É claro que eu te amo, disse-lhe a flor. Foi por minha culpa que não soubeste de nada. Isso não tem importância. Foste tão tolo quanto eu. Trata de ser feliz... Mas pode deixar em paz a redoma. Não preciso mais dela.

— Mas o vento...

— Não estou assim tão resfriada... O ar fresco da noite me fará bem. Eu sou uma flor.

— Mas os bichos...

— É preciso que eu suporte duas ou três larvas se quiser conhecer as borboletas. Dizem que são tão belas! Do contrário, quem virá visitar-me? Tu estarás longe... Quanto aos bichos grandes, não tenho medo deles. Eu tenho as minhas garras.

E ela mostrava ingenuamente seus quatro espinhos. Em seguida acrescentou:

— Não demores assim, que é exasperante. Tu decidiste partir. Vai embora!

Pois ela não queria que ele a visse chorar. Era uma flor muito orgulhosa...

Esta é uma descrição aparentemente perfeita da relação amorosa onde cada um tortura o outro. Ambos sofrem mas são orgulhosos demais para fazer um gesto de reconciliação, ou não sabem como fazê-lo — negativamente, *animus* e *anima* são opostos um ao outro. Devido à falta de sentimentos humanos e à experiência de vida, tais jovens não sabem como resolver uma dificuldade momentânea e se separam por causa de um conflito que poderia ter sido passageiro. Este é o destino de muitos casos de amor. É também uma incrível descrição da vaidade e instabilidade típica da *anima*. A mulher-*anima* geralmente tem o temperamento instável, aquele tipo de comportamento irracional. Principalmente homens masculinos gostam desse tipo de mulher; ela é uma compensação pela continuidade de sua vida consciente, mas há uma intolerável infantilidade nesse tipo de comportamento. A rosa é aqui, afinal de contas, tão infantil quanto o pequeno príncipe e, portanto, eles têm de ficar separados.

Na antiguidade, a rosa pertencia ao culto da deusa Vênus e do deus-criança Eros (Cupido). As rosas são também muito usadas nos cultos dionisíacos, pois Dionísio é também uma imagem do jovem que morre cedo, e no culto de Ísis e de Vênus e Ísis as rosas também têm seu papel. No cristianismo, o símbolo da rosa cindiu-se em dois aspectos: tornou-se o símbolo da Virgem Maria e do amor celestial e, por outro lado, da luxúria terrena — o aspecto de Vênus. Há um autor medieval que disse que os espinhos significavam as vicissitudes inerentes ao amor. A assimilação cristã do antigo simbolismo pode ser assim sintetizada: há dois lados, um demoníaco ou negativo e o positivo. Enquanto na antiguidade e nos tempos pré-cristãos os aspectos positivos e negativos eram mais intimamente relacionados, mais tarde, à luz da consciência cristã, os dois foram separados. É por isso que a maioria dos símbolos nos livros medievais são contraditórios: o leão é o símbolo do demônio e também de Cristo, assim como a rosa é o símbolo virginal e também da luxúria. Vocês podem verificar em uma lista enorme de símbolos e achar um simbolismo oposto a cada um deles. A rosa tem quatro espinhos e a forma da mandala; portanto, é também o símbolo do *Self* e, muitas vezes, no simbolismo mitológico, é a transformação mística interior. Na história de Saint-Exupéry, do mesmo modo que a criança das estrelas, a rosa apresenta um aspecto muito pouco desenvolvido e infantil da *anima*, e, portanto, os dois foram separados um do outro para poderem amadurecer. Isto significa, portanto, apenas uma antecipação da integração interior, não ainda sua realização.

Há muitos contos de fada nos quais um casal de crianças, geralmente irmão mais velho e irmã mais nova, são perseguidos por uma madrasta. Isso ocorre em "Chapeuzinho Vermelho", "Irmãozinho e Irmãzinha", e outros. Geralmente, um dos dois morre, sofre uma transformação e é salvo pelo outro. O mesmo tipo de mito infantil pode também ser encontrado na mitologia grega clássica, como na história dos dois filhos de Nefele (nuvem). A senhora Nuvem tinha dois filhos, Frixos e Hele. Os dois filhos da Nuvem foram perseguidos pela madrasta, e fugiram voando em um carneiro de ouro, mas Hele cai no mar e morre. Seu irmão Frixos se salva e mais tarde sacrifica o carneiro, cuja pele é pregada na árvore. Esse é o mito original da Pele de Ouro, e hoje em dia os membros da Ordem do Vliess de Ouro usam uma corrente de ouro no pescoço. O carneiro de ouro cuja pele foi pregada em uma árvore foi comparado a Jesus crucificado, e isso explica por que a Pele de Ouro foi considerada um símbolo de Cristo e chegou a ter tanto destaque na Ordem de Malta. Pode-se dizer que em todos esses temas que envolvem duas crianças, um irmãozinho e uma irmãzinha, que são mortos ou salvos referem-se à totalidade interior do homem que em sua infância tem que se tornar um indivíduo autônomo para amadurecer. Os dois são mais tarde reunidos em uma forma mais aperfeiçoada, e isso explica por que a rosa leva o príncipe a deixar o planeta. Se examinarmos esse fato do ponto de vista de Saint-Exupéry, podemos dizer que o seu gênio interior (quer dizer o pequeno príncipe) foi atormentado pela instabilidade da sua *anima* e que o objetivo de seu sofrimento era amadurecer o núcleo por demais infantil de sua personalidade. Isso poderia ser expresso de maneira até mais simples: se a pessoa tem uma personalidade infantil sofrerá de terrível instabilidade emocional e esses altos e baixos lhe trarão muito sofrimento. Bem, esse é o curso natural do desenvolvimento, porque quando já se sofreu o bastante, a pessoa se desenvolve. Não há alternativa. O núcleo infantil é inevitavelmente atormentado.

Pergunta: Se a rosa tivesse reclamado, ao invés de esconder as lágrimas, haveria uma possibilidade de os dois amadurecerem?
Sim. Se pudessem ter conversado sobre o problema e compartilhado o sofrimento, ao invés de escondê-lo por um orgulho exagerado, eles poderiam ter amadurecido juntos. Se você não for amadurecido você não consegue conversar sobre tais coisas. Repetidamente vemos que toda vez que o ponto imaturo é tocado, as pessoas começam a chorar. Eles escondem esse ponto durante anos na análise. Isso não é devido à sua falta de sinceridade, ou à repressão, mas, como eles próprios dizem, falar nisso os faz chorar e seu choro só serviria para interromper nossa conversa. Por saberem disso, eles ocultam o problema o tempo todo e naturalmente isso em nada ajuda seu crescimento. Essa é a grande dificuldade, pois a ferida deve ser exposta e o tratamento é doloroso.

Ainda mais difícil é o fato de o lado infantil ter sido violentamente recalcado. As pessoas com as quais isso ocorreu não demonstram nada, mas quando você está com elas, elas lhe passam uma sensação de não serem totalmente autênticas. Quando você tem intimidade suficiente com elas para comunicar esse sentimento, elas reagem com lágrimas! Não sabem o que fazer pois só conseguem ser espontâneas ao chorar, e isso não querem fazer. Essa é a forma pela qual a infantilidade é expressa, e a sombra infantil sempre faz demandas sentimentais excessivas à pessoa. O recalque não resolve, pois a criança reprimida continua a chorar e a se zangar no inconsciente e por isso a pessoa se cinde. Ela tem que se manter próxima ao seu núcleo infantil para não perder contato com sua autêntica personalidade, mas ao mesmo tempo não pode deixar que ele venha à tona. Em minha experiência, esse núcleo deve ser atormentado, deve sofrer para que a pessoa consiga crescer. Se o homem tem uma *anima* infantil, ele tem de passar por uma grande quantidade de problemas e de decepções. Quando os tiver ultrapassado, começa a conhecer as mulheres e a si mesmo, e então pode-se dizer que ele realmente cresceu emocionalmente. Mas se ele finge ser uma pessoa sensata e reprime seus sentimentos infantis, então não há crescimento. Portanto, é realmente melhor expor a ferida da imaturidade para assim poder tratá-la do que tentar ocultá-la, pois isso causará uma parada no desenvolvimento da pessoa. Portanto, é melhor agir como criança e sofrer as consequências disso, pois desse modo a *prima materia* poderá aos poucos ser transformada. Esse é o grande dilema que a sombra infantil — a criança divina — coloca para a pessoa.

Comentário: Em "Visões", Jung expressou a mesma coisa quando disse que as pessoas que têm dificuldade em aproximar-se de seu centro, só se sentem em contato com seus sentimentos quando sofrem, quando vivenciam seu Self verdadeiro, e que não parece ser possível para elas conseguirem isso de nenhum outro modo.

Sim. Portanto, eu diria que a criança que existe na pessoa adulta é a fonte de sofrimento; é a parte que realmente sofre, pois a parte adulta pode aceitar a vida como ela é, e não sofre tanto. Os sofrimentos da infância são os piores — este é o verdadeiro sofrimento — embora eles possam ser causados por coisas de pouca importância, como, por exemplo, ter de ir para a cama quando a vontade era de brincar. Podemos lembrar as terríveis contrariedades que sofremos na infância. Olhando para trás, elas parecem bobagens, mas na infância pareciam uma grande tragédia. Isso porque a criança é uma totalidade, e uma totalidade em todas as suas reações; portanto, mesmo se é apenas um brinquedo que lhe é tomado, é como se o mundo estivesse vindo abaixo. Graças a Deus, existe uma compensação que é sua capacidade de recuperação rápida pois logo se distrai, rindo de novo e esquecendo o problema. Mas na infância há tragédias terríveis, o que mostra que o núcleo infantil é a parte autêntica da pessoa e que é essa parte que sofre, que não consegue aceitar a realidade e que reage dentro do adulto como uma criança que diz: "Quero tudo, e se eu não conseguir o mundo vai acabar." Tudo estará perdido. É assim que a parte autêntica da personalidade da pessoa permanece e que constitui sua fonte de sofrimento. Muitos adultos simplesmente cortam essa parte e assim não alcançam a individuação. É apenas quando a pessoa consegue aceitá-la e o sofrimento que ela acarreta que o processo de individuação pode se realizar.

A esposa de Saint-Exupéry parece ter sido um pouco histérica e acometida de tremendas crises temperamentais. Ele vivia tão mal com ela que a abandonou e viveu por algum tempo com outra mulher que o ensinou a fumar ópio. É também notável e bem típico da mãe de Saint-Exupéry não ter gostado da esposa dele, mas ter adorado a mulher que lhe ensinou a fumar ópio. Ela sentiu que o havia perdido menos para a segunda mulher do que para a primeira. Contudo, ficamos sabendo disso pela sua esposa e devemos portanto dar o devido desconto.

Capítulo 4

Um pequeno intervalo no livro nos oferece maiores informações sobre o asteroide B-612: existiam dois vulcões ativos e um extinto no planeta. Toda manhã ao se levantar ele limpava os três porque, como ele diz: "Nunca se sabe". No desenho ele está limpando um dos vulcões enquanto no outro, sobre o qual está uma panela, ele prepara seu café da manhã. Vemos a flor sob uma redoma e um chapéu no outro vulcão que não funciona. Portanto, há quatro coisas que marcam o asteroide: três vulcões e uma flor — É uma mandala.

Como vocês interpretariam o vulcão extinto? Às vezes comparamos determinadas pessoas a um vulcão. Seriam pessoas inclinadas a crises temperamentais, pessoas com temperamento quente e muito emotivas que podem explodir a qualquer momento. Se um dos vulcões está extinto, como vocês interpretariam isso?

Resposta: Talvez ele tenha superado uma parte de seus conflitos.

Você é otimista! Eu penso que se ele os tivesse superado, as coisas não seriam assim. Quando um vulcão se torna extinto, camada após camada forma-se dentro dele de maneira que a cratera fica tampada e não entra mais em erupção; portanto, isso não me parece mostrar que algo foi ultrapassado, mas que apenas a expressão desse conflito interior foi vedada; o fogo central do asteroide diminuiu naquele ponto determinado. O que isso significaria na realidade? É um quadro bem trágico.

Resposta: A libido desapareceu!

Sim. Não há maneira de a energia sair, nem através de uma erupção negativa. Poder-se-ia também dizer que se um vulcão morre em um astro, isso significa que o fogo central estava se queimando vagarosamente e se apagando; que a terra estava em processo de morte ou de esfriamento; e que o processo interno de transformação da matéria estava ficando mais vagaroso e portanto tornando-se menos intenso. Devemos examiná-lo em relação ao tamanho do planeta — a pequena dimensão do solo onde não cabem os elefantes. De novo tivemos uma indicação de fraqueza vital; a vitalidade estava cedendo em alguns pontos, e com ela, a capacidade de ter reações afetivas autênticas.

Na literatura psiquiátrica, a imagem do vulcão extinto aparece muitas vezes, o que poderia ser descrito como um estado pós-psicótico. Os psicóticos têm terríveis crises nervosas seguidas de restauração regressiva da persona,[15] quando as pessoas são comparadas a um vulcão extinto. Elas se tornam razoáveis, adaptadas e se reintegram à vida, o fogo se apaga — parece que algo virou cinzas na explosão destrutiva anterior. Se você tratar de casos pós-psicóticos, você notará que não haverá nenhuma reação ao se tocar em problemas difíceis. Geralmente, quando se chega perto do problema vital de uma pessoa, as coisas esquentam: ela fica nervosa e agitada, começa a mentir, a corar ou torna-se agressiva — tem algum tipo de reação emocional. No estado pós-psicótico isso não acontece, pois no momento que você espera que as coisas esquentem ouvimos apenas uma afirmação: "Sim, sim, eu sei!" Nada acontece exatamente quando poderíamos esperar uma reação violenta. Isso poderia ser expresso pela metáfora do fogo extinto. A destruição foi tão grande que o fogo apagou. Os sonhos podem mostrar o vulcão extinto como um retrato da pós-destruição. Você provavelmente já sentiu o terrível vazio que se sente depois de expressar uma emoção muito intensa: cansaço e indiferença. A pessoa sente-se exaurida. Nesse caso a destruição é apenas parcial, pois dos quatro acidentes geográficos, apenas um dos três vulcões está extinto. Podemos comparar esses quatro com as funções, o que

---

15. Jung, *Two Essays*. §§ 252 em diante, e 461 em diante.

então significa que uma delas está paralisada. A flor provavelmente simboliza os sentimentos e o vulcão, que é o maior e o mais bem desenhado, significaria então o oposto, isto é, a razão. Então temos que descobrir qual das funções está extinta. Eu diria que seria a emoção e o contato com a realidade. Contudo, não acho que explicar isso através das funções seja relevante. Provavelmente, essa configuração tem a ver com outros conflitos.

Saint-Exupéry tinha um irmão mais novo de quem gostava muito e que morreu aos quatorze anos. Essa morte foi um trauma para Saint-Exupéry do qual nunca se recobrou. Essa criança inspira toda a história do pequeno príncipe e acho que Saint-Exupéry tinha consciência disso. Para ele, a criança que veio a este mundo e depois partiu está associada ao trauma da morte do irmão com quem tinha um bom relacionamento. Isso, acho, está associado ao choque que consumiu um aspecto de sua personalidade e do qual ele nunca se recuperou completamente. É como se uma parte de sua personalidade infantil tivesse morrido junto com o irmão. Depois disso é como se lhe faltasse um pedaço; assim, seu irmão é um retrato do seu próprio ser, de sua capacidade de reação. O pequeno príncipe seria assim uma imagem exterior do que havia acontecido dentro dele — uma projeção de algo que morrera e levara consigo uma parte de Saint-Exupéry.

Pergunta: Quantos anos ele tinha quando o irmão morreu?

Saint-Exupéry morreu aos quarenta e quatro anos e seu irmão François era três anos mais novo que ele. Este morreu em 1917 quando tinha catorze anos.[16] Saint-Exupéry era ainda menino, mas tinha idade bastante para compreender a catástrofe que foi a morte do irmão. O irmão provavelmente sucumbiu sob a pressão de uma situação familiar desfavorável e, do ponto de vista de Saint-Exupéry, era ele quem deveria ter sido o membro da família que não podia suportar a atmosfera da casa e teria que deixar o mundo por não conseguir viver nele. O fato de o pequeno príncipe limpar os vulcões porque "nunca se sabe" mostra uma longínqua esperança dele se tornar ativo de novo.

16. Cate, *Saint-Exupéry,* pp. 19-47.

Acho que isso confirma nossa hipótese de que há uma fraqueza vital, ou destrutividade, nas camadas mais profundas do solo psíquico de Saint-Exupéry, que foi afinal responsável pelo fato de ele não sobreviver à crise da meia-idade — uma tragédia tão frequente para o *puer aeternus*.

O pequeno príncipe deixa o asteroide B-612 e viaja com o bando de pássaros pelo espaço. Não vem diretamente à terra mas visita e explora seis asteroides vizinhos. Essa parte não parece ser muito importante, e portanto me deterei nela por pouco tempo. No primeiro asteroide há um rei que dá ordens tolas e completamente inúteis, que ninguém obedece. Para não ficar mal, ele percebe o que está acontecendo, como quando o sol já vai se pôr e aí ordena que ele se ponha. (Eu faço o mesmo com meu cachorro, que nunca me obedece. Se quero mostrar sua obediência, mando-o fazer algo que já ia mesmo fazer. Então digo: "Vejam só como ele me obedece!") Esse rei é muito esperto ao fazer isso. Obviamente Saint-Exupéry está criticando a ineficiência do poder estabelecido e das falsas pretensões que não refletem a realidade. Essas seis personagens que o pequeno príncipe encontra poderiam ser chamadas de sombras, ou capacidades interiores de adaptação de Saint-Exupéry à realidade, mas falaremos disso mais tarde.

Um homem que quer apenas ser admirado — é uma personificação da vaidade — habita o outro planeta. No terceiro planeta há um bêbado que bebe para afogar as mágoas por ter vergonha de beber. No quarto há um homem de negócios que não faz nada a não ser contar suas estrelas-moedas: as estrelas representam moedas para ele e as conta a noite inteira. O quinto é, para mim, o mais interessante deles: o asteroide é muito pequeno, e nele há um acendedor de lampião que tem que acender o seu toda noite e apagá-lo toda manhã, como era feito nas cidades antigamente. Por um destino infeliz, esse determinado planeta tornou-se muito menor e gira com muita velocidade, por isso quando o pequeno príncipe o vê, ele está acendendo e apagando o lampião uma vez por minuto. No sexto planeta existe um geógrafo que fala com o pequeno príncipe sobre a terra, e lhe diz que deveria visitá-la.

A ideia de que o pequeno príncipe deveria visitar vários outros planetas antes da terra é uma interessante variação do tema arquetípico. Em alguns sistemas filosóficos gnósticos influenciados pelas ideias de Platão, acredita-se que a alma era uma chama que vivia nos céus. Quando a pessoa nascia, ela descia através de todas as esferas dos planetas, e cada uma delas era possuidora de determinadas qualidades. Depois disso ela se encarnava em alguém e vivia sua vida no mundo com o destino feliz ou infeliz determinado pelos planetas pelos quais passara. A ideia estava associada à astrologia, pois no céu a chama da alma se encontrava além das influências astrológicas. Era apenas durante a descida do céu à terra que a alma humana adquiria seu horóscopo: de Vênus, um atributo em uma determinada constelação, de Marte, uma qualidade daquele planeta em determinada constelação, e assim por diante. Como resultado disso, cada pessoa possui um horóscopo específico ao alcançar a terra. Quando retorna aos céus, a alma da pessoa que morre devolve os atributos (às vezes simbolizados em roupas) que havia recebido e assim chega nua aos portões do céu para retornar à luz eterna. Depois da morte, portanto, a alma tinha que se livrar das influências dos planetas. Pode-se dizer que a chama da alma é um símbolo do *Self* e as várias qualidades astrais são o temperamento e a personalidade herdados pela pessoa, como, por exemplo, instintos agressivos de Marte e sexuais de Vênus em todos os seus aspectos, assim como qualidades espirituais e psicológicas. Mais tarde apresentarei um material no qual a mesma ideia é expressa nos sonhos de um típico *puer aeternus* que precisa descer à terra, mas que primeiro atravessa uma região de astros. Isso ilustra a ideia de que Saint-Exupéry ainda não caiu completamente na realidade de seu corpo, ficando alienado deste e de seu temperamento. Desse modo ele não é completamente ele mesmo, em alguns aspectos é como se ele não houvesse nascido completamente.

Poder-se-ia tomar o rei, o vaidoso, o bêbado e o homem de negócios de uma perspectiva paralela e ver suas vidas como diferentes possibilidades oferecidas a um adulto. Saint-Exupéry os descreve de maneira irônica e depreciativa, como sempre que se refere à vida adulta. Ele diz que um deles devota sua vida ao dinheiro, o outro a um poder inexistente e outro a uma atividade quixotesca ao manter valores ultrapassados. Pode-se dizer que o rei representa algo que Saint-Exupéry poderia ter vivido. Isso é também verdade a respeito do vaidoso, pois ele era bastante vaidoso, como nos foi confirmado por vários jornalistas que o conheceram e disseram que ele era afetado — tinha realmente vaidade e deixava transparecer esse fato. Poderia também ter se tornado alcoólatra. Não consigo imaginá-lo como um homem de negócios, se bem que isso também poderia ter sido possível. Portanto, com exceção do acendedor de lampião, os moradores do planeta representam possibilidades comuns de se tornarem adultos por caminhos errados, ou um esforço para encontrar um pseudoestilo de vida adulta.

Acho que o acendedor de lampião é mais interessante porque, se Saint-Exupéry tivesse seguido a tradição familiar, ele teria se tornado um Dom Quixote. Há muitas pessoas assim na nobreza francesa; elas simplesmente vivem das glórias do passado da França, tendo ficado paradas no século XVIII com todos os ideais do cavalheirismo, e com uma sólida base católica. Essas são peculiaridades antagônicas à vida de hoje. O poeta Lavarande, amigo de Saint-Exupéry, obviamente seguiu este destino. Escrevia romances sobre os "bons velhos tempos", os tempos do cavalheirismo e da nobreza. Mas Saint-Exupéry era, penso eu, sensível, inteligente e moderno demais para aceitar tal forma regredida de vida: como ele diz sobre o acendedor de lampião, o ritmo da vida tornou-se muito acelerado e o ideal do cavaleiro andante ou do oficial da nobreza está ultrapassado e tornou-se ridículo. Isso mostra a difícil posição na qual o poeta se encontra, pois não consegue descobrir nenhuma forma determinada de vida que seja adequada para ele e lhe ofereça um padrão coletivo de realização.

O geógrafo é uma figura mais positiva. Saint-Exupéry gostava muito de geografia, que é uma ciência que os pilotos devem conhecer bem. Esse geógrafo pode ser interpretado como a função psicológica de orientação — capacidade de encontrar e mapear os caminhos da terra. Poder, dinheiro, reconhecimento e bebida simbolizam quatro elementos que Saint-Exupéry não consegue endeusar, pois não são importantes para ele. Apenas valoriza o acendedor, sobre o qual diz: "Aquele homem é o único deles todos de que eu poderia ficar amigo. Mas seu planeta é sem dúvida muito pequeno. Não há espaço para dois..." Ficar ali foi um pensamento a princípio tentador mas que depois foi rejeitado. Então vem a figura relativamente positiva do geógrafo. A história continua:

> *O sétimo planeta foi pois a Terra.*
>
> *A Terra não é um planeta qualquer! Contam-se lá cento e onze reis (não esquecendo, é claro, os reis negros), sete mil geógrafos, novecentos mil negociantes, sete milhões e meio de beberrões, trezentos e onze milhões de vaidosos — isto é, cerca de dois bilhões de pessoas grandes.*

Ele diz claramente o que pensa dos adultos na terra aonde agora chega. A primeira coisa que encontra é uma cobra.

> *O principezinho, uma vez na Terra, ficou, pois, muito surpreso de não ver ninguém. Já receara ter se enganado de planeta, quando um anel cor de lua remexeu na areia.*
> *— Boa noite, disse o principezinho, inteiramente ao acaso.*
> *— Boa noite, disse a serpente.*
> *— Em que planeta me encontro? — perguntou o principezinho.*
> *— Na Terra, na África, respondeu a serpente.*
> *— Ah!... E não há ninguém na Terra?*
> *— Aqui é o deserto. Não há ninguém nos desertos. A Terra é grande, disse a serpente.*
> *O principezinho sentou-se numa pedra e ergueu os olhos para o céu:*
> *— As estrelas são todas iluminadas... Não será para que cada um possa um dia encontrar a sua? Olha o meu planeta: está justamente em cima de nós... Mas como está longe!*
> *— Teu planeta é belo, disse a serpente. Que vens fazer aqui?*
> *— Tive dificuldades com uma flor, disse o príncipe.*
> *— Ah! Exclamou a serpente.*
> *E se calaram.*

— *Onde estão os homens? repetiu enfim o principezinho. A gente está um pouco só no deserto.*
— *Entre os homens também, disse a serpente.*
O principezinho olhou-a longamente.
— *Tu és um bichinho engraçado, disse ele, fino como um dedo...*
— *Mas sou mais poderosa do que o dedo de um rei, disse a serpente.*
O principezinho sorriu.
— *Tu não és tão poderosa assim... não tens sequer umas patas... não podes sequer viajar...*
— *Eu posso levar-te mais longe que um navio, disse a serpente.*
Ela enrolou-se na perninha do príncipe, como um bracelete de ouro:
— *Aquele que eu toco, eu o devolvo à terra de onde veio, continuou a serpente. Mas tu és puro. Tu vens de uma estrela...*
O principezinho não respondeu.
— *Tenho pena de ti, tão fraco, nessa Terra de granito. Posso ajudar-te um dia, se tiveres muita saudade do teu planeta. Posso...*
— *Oh! Eu compreendi muito bem, disse o principezinho. Mas por que falas sempre por enigmas?*
— *Eu os resolvo todos, disse a serpente.*
E calaram-se os dois.

Como vocês interpretariam a cobra dourada? O que ela oferece ao pequeno príncipe?
Resposta: Ajuda.

Sim. É a tentação de morrer; ela lhe oferece ajuda caso ele queira suicidar-se. Ela diz que pode mandar as pessoas de volta para onde vieram. Ela insinua que a terra é dura demais para o pequeno príncipe, e que ele não conseguirá suportá-la, mas que ela pode ajudá-lo, querendo dizer que pode mandá-lo de volta. Diz também que pode resolver todos os problemas, pois a morte tudo resolve. É uma tentação fatal; oferece um meio de escapar da vida, uma solução definitiva para um problema insolúvel. A oferta é bem clara: a cobra o mataria com o veneno, que é o que acontece no final do livro. Antes de falarmos sobre o aspecto específico da cobra aqui, quer dizer, como uma tentação ou como uma libertação na morte — gostaria de examinar o que ela representa em geral.

Como todos os *anima*is, a cobra representa uma parte do psiquismo instintivo, mas é um instinto completamente banido da consciência. Sobre esse *animal* Jung diz:

Os vertebrados inferiores desde a antiguidade têm sido os símbolos preferidos do substrato psíquico coletivo, que é anatomicamente localizado nos centros subcorticais, o cerebelo e a medula espinhal. Esses órgãos constituem a cobra. Os sonhos com cobras geralmente ocorrem, portanto, quando a mente consciente está sendo desviada de sua base instintiva.[17]

Sonhar com cobras é sinal que a consciência está separada do instinto; mostra que a atitude consciente não é natural e que há uma personalidade dual que parece ser, de certa maneira, muito bem adaptada e muito atraída pelo mundo exterior e, ao mesmo tempo, inclinada a falhar completamente em momentos decisivos. Em tal caso, Jung continua, achamos que sempre existe um tipo de atração secreta em relação ao duplo interior ausente, que o indivíduo teme e ama, pois é o que pode completá-lo, tornando-o uma pessoa inteira. É por isso que a cobra é essencialmente dupla na mitologia. Ela causa medo, traz a morte com seu veneno; é inimiga da luz e ao mesmo tempo o redentor em forma de *animal* — um símbolo do *logos* e de Cristo. Quando aparece nessa última forma, ela representa a possibilidade de tornar-se consciente como um todo. Ao invés de compreensão intelectual, ela promete sabedoria nascida da vivência interior imediata: *insight* e saber secreto — gnose.

Vocês podem ver que a cobra em nossa história tem o mesmo papel duplo. Ela se oferece como exterminadora do pequeno príncipe, libertando-o do peso da vida, mas a oferta pode ser compreendida de duas maneiras: como suicídio ou como a portadora da sorte de livrar-se da vida. É essa atitude psicológica

---

17. Jung, *Archetypes and the Collective Unconscious,* vol. 9, I parte, §§ 282ss.

radical que afirma que a morte não é uma catástrofe ou um azar, mas um modo de escapar definitivamente de uma realidade intolerável que pode destruir a pessoa.

Muitas vezes, a cobra aparece na mitologia antiga combinada com o tema da criança. Por exemplo, o deus mitológico dos atenienses era o rei Erecteu, filho de Atenas, e que foi criado em uma cesta dentro da qual ninguém devia olhar, pois veria uma criança cercada de cobras. Não se sabe exatamente o que isso significa, mas *coffrets gnostiques* foram encontradas no sul da França (provavelmente material da idade média em diante) nas quais crianças nuas brincam com cobras. O deus-criança e o deus-cobra são muitas vezes combinados dessa forma.

O deus-criança é também o arquétipo do envenenador, por assim dizer. O cupido da antiguidade tem um arco com flexas envenenadas com as quais pode subjugar — como dizem os poetas — o grande deus Zeus, pois se Cupido o atingir, Zeus terá que perseguir em vão uma mortal, mesmo a contragosto. Muitos poemas do final da antiguidade, chamados *anakreontika,* satirizavam esse menino que, com sua flecha envenenada, podia submeter o mundo inteiro à sua vontade. Se Cupido flechar você, você se apaixonará involuntariamente. Se isso lhe agradar, ótimo, se não, poderá dizer que foi enfeitiçado, forçado a entrar em uma situação na qual se sente impotente e com o ego envenenado.

Portanto, existe uma ligação secreta entre a cobra e a criança eterna. A cobra é a sombra do próprio pequeno príncipe; é seu lado escuro. Portanto, o oferecimento da cobra para envenená-lo poderia significar uma integração da sombra. Infelizmente, isso acontece no *Self* e não em Saint-Exupéry e isso significa que tudo acontece no inconsciente, retirando o núcleo psicológico da realidade novamente. De fato, é Saint-Exupéry que deveria ter sido envenenado, o que o diferenciaria do pequeno príncipe. É como na ocasião da morte do irmão, quando lhe disseram que este se tornara um anjo e estava muito feliz no céu, sem os problemas da terra. Saint-Exupéry provavelmente acreditou nisso mais do que qualquer outra pessoa o faria. Ele compreendeu que a morte era uma infelicidade apenas em parte, o que originou uma concepção filosófica de alienação em relação à vida.

O *puer aeternus* muitas vezes possui essa atitude distante e amadurecida diante da vida, que é comum nas pessoas mais velhas, mas que ele adquiriu prematuramente. Pensava que a vida não era tudo, que havia outro lado válido também. Aqui, a tentação da morte não deixa que o pequeno príncipe venha direto à terra. Antes mesmo de tê-la tocado aparece a cobra e lhe diz: "Se você não gostar da terra, você conhece o caminho de volta". Ele já recebera, portanto, a oferta da morte. Conheci outras pessoas com problemática parecida que faziam a mesma coisa, isto é, viviam "condicionalmente"; secretamente, flertavam com a ideia de suicídio. A cada passo da vida, elas imaginavam que iriam experimentar uma coisa ou outra, e que se não desse certo, eles se suicidariam. O *puer aeternus* sempre está com a arma preparada e sempre brinca com a ideia de cair fora se as coisas se complicarem demais. A desvantagem disso é o não comprometimento com a condição humana, ele sempre se reserva o direito, como ser humano, de se matar, caso a situação se torne intolerável. "Porei fim à vida se não conseguir suportar." Se a pessoa não viver a totalidade da vida, ela também se fragmentará. A mudança pode apenas acontecer se a pessoa se entregar totalmente à situação.

Em menor escala, muitas vezes encontramos pessoas que vêm sendo analisadas há anos mas que ainda têm segredos que jamais revelam ao analista. Você se pergunta por que a análise não progride. Esse ponto de estagnação é geralmente devido ao *animus* na mulher ou à *anima* no homem. Eles sempre deixam alguma coisa de fora. Por exemplo, eles dizem: "Bem, isto é apenas análise, mas a *vida* é algo diferente", ou "Isto é uma relação analítica, diferente das outras, aqui leva-se em conta a transferência", e assim por diante. Tais pensamentos fazem com que o cliente não saia de si mesmo e não permitem que o processo seja completo. A pessoa faz o papel do analisando e passa pelo processo analítico de uma maneira aparentemente sincera. Mas os segredos não são revelados e os de algumas pessoas são exatamente as ideias suicidas. Até que essas ideias sejam eliminadas através de algum processo interior, nada é totalmente real. Se você vive com a ideia de fugir da vida, a possibilidade de viver plenamente é limitada, pois para isso é preciso que a pessoa esteja totalmente envolvida com seus sentimentos.

A cobra é bastante inteligente, pois exatamente quando o pequeno príncipe chega à Terra e está a ponto de enfrentar a realidade, ela aparece e diz: "Oh, você sabe, a vida é dura e muito solitária na Terra. Tenho um segredo, posso ajudá-lo a cair fora". Ela é muito ambígua. Acho que o aspecto mais venenoso não nota sua reserva: esta o controla, não deixando que ele perceba. Às vezes a própria pessoa nota que não vive a vida plenamente e às vezes se pergunta: "Por que tenho às vezes esta sensação de irrealidade?" Então você pode ter certeza de que o *animus* ou a *anima* colocou, muito sabiamente, uma barreira entre você e a realidade. No homem, isso geralmente acontece através do complexo materno, pois este é como um plástico colocado entre ele e a realidade de modo que ele não entra em contato com ela totalmente. Há sempre essa barreira separando e, assim, nada do que aconteça no presente afeta muito. Com a mulher, é o *animus* que lhe murmura algo interiormente, um tipo de comentário que assim se resume: "nada me resta exceto a morte".

Pergunta: Como funciona o animus *de uma mulher?*

Suponha que você conheça uma mulher pela qual se sente atraído e que pareça corresponder aos seus sentimentos, mas sente-se incapaz de comunicar-se com ela. Pode ser por sua culpa, mas talvez não — eu sou mulher, portanto não estou na situação do homem que corteja uma mulher. Mas pode acontecer que uma mulher chegue à análise com uma atitude que pareça positiva, que pareça não mentir e não sonegar informações e que pareça confiar em mim. Mas tenho a constante impressão de que as coisas de algum modo não fazem sentido. Sinto que se uma catástrofe acontecesse, como, por exemplo, o suicídio, ela não me preveniria do perigo, pois não sinto que haja um vínculo forte entre nós. Tal pessoa pode até escrever inesperadamente para dizer que está interrompendo a análise por qualquer motivo — viagem, falta de dinheiro ou qualquer outra razão ou pseudorrazão — e então você é deixado completamente no escuro.

Pergunta: E como você explica isso?

É o complexo paterno provocando a possessão por *animus*. Lembro-me do caso de uma jovem de contato muito bom, mas que um dia agrediu-me de maneira horrível. Quando a contive, ela acalmou-se, e descobri que tinha decidido suicidar-se e esta seria uma briga de despedida. Ela queria eliminar seus sentimentos por mim para então suicidar-se. Isso aconteceu como um raio no céu azul. O contato do dia anterior tinha sido bom; nada havia acontecido entre nós, mas por alguma outra razão ela estava cansada das dificuldades da vida e secretamente decidiu matar-se. Quando percebeu que seu sentimento por mim a impedia, decidiu tratar-me tão mal que eu desejaria romper com ela; então ela estaria livre para partir. Essa ideia tinha lhe ocorrido, subitamente, como uma picadura de cobra.

Pergunta: Mas ela estaria consciente disso?

Eu a tinha avisado. Ela teve um sonho no qual um velho estava se equilibrando em uma bicicletinha vermelha de criança. Este velho era um bêbado suicida. Desse modo fiquei sabendo que ela tinha uma figura de *animus*-pai que estava associada a sentimentos infantis — a bicicleta vermelha de criança — e que estava se manifestando autonomamente no fundo de seu psiquismo. Embora eu tivesse interpretado o sonho e lhe dito que dentro dela havia isso, ela não conseguiu compreender; olhou para mim impassível, mas um dia esse material apareceu. É assim que compreendemos os sonhos com cobras. Então temos que esperar que a pessoa de repente comece a agir.

Um homem que sonhava muito com cobras, depois de quinze anos de casamento decidiu de repente separar-se da mulher sem sequer conversar com ela primeiro. Ele poderia até fazer isso no início do casamento, mas não depois de quinze anos! Eu tinha encontrado com ele na semana anterior e tudo estava bem, e na semana seguinte tudo estava resolvido, e um advogado estava tratando da separação! Ele tinha vivido com ela durante quinze anos e, afora os problemas da *anima*, que não eram piores do que em muitos casos, tudo estava bem. Mas havia a cobra dentro dele! Eu lhe havia recomendado para que tivesse cuidado com o suicídio ou com qualquer outra coisa assim quando fosse assaltado por tais ideias. A cobra indica a capacidade de agir, fria e deliberadamente, quando algo instintivo deveria ser feito. Acho que naquele caso, o divórcio por si não era errado, ou pelo menos era algo que deveria ser seriamente considerado, mas o modo frio com que as coisas foram feitas foi desumano! Essa ideia nunca lhe havia ocorrido antes, e então de repente ele decidiu-se e arranjou tudo com o advogado em vinte e quatro horas! Naturalmente sua mulher poderia reclamar que isso fora desumano porque foi exatamente isso! Ele poderia ter discutido a situação com ela, dizendo que o casamento tinha se tornado um hábito sem significado ou qualquer coisa assim, para prepará-la emocionalmente para o choque. Mas nem isso ele fez.

A garota que queria suicidar-se foi além disso, pois ela pelo menos desejava ter uma briga de despedida. Ela tinha um vínculo mais profundo, pois não foi simplesmente suicidar-se; queria primeiro arruinar nossa relação, e este é um gesto que demonstra vínculo. Se alguém telefonar a você e disser: "Vou suicidar-me mas queria despedir-me de você", isso é humano; significa que uma parte de sua personalidade ainda está fora do domínio da cobra. O que realmente tinha afetado a ela era o velho na bicicleta de criança; é por isso que eu disse que a mulher está ligada ao *animus* — nesse exemplo, com a imagem do pai, o que é muito negativo. O velho mostrava a falta de vínculo. Ele corria sozinho e isso provocou nela essa reação, pois ela estava fazendo o mesmo. Eu lhe disse que se ela se suicidasse, sua alma nunca iria se conformar! Teria sido um suicídio motivado por um afeto.

Observação: Tal situação apresenta o problema da vida e da morte na consciência e o gesto de suicídio seria para resolver isso, não é?

Sim, se for este o caso, a pessoa tem de tomar uma decisão consciente. Eu não disse a ela que não se suicidasse; disse-lhe que ponderasse e não fizesse isso impulsivamente, pois não se tratava de uma decisão amadurecida. Ela deveria pensar bem, e se realmente se decidisse, não precisaria esperar mais, pois já teria chegado a uma decisão definitiva. Esta seria uma decisão razoável e amadurecida, da qual ela não precisaria se arrepender mais tarde — como se isso fosse possível! A decisão rápida e imatura está errada, o adiamento de uma semana teria feito com que ela questionasse se queria morrer ou não. Muitas pessoas vivem involuntariamente e nunca se decidem sobre essa questão. Isso é muito perigoso. Quando você entra em contato com elas, você percebe uma reserva mental constante. Se você diz isso a elas, elas não compreenderão e negarão. A pessoa nunca está completamente presente. Há sempre algo evasivo. No caso da moça, quando veio a crise, nós pegamos o homem na bicicleta. Ele sempre estava nos bastidores de sua mente dando-lhe esta sensação de irrealidade.

Com os homens, é o complexo materno que tem exatamente o mesmo efeito, com a diferença que é ainda mais difícil alcançá-lo, pois ele não se forma como ideia na mente do homem. A moça tinha a ideia de se matar e achava que a vida não valia a pena; isso constituía uma reflexão. Mas o complexo materno se expressa através da depressão, uma sensação de que nada mais resta, algo completamente vago e indefinível. Os homens que têm complexo materno negativo com muita intensidade, quando as coisas vão bem para eles (por exemplo, quando encontram uma namorada adequada ou são bem-sucedidos na vida profissional), e você espera que se mostrem um pouco mais felizes, eles aparentam abatimento e dizem: "Sim, mas..." e não conseguem explicar em palavras seu estado de espírito. Trata-se de um estado infantil de constante insatisfação consigo mesmo e com a realidade. Isso é algo muito difícil de perceber, a pessoa fica deprimida e nem reage. É como se tudo fosse tedioso e monótono.

Saint-Exupéry é um exemplo de mau humor e irritação. Havia ocasiões que andava de um lado para outro em seu apartamento o dia inteiro, fumando um cigarro atrás do outro, e sentindo-se aborrecido consigo mesmo e com o mundo inteiro. É assim que o complexo materno manifesta-se nos homens, deixando-os mal-humorados ou deprimidos. É uma reação contra a vida e tem a ver com a mãe. Saint-Exupéry tinha também a tendência a drogar-se com ópio. Como um viciado em drogas me disse, toda a psicologia da droga está ligada à ideia de flertar com a morte, e de sair da dura realidade. Geralmente as pessoas que tomam drogas têm muitos sonhos com cobras; as cobras venenosas fazem com que elas fiquem envenenadas, porque não sabem, ou não veem como sair dos conflitos de outra maneira. O álcool às vezes faz esse papel, pois também é um tipo de droga. Para Saint-Exupéry, voar e tomar drogas significava duas possibilidades de sair de seu nervosismo e depressão. O problema é que ele nunca descobria suas causas, o que significa uma tendência suicida de vida, a profunda fraqueza que ele não conseguia superar.

Quando o pequeno príncipe começa a andar pela terra descobre inúmeras coisas surpreendentes. A primeira descoberta que ele faz é que existem centenas de flores iguaizinhas à sua.

E ele sentiu-se extremamente infeliz. Sua flor lhe havia contado que ela era a única de sua espécie em todo o universo. E eis que havia cinco mil, iguaizinhas, num só jardim!

"Ela haveria de ficar bem vermelha, pensou ele, se visse isso... Começaria a tossir, fingiria morrer, para escapar ao ridículo. E eu então teria que fingir que cuidava dela; porque, senão, só para me humilhar, ela era bem capaz de morrer de verdade..."

Depois, refletiu ainda: "Eu me julgava rico de uma flor sem igual, e é apenas uma rosa comum que eu possuo. Uma rosa e três vulcões que me dão pelo joelho, um dos quais extinto para sempre. Isso não faz de mim um príncipe muito grande...". E, deitado na relva, ele chorou.

Vocês provavelmente conhecem obras de escritores românticos, tais como *The Golden Pot,* de E. T. A. Hoffmam, sobre a qual Aniela Jaffé escreveu uma crítica muito boa, ou a novela *Aurélia,* de Gerard de Nerval, que mostra que o grande problema entre os autores românticos era aceitar o paradoxo de que a *anima* poderia ser uma deusa e também uma pessoa comum de nosso tempo simultaneamente. Na verdade, Gerard de Nerval havia-se apaixonado por uma garota de Paris. Talvez por causa de seu sangue alemão, foi tomado por essa paixão de maneira avassaladora e romântica. Ele considerava aquela garota uma verdadeira deusa e ela significava para ele no mínimo o que Beatriz significava para Dante. Ele ficou completamente escravo de seus sentimentos românticos. Mas seu lado cínico francês, o gaulês que havia nele, não pôde suportar isso e então ele passou a referir-se a ela como: *une femme ordinaire de notre siècle* — uma mulher comum de nosso tempo! Consequentemente, fugiu dela e teve um sonho bem catastrófico. No sonho, chegou a um jardim onde havia uma estátua de uma linda mulher que caíra do pedestal e se partira em duas partes. O sonho dizia: se você a julgar desse modo, dividirá sua imagem da alma em duas: uma parte superior e uma inferior. A superior é a deusa romântica e a outra é a mulher comum — aquela facilmente substituível — e assim ela se torna estátua sem vida. Após isso seguiu-se o desenvolvimento trágico de sua esquizofrenia, que terminou com seu suicídio em Paris.

A tragédia de Nerval foi ele não ter conseguido suportar o paradoxo dessa mulher ser única e divina ao mesmo tempo que tinha consciência de ela ser apenas uma garota entre centenas de outras de Paris, e que ele era um jovem apaixonado como muitos outros! É o paradoxo do ser humano — ser um espécime entre bilhões de outros espécimes do mesmo tipo — além do fato de cada um de nós ser único.

Pensar em si mesmo de uma maneira estatística é, como disse Jung, algo muito maléfico para o processo de individuação, porque torna tudo relativo. Jung diz que o comunismo é menos perigoso do que o fato de sermos todos condicionados pelo nosso hábito de pensar estatisticamente sobre nós mesmos.

Acreditamos nas estatísticas científicas que dizem que na Suíça tantos casais casam por ano e não encontram apartamento, ou que em tal cidade há uma superpopulação etc. Você não imagina o que as estatísticas podem fazer com você. É um veneno poderoso, pois falseia a realidade. Se começarmos a pensar estatisticamente, começamos a questionar o fato de sermos únicos. Não é só pensar, mas também sentir. Se você subir e descer a Bahnhofstrasse, verá centenas de rostos parecidos e, ao olhar-se em uma vitrine, poderá pensar que é tão comum quanto os outros! E aí você pode pensar que se uma bomba atômica destruísse tudo, quem iria lamentar? Graças a Deus essas vidas se acabaram e a minha também! Devido às estatísticas a pessoa sente-se arrasada ao perceber como a vida é comum! Isso é errado, pois as estatísticas são montadas sobre possibilidades. Probabilidade é apenas um outro modo de explicar a realidade, que, como sabemos, tem tanto de comum quanto de irregular. O fato de esta mesa não levitar, mas permanecer onde está, é apenas porque os bilhões de elétrons que a constituem estatisticamente tendem a se comportar dessa maneira. Mas cada elétron por si mesmo poderia fazer outra coisa. Ou, suponhamos que você compare um ser humano com um leão. Suponha que você ponha o leão em uma sala dentro da qual introduz alguns indivíduos. Você iria notar que cada um deles se comportaria diferente dos outros. Um ficaria parado como uma pedra e exclamaria "Oh!" Outro correria para fora. O terceiro poderia não se assustar e ter uma reação retardada e dar uma gargalhada e depois dizer que não havia acreditado. Cada reação seria única. Se fizermos um teste, este seria revelador, pois cada pessoa reagiria típica e diferentemente. Mas se você trouxer um leão nesta sala agora, eu aposto que todos recuariam para a parte de trás, pois a reação coletiva prevalece. É por isso que as estatísticas estão corretas apenas em parte. Elas dão um quadro completamente falsificado porque dão apenas uma probabilidade média. Quando andamos em uma floresta pisamos em certa quantidade de formigas e caracóis e os esmagamos, mas se pudéssemos escrever a história da vida de cada formiga ou caracol, descobriríamos que cada um deles foi morto em um momento muito significativo e importante de suas vidas.

Esta foi realmente a questão filosófica básica que Thornton Wilder levantou quando escreveu *The Bridge of San Luis Rey*. A ponte caiu e algumas pessoas morreram afogadas — vemos acidentes assim quase todos os dias nos jornais. Mas Thornton Wilder questionou que isso fora apenas um acaso, e tentou provar que aquelas cinco pessoas passavam por um processo interior importante em suas vidas, e sua morte por afogamento havia sido o final desse processo significativo. Os estatísticos diriam que era bem provável que acontecesse o acidente; que todos os dias duzentas pessoas atravessavam a ponte, portanto quando esta caiu, em determinado momento, provavelmente cerca de cinco pessoas estariam passando nela por puro acaso. Esta é, portanto, uma visão falsificada da realidade, mas somos contaminados totalmente por ela. É algo que precisa ser reconhecido. Gerard de Nerval, por exemplo, não conseguia enfrentar o fato que a moça que ele amava era única para ele, pois sua perspectiva estatística afirmava que ela era apenas uma dentre milhares — o que de certo modo é também verdade. Mas é uma meia-verdade, o que, como Toynbee diz, é ainda pior do que uma completa mentira. É isso que causa tanto problema para o *puer aeternus*. É por isso que ele não quer ir para um escritório e fazer qualquer trabalho comum, ou ficar com uma mulher. Ele está sempre considerando levianamente mil possibilidades na vida e não consegue escolher nenhuma definitiva; parece-lhe que isso o deixaria em uma situação que se encaixa na média estatística. Reconhecer o fato de que alguém é apenas um rosto na multidão é um *insight* racional contra o qual a função do sentimento se opõe.

A batalha interior entre a sensação de ser único e as estatísticas é geralmente uma batalha entre a razão e a emoção. O sentimento indica o que é importante para mim e a minha própria importância é o contrapeso. Se você tiver sentimentos verdadeiros, você pode dizer que a mulher comum (pois se você a vê caminhando na rua, ela não é muito diferente das outras), mas para você, ela é a coisa mais preciosa. Isto significaria que o ego decide aceitar e defender seus sentimentos sem negar o outro aspecto. A solução seria dizer: "Sim, as coisas podem ser assim do ponto de vista estatístico, mas tenho certos valores próprios e neles está incluído o amor por uma mulher". Assim, a pessoa está sendo sincera consigo mesma e com seus sentimentos, e portanto não fica cindida entre o racional e o emocional. É por isso que certos intelectuais simpatizam com o comunismo e outras ideologias afins. Eles isolam a função do sentimento. A função do sentimento faz com que suas vidas, suas relações e suas ações sejam únicas, dando-lhes um valor próprio.

Quando as pessoas ficam influenciadas pelo modo de raciocinar estatístico, isto sempre significa que, ou elas não têm sentimento, ou que estes não são intensos, ou que elas traem seus próprios sentimentos. Pode-se dizer que o homem que não sustenta seus sentimentos é fraco em seu lado de Eros. Ele é do tipo intelectual com um Eros fraco, pois não aceita seus sentimentos e diz: "É assim que eu sinto". Realmente, isso é mais difícil para o homem do que para a mulher. Por exemplo, se você disser para uma mãe que seus filhos não são únicos, que existem outros iguais em todo lugar, ela responderá que para *ela* eles são únicos, pois são seus filhos. Uma mulher tende a ter uma atitude mais pessoal. O homem deve pensar impessoal e objetivamente e, se ele for uma pessoa atualizada, também estatisticamente, e isso pode prejudicá-lo. Isso é verdade especialmente para os homens que seguem a carreira militar e que decidem sobre a vida e a morte das pessoas. Um oficial que possua um alto posto tem poder de decidir qual batalhão enviar para determinado lugar sabendo que aqueles homens podem não voltar, pois alguns fatalmente terão que ser sacrificados. Se eles agirem emocionalmente não conseguirão fazer seu trabalho. O mesmo se aplica ao cirurgião que não deve se envolver pessoalmente com seu paciente. Ele tem que realizar uma operação técnica, que pode salvar ou não a pessoa. É por isso que a maioria dos cirurgiões não operam pessoas de sua própria família. A experiência prova que é muito melhor assim. Eu já fiquei sabendo de muitos acidentes que aconteceram por isso. Um cirurgião pode ser um ótimo especialista que nunca comete deslizes, mas, em se tratando de sua mulher ou filha, o caso é diferente. Conseguir tratar das coisas profissionalmente sem envolver-se pessoalmente é muito importante na vida de um homem, pois ele precisa ter uma perspectiva fria, científica e objetiva. Mas se ele não se relaciona com a *anima* e tenta lidar com os problemas de Eros, então ele divide sua alma em duas. É por isso que os homens em geral têm mais problemas em aceitar a psicologia junguiana do que as mulheres. Por causa de nossa insistência em aceitar o inconsciente, os homens têm de aceitar os sentimentos — Eros — e, para um homem, isso é muitas vezes revoltante, como se ele tivesse que passar toda a vida apenas cuidando de bebês. Parece-lhes algo que se opõe à sua própria natureza, mas se eles realmente querem desenvolver-se melhor, exatamente como as mulheres têm de aprender a compartilhar o mundo masculino, tornando-se mais objetivas e menos pessoais, eles devem fazer o movimento contrário, levando seus sentimentos e seus problemas com Eros mais a sério. É parte inevitável do desenvolvimento das pessoas a integração do outro lado — o que ainda não se desenvolveu totalmente — e se assim não fizermos, este lado nos dominará contra a nossa vontade consciente. Portanto, quanto mais o homem leva a sério seus problemas com Eros, menos efeminado ele se torna, embora possa lhe parecer o contrário. Em geral, pode-se dizer que o *puer* que tem uma tendência de ser efeminado tem *menos possibilidades de ser assim* se levar seus sentimentos a sério e não cair na armadilha da perspectiva estatística — se ele não cair na tentação de pensar "Oh, Deus! centenas e milhares! — e eu também!"

A história continua de maneira lógica e a próxima criatura que o pequeno príncipe encontra é uma raposa, que lhe diz querer ser domada por ele.

E foi então que apareceu a raposa:
— Bom dia, disse a raposa.
— Bom dia, respondeu polidamente o principezinho, que se voltou, mas não viu nada.
— Eu estou aqui, disse a voz, debaixo da macieira...
— Quem és tu? perguntou o principezinho. Tu és bem bonita...
— Sou uma raposa, disse a raposa.
— Vem brincar comigo, propôs o principezinho. Estou tão triste...
— Eu não posso brincar contigo, disse a raposa. Não me cativaram ainda.
— Ah! desculpa, disse o principezinho.
Após uma reflexão, acrescentou:
— Que quer dizer "cativar"?
— Tu não és daqui, disse a raposa. Que procuras?
— Procuro os homens, disse o principezinho. Que quer dizer "cativar"?
— Os homens, disse a raposa, têm fuzis e caçam. É bem incômodo! Criam galinhas também. É a única coisa interessante que eles fazem. Tu procuras galinhas?
— Não, disse o principezinho. Eu procuro amigos. Que quer dizer "cativar"?

Aqui vocês percebem que Saint-Exupéry sabe de que projeção se trata.

— *É uma coisa muito esquecida, disse a raposa. Significa "criar laços..."*

— *Criar laços?*

— *Exatamente, disse a raposa. Tu não és ainda para mim senão um garoto inteiramente igual a cem mil outros garotos.*

Agora ele vai dizer como sair do pensamento estatístico.

E eu não tenho necessidade de ti. E tu não tens necessidade de mim. Não passo, a teus olhos, de uma raposa igual a cem mil outras raposas. Mas, se tu me cativas, nós teremos necessidade um do outro. Serás para mim único no mundo. E eu serei para ti única no mundo...

— *Começo a compreender, disse o principezinho. Existe uma flor... eu creio que ela me cativou...*

— *É possível, disse a raposa. Vê-se tanta coisa na Terra...*

— *Oh! não foi na Terra, disse o principezinho.*

A raposa pareceu intrigada:

— *Num outro planeta?*

— *Sim.*

— *Há caçadores nesse planeta?*

— *Não.*

— *Que bom! E galinhas?*

— *Também não.*

— *Nada é perfeito, suspirou a raposa.*

Mas a raposa voltou à sua ideia.

— *Minha vida é monótona. Eu caço as galinhas e os homens me caçam. Todas as galinhas se parecem e todos os homens se parecem também. E por isso eu me aborreço um pouco. Mas se tu me cativas, minha vida será como que cheia de sol. Conhecerei um barulho de passos que será diferente dos outros. Os outros passos me fazem entrar debaixo da terra. O teu me chamará para fora da toca, como se fosse música. E depois, olha! Vês, lá longe, os campos de trigo? Eu não como pão. O trigo para mim é inútil. Os campos de trigo não me lembram coisa alguma. E isso é triste! Mas tu tens cabelos cor de ouro. Então será maravilhoso quando me tiveres cativado. O trigo,*

que é dourado, fará lembrar-me de ti. E eu amarei o barulho do vento no trigo...
A raposa calou-se e considerou por muito tempo o príncipe:
— Por favor... cativa-me! Disse ela.
— Bem quisera, disse o principezinho, mas eu não tenho muito tempo. Tenho amigos a descobrir e muitas coisas a conhecer.
— A gente só conhece bem as coisas que cativou, disse a raposa. Os homens não têm mais tempo de conhecer coisa alguma. Compram tudo prontinho nas lojas. Mas como não existem lojas de amigos, os homens não têm mais amigos. Se tu queres um amigo, cativa-me!
— Que é preciso fazer? perguntou o principezinho.
— É preciso ser paciente, respondeu a raposa. Tu te sentarás primeiro um pouco longe de mim, assim, na relva. Eu te olharei com o canto do olho e tu não dirás nada. A linguagem é uma fonte de mal-entendidos. Mas, a cada dia, te sentarás mais perto...

Então eles se tornam amigos íntimos. Quando chega a hora do pequeno príncipe partir, a raposa revela seu segredo, conforme havia prometido.

— Eis o meu segredo. É muito simples: só se vê bem com o coração. O essencial é invisível para os olhos.
— O essencial é invisível para os olhos, repetiu o principezinho, a fim de se lembrar.
— Foi o tempo que perdeste com tua rosa que fez tua rosa tão importante.
— Foi o tempo que eu perdi com a minha rosa... repetiu o principezinho, a fim de se lembrar.
— Os homens esqueceram essa verdade, disse a raposa. Mas tu não a deves esquecer. Tu te tornas eternamente responsável por aquilo que cativas. Tu és responsável pela rosa...
Eu sou responsável pela minha rosa... repetiu o principezinho, a fim de se lembrar.

Pode-se dizer que a raposa ensina ao pequeno príncipe o grande valor do aqui e agora e também o do sentimento. O sentimento dá valor ao presente, pois, sem este, a pessoa não se relaciona com o aqui e o agora. Sem a noção do aqui e agora a pessoa não se torna responsável e nem tem consciência de sua individualidade.

Aqui novamente vemos o tema frequente do *animal* prestativo que ensina o homem a se tornar humano ou, em outras palavras, ensina-lhe o processo de individuação. Em seu artigo, *The Primordial Child in Primordial Times,* Karl Kerényi cita um poema tártaro que é assim:

> Era uma vez, há muito tempo
> Um menino órfão,
> Criado por Deus,
> Criado por Pajana.
> Sem comida para comer,
> Sem roupas para vestir:
> Assim vivia ele.
> Sem noiva.
> Uma raposa apareceu;
> A raposa perguntou ao jovem:
> "Como você se torna um homem?"
> E ele respondeu:
> "Eu mesmo não sei como me tornar um homem!"[18]

E então, exatamente como em nossa história, a raposa ensina ao jovem como tornar-se humano. Como a cobra, a raposa representa um poder instituído no próprio homem, que, embora representado como um *animal*, na verdade pertence à humanidade. Nas alegorias medievais e na mitologia, a raposa tem um papel muito paradoxal. Por exemplo, Picinellus diz em *Mundus Symbolicus:* "A raposa representa a crueldade astuciosa e é interesseira, extremamente cautelosa e sorrateira". Gregório, o Grande, diz: "As raposas são *animais* falsos, sempre usam meios ilícitos para alcançar seus fins e por isso representam os demônios". É por isso que no sul da Alemanha, na Áustria e na Suíça, dizem que as raposas são almas de bruxas. Em nosso país acredita-se que quando uma bruxa morre, ela fica meio morta na cama e sua alma encarna-se em uma raposa para fazer o mal. Há muitas histórias em que o caçador encontra

---

18. Jung e Kerényi, *Essays on a Science of Mythology,* p. 41.

uma raposa que provoca tempestades que espalham o feno que acabara de ser juntado, ou alguma coisa assim. Dizem que ela também provoca avalanches. Dizem também que o caçador atira na raposa mas não a mata, encontrando depois uma velha com um ferimento no mesmo lugar que a raposa havia sido ferida e acredita que esta seja a raposa.

É estranho que na China e no Japão exista a mesma crença de que a raposa seja a alma da bruxa ou de uma mulher histérica e que também seja a causa de histeria ou de problemas psicológicos nas mulheres. Um homem chamado Erwin Baelz, um psiquiatra alemão, estava em Tóquio em 1910. Ele viu um caso assim sobre raposas e escreveu sobre ele, sendo que ele ignorava a mitologia sobre a qual lhes falo. Uma mendiga japonesa que tinha ataques histéricos foi levada a ele. Quando estava normal ela era totalmente retardada mental, mas durante as crises tornava-se bastante diferente. Ela dizia sentir uma dor no peito e então uma compulsão de uivar como raposa. Depois, como Baelz relatou, ela caía em transe e tornava-se clarividente, contando toda a vida dos psiquiatras, seus problemas conjugais e tudo o mais. Era muito esperta e inteligente nesses momentos. Depois de certo tempo ela ficava pálida e cansada, uivava um pouco e caía no sono. Quando acordava voltava a ser a mesma pessoa retardada de antes. Isso é um caso típico de dupla personalidade.

No simbolismo medieval, a raposa não tinha apenas significado negativo. Era também o *animal* do deus Dionísio, que também tem o nome da palavra raposa em grego. A ideia é a mesma na alegoria cristã. Como Picinellus diz: "A raposa é um símbolo da fé, pois percebe as coisas pela audição assim como os cristãos ouvem sobre os mistérios divinos e sem poder vê-los creem neles". Aqui a raposa é a que conhece o invisível. Isso é interessante, pois em nossa história (apesar do fato de Saint-Exupéry não ter lido Picinellus) a raposa também diz: "O essencial é invisível para os olhos". A raposa acredita no que não é óbvio mas que é percebido pelo sentimento — o oposto dos dados estatísticos.

Se o pequeno príncipe tivesse compreendido o que a raposa disse realmente ou invés de tê-lo apenas repetido mecanicamen-

te, sem interiorizá-lo, o que teria lhe acontecido? Ele de repente compreendeu por que a rosa em seu planeta era tão importante, pois diz: "Oh, já desperdicei tempo demais. É por isso que sou responsável por ela e não posso vê-la apenas como um ser entre tantos na multidão!" Parece, portanto, que ele compreendeu a raposa, mas o que está faltando?
Resposta: Ele quer voltar ao seu planeta.

Realmente isso lhe ajuda a voltar para a rosa mais tarde e talvez até a escolher a morte. Mas o que ele não nota é que ele tem uma amiga em seu planeta que é a rosa, e uma amiga na terra que é a raposa! Se ele houvesse realmente compreendido, não teria decidido voltar para a rosa, mas teria ficado em conflito sobre o que iria fazer. A raposa está na terra e essa amizade deve ser duradoura para ter sentido, mas a raposa lhe faz lembrar que ele tem compromisso com a rosa. Ele deveria ter ficado em conflito, pois agora tem uma amiga em cada planeta. Mas nem mesmo lhe ocorre que a raposa o havia colocado em tal dilema! Sua única conclusão é que deve voltar para a rosa. Por isso os ensinamentos da raposa, que deveriam tê-lo ajudado a se fixar na terra, funcionam de modo contrário para ele. Isso mostra quão forte é a pulsão de morte em Saint-Exupéry. Teria sido um conflito se ele compreendesse que estava dividido entre as duas. Ele teria se colocado na posição do adulto que está permanentemente nesse conflito pois tem obrigações com as figuras do Além — o inconsciente; e obrigações também com a realidade. Por exemplo, se um homem tem obrigações para com sua *anima* e também para com a mulher que é amiga ou esposa, ele entra numa situação tipicamente conflitante. Ele tomaria consciência da verdade básica da vida: que essa é uma obrigação dupla e que a própria vida é um conflito porque sempre significa o conflito entre essas duas tendências. É isso que constitui a vida, mas a compreensão disso escapa completamente ao pequeno príncipe, ou ele se recusa a aceitá-la. É mais um dos pequenos mas fatais detalhes da história que acarretam o trágico fim.

Capítulo 5

Da última vez encerramos com a questão da raposa; quando ela ensina ao pequeno príncipe que a função do sentimento estabelece vínculos e muda a maneira estatística de pensar (pois o sentimento torna a situação e os relacionamentos de uma pessoa únicos, substituindo a perspectiva maléfica da estatística), então o pequeno príncipe decide de uma vez voltar para a rosa, sem ocorrer-lhe que também construíra um vínculo com a raposa. Mais tarde ele diz a Saint-Exupéry:

"Você deve voltar ao seu motor. Esperarei por você aqui. Volte amanhã de manhã..."
"Mas não me senti seguro. Lembrei-me da raposa. Corre-se o risco de chorar um pouco quando se deixa cativar..."

Você pode observar que ele sente só um pouquinho de pena ao deixar a raposa. Não lhe ocorre, como dissemos anteriormente, que ele poderia entrar em conflito e levar esse conflito a sério, questionando a situação na qual estava entrando. A decisão é a favor do retorno à rosa e ao Além.

Então seguem-se os episódios mais poéticos do livro. Saint-Exupéry começa a sofrer de sede e adentra o deserto. O pequeno príncipe vai com ele e faz com que encontre uma fonte imaginária no deserto, cuja água o refresca e o enche de felicidade — uma *fata morgana*. Eles andam e andam e o pequeno príncipe sempre diz que há uma fonte em algum lugar. Finalmente veem uma. Saint-Exupéry começa a duvidar que ela seja real, sabendo que onde há uma fonte no deserto há também uma vila. Contudo perto dessa nascente não havia nenhuma cidade. Mas o pequeno príncipe corre para ela e, fazendo funcionar a bomba, mata a sede dos dois na fonte imaginária. Em *Terra dos Homens*, Saint-Exupéry nos diz o seguinte sobre a água:

"Oh, água, não tendes cor nem sabor. Não podeis ser definida. Nós vos provamos sem vos conhecer. Vós nos penetrais com uma alegria que não pode ser explicada pelos sentidos. Pela vossa bênção todas as fontes secas do nosso coração começam a jorrar de novo. Vós sois o grande tesouro da terra. Vós não sofreis nenhuma mistura ou apresentais qualquer alteração. Vós sois uma divindade que nos proporciona uma alegria infinitamente simples".

Esse episódio no livro remete-nos ao tempo em que ele estava perdido com seu mecânico, Prevost. Eles haviam caminhado e caminhado e experimentado os milagres da *fata morgana*. No último minuto encontraram um beduíno que lhes deu água para beber de seu cantil, salvando-os. Provavelmente foi aí que ele teve a experiência que relatou em *Terra dos Homens* e que descreve novamente em *O Pequeno Príncipe*. Como foi uma de suas mais marcantes experiências, ela se repete em seus livros.

Por ser o símbolo do *Self*, o deus-criança, que o pequeno príncipe representa, é também fonte de vida. Como você explica isso? Por que o tema da fonte de vida, a água da vida, é tantas vezes associado ao tema do deus-criança? Como tais associações se expressam?

Resposta: Ele tem a força da renovação e é o símbolo do Self.

Sim, mas como isso funciona na vida? Por que a criança representa o fluir da vida e a possibilidade de renovação?
Resposta: Porque a criança é inocente.

Sim, porque a criança é inocente. Você também pode lembrar como na infância você era cheio de vida. A criança, se não for neurótica, está sempre interessada em alguma coisa. A criança pode sofrer de tudo, menos de isolamento em relação à vida, a não ser que esteja contaminada pela neurose dos pais. É por isso que as pessoas tanto desejam ter de volta a vitalidade que perderam quando cresceram. A criança representa uma possi-

bilidade interior de renovação, mas como isso faz parte da vida de um adulto? O que significa, por exemplo, um adulto sonhar com um menino ou menina? O que isto significa na prática?
Resposta: Uma nova fonte de alegria ou um novo relacionamento.

Um novo relacionamento, talvez. Eu simplesmente diria que seria uma nova aventura ao nível das funções que permaneceram inocentes. Isso tem a ver com a função inferior, através da qual se dá a renovação — e que permaneceu infantil e inocente. Portanto, isso oferece uma nova perspectiva e uma nova experiência de vida, quando a função superior gasta dá lugar à inferior e proporciona todos os prazeres na infância. É por isso que temos que aprender a brincar de novo. Mas, na linha da quarta função, ou seja, da função inferior. Não adianta, por exemplo, uma pessoa intelectual tentar brincar com alguma coisa intelectual. Se um tipo cerebral quiser seguir a Bíblia, que diz que você só entrará no reino dos céus se for criança e, ao tentar alcançar esse propósito fosse jogar xadrez em um clube, isso não adiantaria nada, pois estaria ainda no âmbito da função principal. É uma grande tentação tentar mudar ficando mais descontraído e lúdico dentro do campo da função principal. Já vi muitas vezes tipos sentimentais cujas funções sentimentais se esgotaram. Digo então a eles que devem fazer algo sem objetivo, algo lúdico. Então eles pensam em trabalhar em um jardim de infância, ou algo assim. Mas isso não tem sentido, pois estaria dentro do campo do sentimento, sendo metade fuga e metade aceitação. O que é realmente difícil é dirigir-se diretamente à função inferior e brincar de acordo com ela. Para isso, o ego deve abrir mão de sua posição de comando, porque se você entrar em contato com uma função inferior, *ele* vai querer decidir sobre o tipo de brincadeira sem deixar que *você* mesmo decida. A função inferior, como uma criança teimosa, insistirá que quer brincar de uma coisa ou de outra, embora você ache que tais coisas não são adequadas para você e que não funcionariam. Por exemplo, intuitivamente, a função inferior pode querer brincar com argila, mas a pessoa mora em um hotel e prefere algo mais limpo porque a argila suja tudo! Mas você não consegue impor nada à função inferior! Se você for uma pessoa intuitiva e sua função inferior quiser brincar com pedras ou com argila, você tem que fazer um esforço para encontrar um ambiente para fazer isso. É esta exatamente a dificuldade. É por isso que o ego sempre tem milhares de objeções em voltar-se para o lado inferior. É sempre algo muito difícil de exercitar na vida prática.

A função inferior é inconveniente, assim como as crianças. É algo que você não pode colocar em uma caixa e tirar quando lhe convier. É uma entidade viva com suas exigências próprias e é uma inconveniência para o ego que quer controlar tudo. Dar ao inimigo algo para que este o deixe em paz como muitas pessoas fazem quando se sentem pressionadas pela função inferior, sempre me faz lembrar os gregos que enchiam os bolsos de bolos de mel, pois achavam que jogando um pedaço dele para os poderes maléficos estes os deixariam em paz. Na descida ao mundo dos mortos os heróis gregos sempre levavam bolos de mel para jogar a Cérbero, o cão que guardava os portões, para que este os deixasse passar. Isso pode funcionar às vezes, mas não resolve o conflito principal. Você não consegue atender a essas demandas dedicando-lhes um pequeno sacrifício. Mas se você conseguir aceitar a experiência humilhante de obrigar o ego a se submeter às demandas da parte inferior ou infantil da personalidade, o deus-criança tornar-se-á uma fonte de vida; então a vida apresentará uma nova face, você terá novas experiências e tudo mudará.

Naturalmente, a criança é também um símbolo de união, integrando as partes separadas ou dissociadas da personalidade, devido à sua inocência. Se eu confiar em minhas reações espontâneas, eu me sentirei mais inteiro, mais integrado nas situações da vida. Mas a maioria das pessoas não ousa fazer isso porque sente-se muito exposta. Contudo, é necessário ter coragem para se expor e ao mesmo tempo se preservar, pois não se deve abrir-se com pessoas que não compreenderiam. Deve-se ter discernimento nessa questão.

Quando você começa a brincar com a função inferior você chega ao cerne de sua individualidade e autenticidade. No teste da árvore ou no de Rorschach você diz à pessoa para fazer ou descrever qualquer coisa que lhe vier à mente e ela se revela na hora, porque o brinquedo é único, e por isso autêntico. É por esse motivo que as crianças brincam. Em dois minutos elas revelam seu principal conflito, pois, brincando, são espontâneas. Muitas vezes tento ajudar a um tipo sentimento, sugerindo-lhe que pegue um tema de impacto em um sonho, um tema que seja sobrenatural e que pense bastante nele, não procurando significados nos livros de Jung, mas descobrindo o que ele próprio pensa sobre o símbolo. E então, muitas vezes, ele de repente mostra um lado bem passional e tem os mais surpreendentes pensamentos — às vezes pensamentos que pareceriam bem tolos para o tipo cerebral.

Já notei muitas vezes que quando a pessoa do tipo sentimento começa a pensar, ela o faz exatamente como os filósofos gregos pré-socráticos o faziam. Ela tem pensamentos como os de Heráclito ou Demócrito. Se você ler Empédocles ou Heráclito, encontrará uma eterna juventude no que dizem. É por isso que gosto tanto desses filósofos. Hoje em dia seus textos parecem bastante mitológicos e pode-se dizer que são o contrário do pensamento científico vigente. Por exemplo, as teorias atômicas de Demócrito são incrivelmente ingênuas se examinadas à luz das modernas teorias, mas há certa coerência e entusiasmo na maneira como são expostas e que nos cativa. Naturalmente, o material é cheio de projeções de símbolos do *Self*, o que envolve o leitor. Descortina-se uma certa primavera do espírito, pois a filosofia grega é como o florescer do pensamento. Muitas vezes, o tipo sentimento expressa pensamentos iguais aos dos filósofos de 20.000 anos atrás! O mesmo aplica-se ao tipo pensamento, se você conseguir que ele resgate seus sentimentos autênticos e fazer com que ele abandone por alguns momentos sua lógica. Geralmente, o tipo pensamento é um pensador que organiza seus sentimentos apropriadamente, e por não entrar em contato com seus reais sentimentos, porque são desadaptados, ele geralmente chega a uma pseudoadaptação do sentimento. Eu diria que o principal método de chegar ao lúdico da função inferior é arrancando a pseudoadaptação com a qual cobrimos a função inferior. O tipo sentimento, por exemplo, é geralmente cheio de teorias acadêmicas e pensa que estas pertencem a ele. Mas não é assim: trata-se na verdade de adaptações racionais para encobrir o fato de que seus pensamentos são terrivelmente embrionários e ingênuos. O mesmo é verdade para o tipo pensamento que tem sentimentos bem ingênuos, por exemplo "Eu amo você, eu odeio você". Pense bem o que aconteceria se a pessoa saísse por aí dizendo que odeia os outros! É algo que você nunca poderia dizer a seu professor na escola! Eu própria pertenço a essa categoria e lembro-me que adorava alguns professores e odiava outros. Nunca consegui dissimular bem meus sentimentos, sempre mostrei como me sentia. Sabia que seria muito mais diplomático não mostrar claramente como desprezava um determinado professor, mas isso ficava óbvio. Quando você se torna adulto, você esconde suas reações e alcança uma pseudoadaptação. Os tipos pensamento são na maioria das vezes muito simpáticos e parecem ter reações equilibradas e amenas, por não contar com isso! Isso é apenas uma pseudoadaptação, porque seus verdadeiros sentimentos são tão infantis e dolorosos que a pessoa não pode mostrá-los. Mas se você quiser se aprofundar, terá que tirar a capa da pseudoadaptação.

As pessoas intuitivas geralmente não têm contato com o próprio corpo e podem se vestir mal ou com roupas sujas, mas, como isso não funciona, elas aprendem a se vestir bem e a usar roupas limpas e assim por diante. Embora possam estar vestidas adequadamente, não têm estilo pessoal. Se elas descobrirem seu sentimento verdadeiro, seu gosto seria artístico, exótico e fora do comum. Os intuitivos que se conhecem bem nunca compram roupas prontas, tudo tem que ser feito para eles. Também não conseguem comer fora, têm que ter um cozinheiro próprio ou cozinheiro para si mesmos, e sua comida tem de ser especial. Dá-lhes muito trabalho descobrir isso, e o que é pior, acarreta muito gasto em tempo e dinheiro. Você pode ter um cozinheiro e um alfaiate, mas isso não seria muito autêntico, ou passar à função inferior, o que seria um desperdício de tempo por esta ser primitivamente vagarosa.

Vocês sabem que em países primitivos é impossível apressar as pessoas. Se você for ao Egito, não adianta pedir um táxi para as 9 da manhã esperando estar no Nilo ou no Túmulo dos Reis às 10, porque as coisas lá não funcionam assim. Todos que viajam para o Oriente sabem que têm que suportar atrasos de duas ou três horas. Mas assim que você se adapta, a vida fica muito melhor porque você passa por todo tipo de experiências: o carro quebra e você se diverte muito, pois, ao invés de chegar ao Túmulo, você termina no deserto e xinga bastante, e assim por diante. Isso também faz parte da vida! Você não consegue organizar a função inferior. Ela exige muito e lhe toma muito tempo, e é por isso que ela às vezes se torna uma cruz para carregar: torna-nos ineficientes ao tentarmos agir de acordo com ela. Dedicamos a ela muitos domingos e muitas tardes de nossas vidas e nada surge daí — a única coisa que conseguimos é trazê-la à tona. Mas essa é a questão. O tipo sentimento somente demonstrará seu pensamento se começar a pensar sobre algo que não pode usar em seu mundo, nem para investigar nem para estudar. Você não pode usar a função inferior com objetivos utilitários. A essência do brinquedo é que ele não tem objetivo visível e não é útil. Eu diria a um tipo sentimento que aprendesse de cor o que ele precisa para seus exames e não tentar pensar porque ele não conseguiria fazer isso. Ele deve fazer pseudoadaptações, e se o tipo sentimento chegar a uma situação onde ele tem que se portar adequadamente — por exemplo, em um funeral — então ele não deve mostrar seus sentimentos pessoais. Ele deve apenas se comportar e fazer o que for convencional com flores e condolências; isso seria então sua pseudoadaptação. Para ter contato com seu sentimento verdadeiro, o tipo pensamento deve encontrar uma situação na qual possa brincar, e aí tudo será diferente. Então a primeira coisa a fazer é sair do campo da adaptação e manter a pseudoadaptação onde esta for necessária. Eu acho que ninguém pode realmente desenvolver a função inferior antes de ter primeiro criado um *temenos,* quer dizer, um lugar sagrado e oculto onde possa brincar. A primeira coisa é encontrar um espaço para brinquedos à Robinson Crusoé, e então livrar-se dos olhares indiscretos! Como as crianças, precisamos de um lugar e um tempo para nós sem interferências dos adultos.

Voltando ao nosso livro — depois do clímax da felicidade que atingiram ao encontrar a fonte, o fim trágico segue-se relativamente rápido. O pequeno príncipe pede a Saint-Exupéry que desenhe uma mordaça para a ovelha para que ela não coma sua rosa, e assim, Saint-Exupéry fica sabendo que o pequeno príncipe vai partir. Ele continua o conserto e termina-o justamente na noite que ouve o pequeno príncipe combinando um encontro noturno com alguém. Ele corre para ver com quem ele está conversando.

Havia, ao lado do poço, a ruína de um velho muro de pedra. Quando voltei do trabalho, no dia seguinte, vi, de longe, o principezinho sentado no alto, com as pernas balançando. E eu o escutei dizer:

— Tu não te lembras então? Não foi bem aqui o lugar!

Uma outra voz devia responder-lhe, porque replicou em seguida:

— Não; não estou enganado. O dia é este, mas não o lugar...

Prossegui o caminho para o muro. Continuava a não ver ninguém. No entanto, o principezinho replicou novamente:

— ...Está bem. Tu verás onde começa, na areia, o sinal dos meus passos. Basta esperar-me. Estarei ali esta noite.

Eu me achava a vinte metros do muro e continuava a não ver nada. O principezinho disse ainda, após um silêncio:

— O teu veneno é do bom? Estás certa de que não vou sofrer muito tempo?

Parei, o coração apertado, sem compreender ainda.

— Agora, vai-te embora, disse ele... eu quero descer!

Então baixei os olhos para o pé do muro, e dei um salto! Lá estava, erguida para o principezinho, uma dessas serpentes amarelas que nos liquidam num minuto. Enquanto procurava o revólver no bolso, dei uma rápida corrida.

Mas, percebendo o barulho, a serpente se foi encolhendo lentamente, como um repuxo que morre. E, sem se apressar demais, enfiou-se entre as pedras, num leve tinir de metal.

Cheguei ao muro a tempo de receber nos braços o meu caro principezinho, pálido como a neve.

— Que história é essa? Tu conversas agora com as serpentes?

Desatei o nó do seu eterno lenço dourado. Umedeci-lhe as têmporas. Dei-lhe água. E agora, não ousava perguntar-lhe coisa alguma. Olhou-me gravemente e passou-me os bracinhos no pes-

coço. Sentia-lhe o coração bater de encontro ao meu, como o de um pássaro que morre, atingido pela carabina. Ele me disse:
— Estou contente de teres descoberto o defeito do maquinismo. Vais poder voltar para casa...
— Como soubeste disso?
Eu vinha justamente anunciar-lhe que, contra toda expectativa, havia realizado o conserto!
Nada respondeu à minha pergunta, mas acrescentou:
— Eu também volto hoje para casa...
Depois, com melancolia, ele disse:
— É bem mais longe... bem mais difícil...
Eu percebia claramente que algo de extraordinário se passava. Apertava-o nos braços como se fosse uma criancinha; mas tinha a impressão de que ele ia deslizando verticalmente no abismo, sem que eu nada pudesse fazer para detê-lo...
Seu olhar estava sério, perdido ao longe:
— Tenho o teu carneiro. E a caixa para o carneiro. E a mordaça...
Ele sorriu com tristeza.
Esperei muito tempo. Pareceu-me que ele ia se aquecendo de novo, pouco a pouco:
— Meu querido, tu tiveste medo...
É claro que tivera. Mas ele sorriu docemente.
— Terei mais medo ainda esta noite...
O sentimento do irreparável gelou-me de novo.

O pequeno príncipe tremia quando Saint-Exupéry correu até ele, tomando-o nos braços e confortando-o, mas ele sabe que não conseguirá fazer nada, pois é tarde demais e tudo está perdido. Ele já tinha ficado marcado anteriormente pela sensação de impotência e incapacidade de salvar alguém da morte quando seu irmão faleceu. Quando ele descreve a morte de alguém em seus livros, sempre fala da terrível sensação de impotência. Fica-se com a terrível sensação que a pessoa está nos deixando e que não podemos fazer nada para retê-la ao nosso lado. Aqui encontramos a mesma sensação, pois ele compreende que o pequeno príncipe havia combinado um encontro com a serpente a fim de ser morto por ela, e Saint-Exupéry compreende que não pode fazer nada para impedir isso.

O pequeno príncipe tenta consolá-lo ao invés de ser consolado por ele. E continua:

— *As pessoas têm estrelas que não são as mesmas. Para uns, que viajam, as estrelas são guias. Para outros, elas não passam de pequenas luzes. Para outros, os sábios, são problemas. Para o meu negociante, eram ouro. Mas todas essas estrelas se calam. Tu, porém, terás estrelas como ninguém...*

— *Que queres dizer?*

— *Quando olhares o céu de noite, porque habitarei uma delas, porque numa delas estarei rindo, então será como se todas as estrelas te rissem! E tu terás estrelas que sabem rir!*

E ele riu mais uma vez.

—*E quando te houveres consolado (a gente sempre se consola), tu te sentirás contente por me teres conhecido. Tu serás sempre meu amigo. Terás vontade de rir comigo. E abrirás às vezes a janela à toa, por gosto... E teus amigos ficarão espantados de ouvir-te olhando o céu. Tu explicarás então: "Sim, as estrelas, elas sempre me fazem rir!" E eles te julgarão maluco. Será uma peça que te prego...*

E riu de novo.

— *Será como se eu te houvesse dado, em vez de estrelas, montões de guizos que riem.*

E riu de novo, mais uma vez. Depois, ficou sério:

— *Esta noite... tu sabes... não venhas.*

— *Eu não te deixarei.*

— *Eu parecerei sofrer... eu parecerei morrer. É assim. Não venhas ver. Não vale a pena...*

— *Eu não te deixarei.*

Mas ele estava preocupado.

—*Eu digo isto... também por causa da serpente. É preciso que não te morda. As serpentes são más. Podem morder por gosto...*

— *Eu não te deixarei.*

Mas uma coisa o tranquilizou:

— *Elas não têm veneno, é verdade, para uma segunda mordida...*

Embora Saint-Exupéry prometa não deixar o pequeno príncipe, ele perde a ocasião de acompanhá-lo. O texto continua:

Essa noite, não o vi pôr-se a caminho. Evadiu-se sem rumor. Quando consegui apanhá-lo, caminhava decidido, a passo rápido. Disse-me apenas:
— *Ah! Estás aqui...*
E ele me tomou pela mão. Mas afligiu-se ainda:
— *Fizeste mal. Tu sofrerás. Eu parecerei morto e não será verdade...*
Eu me calava.
— *Tu compreendes. É longe demais. Eu não posso carregar esse corpo. É muito pesado.*
Eu me calava.
— *Mas será como uma velha casca abandonada. Uma casca de árvore não é triste...*
Eu me calava.
Perdeu um pouco de coragem. Mas fez ainda um esforço:
— *Será bonito, sabes? Eu também olharei as estrelas. Todas as estrelas serão poços com uma roldana enferrujada. Todas as estrelas me darão de beber...*
Eu me calava.
— *Será tão divertido! Tu terás quinhentos milhões de guizos, eu terei quinhentos milhões de fontes...*
E ele se calou também, porque estava chorando...
— *É aqui. Deixa-me dar um passo sozinho.*
E sentou-se, porque tinha medo.
Disse ainda:
— *Tu sabes... minha flor... eu sou responsável por ela! Ela é tão frágil! Tão ingênua! Tem quatro espinhos de nada para defendê-la do mundo...*
Eu sentei-me também, pois não podia mais ficar de pé.
Ele disse:
— *Pronto... Acabou-se...*
Hesitou ainda um pouco, depois ergueu-se. Deu um passo. Eu... eu não podia mover-me.

Saint-Exupéry senta-se, e então, repentinamente, o pequeno príncipe se levanta e dá um passo — e agora vem a frase decisiva: "Eu não podia mover-me". Saint-Exupéry não pode fazer nada. Ele permanece sentado.

Houve apenas um clarão amarelo perto da sua perna. Permaneceu, por um instante, imóvel. Não gritou. Tombou devagarinho como uma árvore tomba. Nem fez sequer barulho, por causa da areia.

Depois de um tempo, Saint-Exupéry se lembra com horror que ele se esqueceu de desenhar a correia para a mordaça do carneiro, de modo que o pequeno príncipe jamais conseguirá detê-lo. De agora em diante, ele ficará se atormentando se o carneiro comeu a rosa ou não, a cada vez que olhar para as estrelas. Então segue-se a última figura. Ele diz:

Esta é, para mim, a mais bela paisagem do mundo, e também a mais triste. É a mesma da página precedente. Mas desenhei-a de novo para mostrá-la bem. Foi aqui que o principezinho apareceu na terra, e desapareceu depois.

Olhem atentamente esta paisagem para que estejam certos de reconhecê-la, se viajarem um dia na África, através do deserto. E se acontecer passarem por ali, eu lhes suplico que não tenham pressa e que esperem um pouco bem debaixo da estrela! Se então um menino vem ao encontro de vocês, se ele ri, se tem cabelos de ouro, se não responde quando interrogam, adivinharão quem é. Então, por favor, não me deixem tão triste: escrevam-me depressa que ele voltou...

Devemos examinar bem esta parte pois é cheia de simbolismos. Primeiro devemos dizer que o pequeno príncipe tem de morrer como qualquer ser humano para voltar à sua estrela. Ele diz que seu corpo é pesado demais para essa viagem. Esse é um motivo muito estranho, pois se você pensar no pequeno príncipe como uma figura psicológica interior — um símbolo do *Self* dentro de Saint-Exupéry —, então ele não precisaria se desfazer de seu corpo. Ele já estaria no reino psicológico e poderia voltar quando quisesse — poderia visitar a terra e retornar ao seu planeta. Ele havia sido trazido pelos pássaros apesar de seu corpo, e por que não poderia voltar da mesma maneira? Mas quero ressaltar o fato de ele possuir corpo e alma. O que isso significa?

Resposta: Que ele foi introduzido no reino humano.

Sim, ele se encarnou até certo ponto. Ele não é um conteúdo do inconsciente que permaneceu no Além, no inconsciente. Ele já se encarnou no reino humano, tornou-se fisicamente real, por assim dizer, e mostra que esse símbolo é uma mistura da sombra infantil e um símbolo do *Self*. De certa forma, o pequeno príncipe é um símbolo impuro; isto é, ele é em parte a sombra infantil, que já está encarnada, e um símbolo do *Self*, que não está encarnado. Como símbolo do *Self*, está no Além e é eterno, e a morte não existe; há apenas um aparecimento e desaparecimento fora e dentro desse reino — exatamente como vivenciamos o *Self*. Se olharmos para ela da perspectiva do *Self*, isso significa que ela às vezes toca o reino da consciência humana e então desaparece. Mas por possuir um corpo, ela encarnou-se em nós — em nosso reino. Tornou-se audível e visível através de nossas ações, tornou-se parte de nós, e assim o problema é difícil. A cobra mata a sombra, pois a cobra pode apenas envenenar esse corpo e assim libertar o símbolo do *Self* do corpo que habitou. A outra possibilidade seria a encarnação ter continuado, e o símbolo do pequeno príncipe ter evoluído para um nível mais adulto e diferenciado. Mas nessa situação de transição, o desenvolvimento é interrompido bruscamente pela picada da cobra.

Saint-Exupéry descreve a coincidência de maneira bastante artística: no exato momento que consegue consertar o motor e voltar para o mundo dos homens, o pequeno príncipe decide partir. Saint-Exupéry parte para o mundo dos homens e ele parte para o Além. Por ser essa história uma mistura de simbolismos do bem e do mal desde o início, não se sabe nesse momento se a partida dos dois não é realmente um desenvolvimento positivo; pode-se dizer que agora, depois dessa experiência com o *Self* e com o Além, Saint-Exupéry pode voltar à adaptação normal ao seu mundo, e o símbolo de *Self*, com o qual ele deveria se deparar nesse momento crucial, poderia voltar para onde veio.

Este seria o aspecto positivo desse momento trágico. Mas, ao mesmo tempo, de algum modo sentimos que isso é negativo, pois o próprio Saint-Exupéry segue, em breve, o pequeno príncipe para o Além. Podemos dizer, então, que na verdade não houve separação entre eles. A parte humana, isto é, Saint-Exupéry, seguiu a outra, e assim a partida do pequeno príncipe torna-se uma antecipação da morte de Saint-Exupéry. Podemos também acrescentar o fato de que Saint-Exupéry não queria aceitar a partida do pequeno príncipe como você pode ver pelas últimas palavras do livro:

"Assim, se você algum dia encontrar um menino que ri, que tem cabelos dourados e que se recusa a responder a perguntas, você saberá quem é. Se isso acontecer, por favor me console. Mande-me dizer que ele voltou".

Saint-Exupéry não desistiu. Ele não consegue aceitar a separação, embora fique claro que é muito improvável que o pequeno príncipe volte algum dia. Ele não sacrifica a relação. Esse é outro dado fatal, pois se a pessoa não sacrifica tal experiência depois de tê-la vivido, permanece uma constante pulsão de morte e da inconsciência na esperança de vivê-la de novo.

Essa é uma experiência muito perigosa e típica da neurose do *puer aeternus*. Por estar geralmente tão próximo do inconsciente, ele vivencia em sua totalidade o que lhe dá um sentimento positivo a respeito da vida. Mas ele não consegue fazer mais nada. Ele apenas senta e espera para que tais vivências se repitam. E assim ele se distancia do inconsciente, pois a principal característica dessas experiências é variar sempre a forma de se apresentarem. A experiência do *Self* não se repete, mas geralmente retorna em momentos de desespero, quando a pessoa não espera. Ela se volta para uma direção totalmente oposta e de repente surge em uma forma diferente. Por ser a vida e a própria renovação da vida e o fluir da vida, ela não *pode* se repetir. Haveria aí uma contradição. Portanto, se alguém tiver uma experiência com o *Self*, o único modo de não se contaminar e não tomar o caminho errado depois, é esquecer e continuar a vida como se nada houvesse acontecido. Quanto mais o ego se agarra a ela e a quer de volta, mais a pessoa a afasta através do próprio desejo do ego. O mesmo ocorre com o amor positivo ou experiências sentimentais. As pessoas que fazem demandas infantis sobre as outras todas as vezes que têm experiências positivas com o amor, sempre querem perpetuá-las, e forçar para que elas se repitam novamente da mesma maneira. Eles dizem: "Vamos fazer o mesmo passeio de barco para sentirmos o mesmo que sentimos naquele domingo maravilhoso". Pode estar certo que vai ser um terrível fracasso. Você pode tentar para ver como *não* funciona. Isso sempre mostra que o ego não conseguiu aceitar a experiência do *Self* de maneira adulta, mas que a avidez infantil foi despertada. A experiência positiva provocou essa atitude infantil — que esse é o tesouro que deve ser guardado! Se você tiver tal reação, você perseguirá a experiência inutilmente, pois ela nunca se repetirá. Quanto mais você desejar e procurar, mais ficará preso no desejo consciente.

O mesmo se aplica ao trabalho do artista quando, através de uma inspiração inconsciente, produz algo excepcionalmente bonito, e assim quer continuar no mesmo estilo. Foi um sucesso e o trabalho é admirado, e então ele sente que produziu algo de valor. Ele quer repeti-lo, tornar a pintar ou escrever do mesmo modo, mas não consegue! As tentativas dão em nada — a chama divina se apagou — o gênio entrou na lâmpada e não sai mais. Frequentemente acontece aos jovens produzirem algo que se tornou o grande sucesso e depois disso ficaram estéreis por muito tempo, pois a ambição do ego os bloqueia. Essa é a trajetória do *wunderkinder,* a criança precoce que para de produzir pois não consegue superar essa dificuldade. A única solução é dar as costas e não olhar para trás. Mas Saint-Exupéry olha para trás — "Mande-me notícias sobre sua volta" — como se estivesse sempre esperando repetir a experiência. E isso é fatal.

A cobra morde o pequeno príncipe no calcanhar, que é o lugar preferido pelas cobras. Há também um tema mitológico a esse respeito. Você já ouviu falar no calcanhar de Aquiles, o único lugar vulnerável de seu corpo. Muitos outros deuses que têm o poder da cura foram atingidos no pé. Um exemplo disso é Filoctetes, descrito por Kerényi em seu trabalho "Heroes Iatros" que significa "O herói curador". Nesse trabalho ele pesquisa todo o material grego sobre os deuses e demônios que curam:

Asclépio, Chivron e outros, todos os quais foram, de acordo com certos autores, feridos, e, portanto, podem curar. É necessário ser ferido para ter o poder de curar. Essa é a imagem típica do tema mitológico universal, que foi apresentada no livro escrito por Eliade sobre a iniciação de pajés e curandeiros. Ninguém se torna um ou outro sem primeiro ter sido ferido: por exemplo, tendo sido cortado pelo iniciador que inseriu algumas pedras mágicas em seu corpo através desse corte ou coisa parecida. Geralmente as experiências são místicas: estrelas, demônios ou espíritos são os agentes dos ferimentos. Mas sempre eles têm de ser furados ou cortados antes de se tornarem curandeiros, pois é assim que adquirem a capacidade de curar outras pessoas. Como você interpretaria isso à luz da psicologia?

Resposta: Ele ficaria conhecendo todo o processo de ser ferido e curado.

Sim. Mas muitas pessoas experimentam o sofrimento e não se tornam curandeiros; praticamente todos poderiam tornar-se curandeiros se dependesse apenas da experiência do sofrimento, pois todos nós sofremos. Todos poderiam ser xamãs, se fosse assim?

Resposta: Superando o sofrimento depois de ter sido ferido.

Sim. Os nativos nas regiões próximas aos polos, por exemplo, dizem que a diferença entre a pessoa comum que sofre e o curandeiro, é que este último consegue resolver seu problema sem ajuda externa. Ele consegue pôr fim a seu sofrimento; ele encontra um modo criativo de sair dele conseguindo, portanto, curar-se sozinho, o que é prerrogativa única. Eliade conta uma história sobre um caçador que curava e que provia de comida a tribo, sendo, portanto, muito poderoso, mas que não ambicionava ser xamã. Contudo, ele pegou uma doença nervosa que o impediu de caçar e percebeu que assim que aprendeu a tocar os tambores como um xamã, sua doença desapareceu; assim que ele conseguiu executar o ritual como um xamã, tocando os tambores, chamando os espíritos e fazendo curas, ele conseguiu curar-se a si mesmo. Mas assim que ficou curado, ele cansou de ser xamã e voltou às caçadas. Então a doença o atacou novamente. No final, ele, lamentando muito, abandonou a caça e tornou-se curandeiro, pois foi o único modo de manter sua saúde. Este é um pungente exemplo de um homem ter sido forçado a buscar sua própria cura depois de ter sido atingido por uma neurose. Naturalmente, quando ele foi inicialmente confinado por sua doença, ele arranjou um xamã para cuidar dele. Mas este não conseguiu curá-lo. Ele teve de curar-se a si mesmo; teve de tornar-se um xamã para conseguir isso. O herói que cura, portanto, é aquele que encontra uma maneira criativa de sair da doença, um modo que não se enquadra nos procedimentos usuais. As pessoas comuns, quando estão doentes, seguem padrões comuns, mas o xamã não se cura pelos métodos comuns; ele tem que encontrar uma maneira original que é a única que se aplica a ele. A personalidade criativa que consegue fazer isso torna-se então capaz de curar e é reconhecida pelos seus pares.

Essa, eu acho, é a explicação mais plausível para esse tema e também a mais simples. Mas, tratando-se da nossa história, você pode também ver as coisas de outra maneira.

Quando o *Self* e o ego juntam-se e entram em contato um com o outro, qual deles fica ferido? Assim que eles se juntam, ambos ficam feridos. Ficar em contato com o ego representa um dano parcial para o símbolo do *Self*, da mesma maneira que representa um dano parcial ao ego entrar em contato com o *Self*. Estas duas entidades não podem se encontrar sem que haja dano para elas. Uma das maneiras pela qual o *Self* pode se ferir é que ao invés de ser uma *totalidade* potencial ele se torna uma realidade *parcial;* em parte ele se torna real dentro do indivíduo — em suas ações e palavras. Esta é uma restrição para o *Self* e para suas possibilidades. O ego, contudo, fica ferido porque algo maior irrompe nele. É por isto que Jung diz que entrar em contato com o processo de individuação acarreta um enorme sofrimento. Isso causa uma grande ferida, pois, colocado de maneira simples, somos roubados de nossa capacidade de organizar nossa vida de acordo com nossa vontade.

Se levarmos o inconsciente e o processo de individuação a sério, não podemos mais organizar nossa vida. Por exemplo, nós achamos que gostaríamos de ir a algum lugar e o sonho diz não, e assim temos que desistir da ideia. Às vezes não tem importância, mas às vezes essas decisões causam muito aborrecimento. Ser privado de sair à noite ou viajar não é tão mau, mas há assuntos importantes e sérios para nós que podem ser vetados pelo inconsciente. Sentimos que fomos sacrificados, pegos em uma armadilha, presos ou pregados na cruz. Desejamos fazer algo de corpo e alma e nosso inconsciente não o aprova.

Em tais momentos sofremos bastante, o que se deve ao encontro com o *Self*. Mas o *Self* também sofre, porque fica de repente preso na atualidade de uma vida humana comum. É em relação a isso que Jung cita as palavras de Jesus, nos Atos de João, nos apócrifos, quando este diz aos apóstolos: "É pelo sofrimento humano que quero passar". Este é o modo mais simples de colocar as coisas. Se não for colocada em contato com os seres humanos, a divindade desconhecerá o sofrimento. A divindade quer experimentar o sofrimento dos homens. Ela também provoca o sofrimento. Os homens não conheceriam o sentimento se não estivessem ligados a algo maior do que eles, ou então sofreriam da maneira que o *animal* sofre: aceitando o destino passivamente. Se você se submeter a tudo o que acontece, da mesma maneira que o *animal* faz, você não sofreria intensamente pois ficaria bloqueado. Os *animais* aceitam as coisas como elas são: se perdem uma perna em um acidente eles simplesmente passam a mancar; se ficam cegos tentam levar a vida sem olhos e provavelmente morrerão de fome. Isso acontece a toda hora na natureza; contudo o homem *sente* tudo o que lhe acontece. Ele tem uma capacidade maior de sofrimento por ser mais consciente. Se perde a perna ou fica cego, o sentimento é maior e mais intenso porque há ego, e portanto a capacidade de rebelar-se contra o destino. Se você conhece alguém que teve de enfrentar um horrível destino, você deve ter visto que terrível revolta essa pessoa sentiu. Suas palavras devem ter sido "Não posso aceitar! Não posso! Por que isso aconteceu comigo? É irreversível, mas não consigo aceitar!"

O *animal* não mostra essa intensidade de sentimentos. Ele tenta se adaptar até que acaba morrendo. Mesmo se suas pernas estiverem paralisadas ele tenta mover-se e geralmente morre nos dentes de algum predador, um fim rápido e piedoso.

É pior para nós, pois graças à medicina moderna o ser humano não morre rapidamente. Somos mantidos vivos nos hospitais e então aparecem os conflitos: "O que significa isso? Por que tenho que continuar vivendo? Em tais casos, o sofrimento torna-se intenso, terrível e constitui um problema religioso. Pode-se dizer, portanto, que o homem é mais vulnerável ao sofrimento intenso e real e isso tem a ver com o fato de que há algo em nós que acha que isso não deveria estar acontecendo; mas se é uma parte de minha vida e é inevitável, então devo saber o seu significado. Se eu souber isso, consigo aceitar o sofrimento, mas se não, tal aceitação torna-se impossível. Já vi pessoas que conseguiram aceitar as coisas que lhes aconteceram com resignação quando viram algum sentido nelas. Embora o sofrimento persistisse, elas possuíam uma espécie de ilha de tranquilidade dentro delas pelo alívio que sentiam ao saber por que sofriam. Mas temos que seguir o caminho de nosso processo de individuação para descobrir a razão de tal sofrimento, pois essa razão é única e diferente em cada indivíduo; portanto, a pessoa deve achar aquele significado único. É por isso que ao procurar o significado de seu sofrimento você procura o significado da sua vida. Você está procurando a estrutura de sua vida, o que mostra porque a pessoa que foi ferida e que tem o dom de curar é o arquétipo do *Self* — um de seus aspectos mais conhecidos — e está no fundo de todo o processo autêntico de cura.

Pergunta: Você quer dizer que o sofrimento, quando é aceito, pode se tornar um meio de comunicação com o Self?

Isso depende da maneira pela qual ele é aceito. Se for aceito com resignação não funciona. Muitas pessoas aceitam o sofrimento, mas porque acham que têm que resignar-se. Elas o suportam passivamente e isso não leva a nada. A aceitação deve ser ativa e positiva, pois só assim a pessoa consegue descobrir o significado daquele sofrimento. Quando ela descobre isso, consegue realmente aceitar sua desgraça. Não se pode sequer dizer o que vem primeiro. Às vezes é o significado que fica claro e depois dele vem a aceitação. Às vezes o contrário ocorre. É estranhamente interligado.

Comentário: Os cristãos pregam o valor do sofrimento, mas, em regra, há resignação demais, não é?

É isso que tenho estado tentando descrever. Se eles têm fé viva, aceitam o sofrimento naturalmente, pois sua religião ensina que o sofrimento purifica e redime a pessoa. Mas se a pessoa não tiver uma fé profunda, como as pessoas que *tentam* acreditar, dizendo: "Devo acreditar porque Jesus sofreu na cruz. Devo aceitar este sofrimento", que é o que a religião ensina, isso não adianta nada. A pessoa está apenas repetindo para si mesma as palavras que ouviu e isso é inútil.

Como você interpreta o fato que essa última ilustração, que é a mais trágica de todas, não é colorida? Você poderia analisar esta gravura? Há apenas uma estrela e duas linhas.

Resposta: Não tem vida. A vida está se esvaindo.

A experiência emocional, sim, a participação emocional está acabando. Agora, o que isso pode significar? De que maneira você pode dizer que a vida está se esvaindo?

Resposta: Quando o pequeno príncipe e Saint-Exupéry se encontram, existe a possibilidade de algo real acontecer.

Sim. Eu sempre quero saber o que a vida está deixando para trás. No início as ilustrações eram muito coloridas, havia uma que o próprio Saint-Exupéry chamava de "ilustração urgente". Esta era a dos baobás, a qual ele dizia ter desenhado com mais capricho e mais cor. E agora deparamos esta — quase sem cor.

Resposta: É uma gravura do microcosmo do momento, não é? É um tipo de mandala.

Não. Eu diria que ela retrata a solidão que se segue à partida. A gravura mostra a junção de duas dunas e a estrela para a qual o príncipe teria voltado. É um quadro que retrata a solidão, mas o que há de errado nela? Seria normal sentir-se solitário e triste depois da partida. Não é um sintoma estranho, é natural.

Resposta: É um deserto e não há vida nele, não há nada crescendo.

Sim, mas é assim mesmo que as coisas deveriam ser nas despedidas. Eu diria que é este desenho que expressa a parti-

133

da e portanto sua tristeza e vazio estão adequados. Mas o que é questionável é o fato de a tristeza não ser mais intensa. É um desenho pobre e inadequado para representar a solidão e a tristeza. Você tem que pensar sobre ele, você não consegue ver emoção nele. Tentem, todos vocês, fazer uma gravura que mostre como você foi abandonado pelos deuses, e vocês verão, como espero, pelo seu próprio bem, que sua imaginação produzirá algo bem mais vívido do que a ilustração de Saint-Exupéry. Naturalmente isso exige um esforço artístico — mas afinal de contas, Saint-Exupéry era um artista — para ilustrar toda a solidão do deserto. Mas desenhe uma planície bem ampla e ponha sentimento nela, retrate sua vastidão solitária e tente expressar a fria tristeza de um céu que possui apenas uma fria e distante estrela. Vocês todos já viram quadros que expressam o sentimento de perda e de desespero e eles lhes transmitem todos esses sentimentos que retratam, o que não é o caso do desenho de Saint-Exupéry. Você tem que imaginar o que ele está tentando expressar. Você acha que deve ser tristeza, mas esta não lhe atinge nem lhe aperta o coração, porque não há força. Por que ele não a fez toda cinza? Se ele tivesse usado um cinza tristonho você poderia perceber o sentimento inerente a ela. Por que ele não fez o céu de forma que este aparecesse como uma imensa abóbada cobrindo tudo, dando-nos arrepios ao olhar? Aqui não sentimos tristeza nem arrepios. Você tem que substituir a reação emocional pelo pensamento. Há algo faltando.

Comentário: Tudo está simplesmente morto.

Sim, está morto — e não há tristeza nem lamentações!

Comentário: Mas a descrição no livro está cheia de nostalgia.

Sim, a descrição está, mas não o desenho, e embora a descrição seja melancólica, é muito infantil. Há apenas a esperança de que ele volte algum dia. "Por favor, entre em contato comigo". Isso sugere os meios mais comuns, como um cartão postal, um anúncio no rádio sobre uma pessoa desaparecida — um pedido para que a polícia seja informada. Mas, a não ser para a criança inconsolável que quer recuperar seu brinquedo, esta é uma atitude bastante fria.

Comentário: Talvez ele não tenha compreendido que se tratava de um deus. De outro modo ele nunca teria pedido para ser avisado desse modo!

Está certo! Estranho apelo ao mundo para que lhe informem — "se você encontrar meu deus!..." Sim. Você se confronta com o vulcão extinto novamente. A intensidade emocional não é grande o bastante, e é isso que é perigoso. Isso é típico da pessoa que simplesmente reage dizendo: "Oh, sim, sim, sim!" em tais situações trágicas. Às vezes isso é apenas fingimento, ou a pessoa concorda apenas para não enfrentar a situação, mas você percebe pelas mãos frias e por outros sintomas que a emoção está presente. Mas se não houver emoção — se o vulcão estiver extinto — então existe o perigo.

Comentário: Acho que o próprio Saint-Exupéry era muito intuitivo e pensava que era isto um episódio que tinha que chegar ao fim, como na ocasião em que ele tinha caído no deserto. Sendo que neste livro temos a impressão de que a sua situação com o pequeno príncipe no deserto é transitória. A simplicidade desta ilustração, juntamente com a história, me faz sentir que não há desilusão porque a inevitabilidade desse fim era esperada por ele.

Essa perspectiva coloca muito peso no intelecto. Acho que você tem razão, mas vejo isso como uma mórbida reação de Saint-Exupéry. Suponha que alguém que você ama morre de uma doença incurável. Você compreende, em um nível racional, que essa situação tem que terminar. Você vai perder essa pessoa e foi avisado pelos médicos que ela durará umas três semanas, mas isso não significa que você não terá nenhuma reação emocional. Saber que a separação é inevitável não evita sua dor. É isso que quero dizer. É claro que a estada de Saint-Exupéry no deserto com o pequeno príncipe tinha que terminar. Mas a frieza de Saint-Exupéry é típica, pois as pessoas que reprimem seus sentimentos e emoções para evitar o sofrimento, ou porque são incapazes de sentir e de sofrer, substituem tais sentimentos pela reflexão; elas simplesmente dizem: "Muito bem, tudo está terminado". Esse é um argumento intelectual.

Comentário: Na verdade Saint-Exupéry preparou-se para isso todo o tempo. A história nos dá a impressão de uma ruptura iminente. É interessante notar que, do mesmo modo que sua vida, tratava-se apenas de mais uma experiência destinada a terminar.

Sim, é isso exatamente que marca a falta de intensidade de sentimentos. A pessoa fica constantemente consciente da transitoriedade da vida e portanto está sempre se preparando para o fim — o que é típico do *puer aeternus*. Por exemplo, quando se aproxima de uma garota, o *puer* sabe que no final encontrará decepção e separação, e então ele não se entrega; ao invés disso, ele está sempre se preparando para dizer adeus. No nível racional ele está certo, contudo, ele não se permite viver plenamente. Ele não consegue dizer: "Naturalmente pode ocorrer desilusão, pois tudo na vida é transitório, mas não vou sofrer por antecipação. Vou me entregar totalmente e aproveitar enquanto durar". Uma coisa não exclui a outra. A pessoa não precisa ser ingênua e crédula, acreditando apenas na felicidade e depois cair das nuvens, mas também não tem que cair no extremo oposto. Ainda assim, é o que muitos neuróticos fazem. Tentam ficar espertos e não sofrer antecipando o sofrimento. Uma pessoa me disse: "Sempre espero o sofrimento chegar e assim ele nunca me pega de surpresa. Tento antecipá-lo na fantasia o tempo todo". Mas isso não deixa que a pessoa viva a vida. Para isso é necessário uma atitude dupla: de um lado ser realista em relação à vida e de outro conseguir entregar-se e ter prazer. A razão e a consciência não podem ter tanto peso, pois de outro modo a vida se tornaria muito empobrecida. O *puer aeternus* tenta o tempo inteiro manter-se à margem da vida, não se entrega para não ser surpreendido por situações desagradáveis.

Comentário: Quando você examina os quadros de Van Gogh você percebe que até mesmo os mais melancólicos estão cheios de força e emoção.

Sim, até a desolação é experimentada em sua totalidade e mesmo o que foi perdido está representado. Às vezes penso o quanto essas pessoas estariam vivas se aceitassem a ideia de sofrer! Se eles não conseguem ser felizes, que pelo menos sintam-se bem infelizes uma vez para que se tornem humanos! Mas muitos *pueri aeterni* não conseguem sequer ser infelizes. Não têm sequer a coragem e a abertura de se exporem a uma situação incerta. Ao invés disso, como covardes, criam pontes pelas quais possam fugir — eles antecipam a decepção a fim de não sofrer o golpe, e isso é uma recusa da vida.

Pergunta: É possível dizer como os sentimentos bloqueados tendem a se expressar? Suponho que eles têm de expressar-se de algum modo; o sentimento recalcado não desaparece.

Eu não o vejo aqui, exceto na espontaneidade temperamental da rosa.

Pergunta: É porque o vulcão está extinto que os sentimentos desapareceram?

Acho que não há sentimento no pequeno príncipe, mas você o vê nas crises temperamentais da rosa. Ela se envolve completamente com o que está fazendo. Quando explode, quando fica zangada ou exigente, é para valer. Ela se mostra inteira. Pelo menos, ela vive cada momento intensamente. Parece que a ex-esposa de Saint-Exupéry era assim. Tinha uma grande capacidade de reagir espontaneamente e até exageradamente — externando seus sentimentos.

Observação: Penso que o sentimento é expresso em todo o livro na forma de sentimentalismo.

Sim, o que indica a falta de sentimento, já que foi substituído pelo sentimentalismo. Este é outro aspecto da ilustração. Como você interpretaria o fato de o pequeno príncipe querer uma mordaça para a ovelha, para que esta não comesse a rosa? Você vê como as coisas funcionam: ele quer a ovelha para comer os brotos de baobá, e, naturalmente, se ele a deixar solta ela não vai distinguir a rosa do baobá e comerá de tudo. Assim o pequeno príncipe colocaria a redoma em volta da rosa e deixaria a ovelha solta; depois soltaria a rosa e colocaria a mordaça na ovelha. Assim conseguiria manter a ovelha longe da rosa. Sendo o desenho a forma de criação em seu mundo, ele quer que Saint-Exupéry desenhe a mordaça que pode ser colocada na caixa junto com a ovelha e que impedirá que a rosa seja devorada. Mas a correia da mordaça é deixada para trás no tumulto da partida, e quando Saint-Exupéry se dá conta disso mais tarde, ele se pergunta: "O que vai acontecer?" E acha que vai passar a vida inteira torturado, sem saber se a ovelha comeu a rosa ou não. Como vocês interpretariam isso?

Comentário: Seu lado animal não está integrado e há perigo de ele se tornar destrutivo.

Sim, mas o que importa é lembrar que você está lidando tanto com esta terra como com o Além. Você se lembra que quando falamos da ovelha eu disse que ela poderia ser a causa de um pequeno, porém fatal acidente, como acontece nos campos de aviação que servem ao mesmo tempo como pastos para esses *animais*. Já falamos também de como ela representa o homem gregário. O aspecto negativo das ovelhas é o modo pelo qual elas reagem instintivamente de maneira coletiva. Os pastores costumam colocar alguns bodes no meio do rebanho, pois no caso de um lobo aparecer, os bodes não perderiam a cabeça como fazem os carneiros que entram em pânico e põem o rebanho a perder. Contudo, os lobos aprenderam a matar primeiro os bodes para então espalhar o pânico no meio do rebanho. Se a ovelha é o elemento coletivo que impede que o processo de individuação ocorra, não seria de admirar que ela comesse a rosa. Como uma mandala, a rosa é também o núcleo do processo de individuação, e o que vemos no livro é o terrível fato de ela ser destruída pelo outro lado — o Além. Nesta terra, a ovelha não é totalmente negativa; o *puer aeternus* não precisa de adaptação coletiva. Geralmente ele é o tipo de individualista que não se adapta suficientemente à coletividade; por exemplo, a maioria deles se esquiva do serviço militar por não querer fazer parte de um "rebanho". E, no entanto, não lhes faria mal algum adaptar-se a regras coletivas. Mas neste caso, a coletividade estende-se à estrela, onde não deveria haver nenhum rebanho. É esse mecanismo que é trágico: se a pessoa for radical demais para não aceitar as regras impostas pela sociedade, ela se torna extremamente individualista, pois se julga alguém muito especial — com a convicção neurótica e equivocada de ser incompreendida por todos e que se sente tão solitária por ser tão incompreendida pelos outros que não passam de seres limitados, insensíveis e ignorantes — enquanto ela é uma alma tão delicada — pois a pessoa tem todas essas falsas pretensões e por causa delas não se adapta à humanidade. Eu já disse que sempre que falo sobre o *puer aeternus* as pessoas que me ouvem lembram-se de conhecer muitas pessoas com essas características, o que mostra que o *puer aeternus* não é tão original assim! Ele faz parte de um grupo — o grupo dos *pueri aeterni*, e nada mais; isto é, quanto mais ele representa o papel de príncipe, com a convicção de ser alguém especial, mais ele mostra ser um tipo comum de neurótico — um tipo que se enquadraria em um quadro clínico capaz de abranger quase todos os aspectos de sua personalidade. Suas reações são padronizadas e não algo próprio dele mesmo. Ele se torna um tipo estereotipado. Torna-se também um arquétipo, e quando você se torna um arquétipo você deixa de ser original. É por isso que às vezes, ao deparar-se com um *puer,* você pode dizer-lhe: "Não é assim e assim que você pensa? Você não tem problemas com isto e aquilo? Não é assim que se dá seu envolvimento com as mulheres?" E então ele responde: "Céus! Como adivinhou? Como pode me conhecer?" Se você se identifica com um arquétipo, conseguirei descrever todas as suas reações, pois um arquétipo é um determinado conjunto de reações, e uma pessoa pode parcialmente prever como um *puer* vai ser e como se sentirá. Ele é meramente o arquétipo do deus eternamente jovem e, portanto, tem todas as características desse deus: seu desejo nostálgico pela morte; a convicção de ser alguém especial; ele é o ser sensível entre as ovelhas ignorantes. Ele terá problemas com a sombra agressiva e destrutiva que ele não vai desejar vivenciar e, portanto, projetará, e assim por diante. Não há nada de especial nisso. Quanto mais se identificar com o deus-criança, menos original será a pessoa, apesar de seu julgamento contrário. Quando as pessoas ficam esquizofrênicas e deliram dizendo que são Jesus Cristo, podemos dizer que esse delírio é típico dos esquizofrênicos. O Dr. Jung tinha dois Jesus Cristos no asilo, e apresentava um ao outro dizendo: "Este é o Sr. Miller. Ele pensa ser Jesus. E este é o Sr. Meyer que pensa ser Jesus". E então deixava-os sozinhos. Depois de algum tempo, encontrava-os cada um em um canto. Então lhes perguntava se tinham decidido qual era o verdadeiro Jesus e ambos lhes diziam: "Ele é completamente megalomaníaco!" Eles viam isso claramente no outro! O diagnóstico estava correto em relação ao outro.

Capítulo 6

Para ilustrar o que vimos em *O pequeno príncipe,* eu gostaria de apresentar um material. Não posso chamá-lo de estudo de caso porque, como você verá, meu contato com o *puer aeternus* foi estranho e não posso chamar o que houve de tratamento.

Trata-se do caso de um jovem que conheci quando ele tinha trinta e um anos. Ele era de um país do centro da Europa. Quando era pequeno seu pai possuía uma pequena floricultura e era decorador, mas suicidou-se com um tiro quando o menino tinha seis anos. Não fiquei sabendo a razão desse suicídio e o rapaz também não sabia. O casamento não foi feliz, ao que parece, pois o menino lembrava-se de discussões constantes. Ele foi criado pela mãe, que continuou com a floricultura depois da morte do marido. O menino desejava vir a ser um pintor. Na verdade, tinha bastante talento. Desde a idade de dezoito anos havia sofrido de claustrofobia e mal podia sair às ruas para evitar encontrar policiais, pois estava certo de que estes o prenderiam. Ao avistar um policial entrava em pânico e saía em desabalada carreira. Essa fobia tornava a vida muito difícil para ele, pois estava sempre fugindo ou se esgueirando pelas esquinas como se fosse um criminoso procurado. Ele também temia muito a noite, e o crepúsculo o deixava em agonia. Tinha insônia, e isso lhe causava pavor. Também se masturbava, naturalmente, pode-se dizer. Outra fobia que surgiu bem mais tarde era de cruzar qualquer tipo de fronteira, o que é causa de muito transtorno para quem mora na Europa! Foi em relação a essa dificuldade que fui procurada.

Eu havia viajado para algum lugar no estrangeiro para fazer palestras sobre a teoria de Jung. Mais tarde, recebi dele um cartão postal dizendo que havia algumas coisas que gostaria de discutir comigo em relação à palestra e também sobre um problema pessoal. Terminava marcando um encontro comigo em determinada hora e local. Reservei um horário para ele, mas ele não compareceu! Mais tarde, recebi outro cartão postal sem nenhum pedido de desculpas, que simplesmente dizia: "Sou eu de novo" e marcava outro encontro comigo. Mais uma vez, ninguém apareceu. Como descobri mais tarde, ele ia até a fronteira da Suíça e não conseguia atravessá-la, voltando para casa. Como não queria explicar isso por escrito, ele simplesmente não aparecia. Recebi um terceiro cartão idêntico ao segundo, mas desta vez não o esperei. Então, inesperadamente, ele bateu em minha porta e explicou, delicadamente, que havia escrito duas vezes, mas não conseguira chegar porque teve medo. A única explicação que conseguiu dar para sua fobia foi que uma vez ele estava pintando muito perto da fronteira de algum país, sem saber que estava praticamente nos limites desse país, e havia sido preso por um guarda que lhe pediu o passaporte, que ele não trazia consigo. Ficara preso por 2 ou 3 horas enquanto os guardas ligavam para a cidade dele e investigavam, soltando-o depois com muitas desculpas. Ele disse que o fato não o assustara ou perturbara especialmente, e que depois disso continuou normalmente a atravessar as fronteiras. Mais tarde confessou que antes disso já temia atravessar as fronteiras e percebi que o incidente só fez reforçar a fobia preexistente. Ele também me contou que uma vez havia recebido tratamento de choque e fora internado, mas nunca consegui saber detalhes desse episódio, pois não se dispunha a falar sobre ele. Pode-se dizer que esse era um caso de pós-psicose. Ele praticamente não tinha dinheiro e queria viver em uma barraca de acampamento durante o tratamento comigo. Ele era bastante alto, tinha cabelos louros e cacheados e olhos azuis. Tinha a aparência de um jovem deus-sol e usava um casaco *Jean Cocteau* azul-celeste que lhe caía muito bem. Conversei com ele algumas horas naquela tarde e obtive as informações acima. Então ele acampou perto da cidade, mas à noite — era verão — houve uma terrível tempestade e teve tanto medo da noite e da chuva que correu para um hotel, gastando o pouco dinheiro que possuía. Assim, teve que partir no dia seguinte, e nunca mais o vi. Quando conversamos, eu lhe disse algumas coisas sobre a problemática do *puer aeternus* e delineei alguns de seus problemas, do que ele não gostou muito. Não esperava ter notícias dele de novo, e pensei que ele não passaria de um meteoro na minha vida, aparecendo e desaparecendo para sempre. Mas, após quinze dias, recebi uma carta dele dizendo que não tinha gostado do que eu disse a ele, que ficara muito zangado comigo e muito decepcionado por sua heroica viagem ter tido um final tão infeliz. Porém, mais tarde tinha considerado a questão e chegara à conclusão de que afinal de contas eu não estava totalmente errada sobre o que lhe dissera e, além disso, tinha acontecido algo que provou que eu tinha posto o dedo na ferida. Então contou-me a história que relatarei mais adiante. Perguntou-me se podia escrever de vez em quando, e se eu responderia suas cartas. Essa correspondência durou cerca de um ano, quando trocamos apenas umas 3 cartas. Isso aconteceu há dez anos atrás[19], e só vim ter notícias dele há cinco anos, quando encontrei uma pessoa que o conhecia e que disse que ele ia bem e continuava a pintar. Depois soube que havia casado, e que mais tarde tinha morrido de câncer com a idade de 45 anos.

No final de sua primeira carta ele escreveu, de maneira desafiadora, que havia tido um sonho logo depois de nosso encontro. Disse que não conseguiu entender nada desse sonho e gostaria de saber o que eu achava dele. O sonho era assim:

"Eu estava no alto de uma montanha com uma garota que não conhecia. Dois homens surgiram e me atacaram. Durante uma luta selvagem com eles fui jogado no abismo. Senti que estava perdido, mas segurei-me numa arvorezinha solitária e assim não cheguei ao fundo".

Isto sintetiza o problema do *puer aeternus*. Ele está sempre no topo. Sempre quer estar por cima. Ele era do tipo Don Juan e tivera muitas mulheres com as quais vivia por duas

---

19. Essa palestra foi dada em 2 de dezembro de 1959.

ou três semanas e então as abandonava. Assim que as coisas pareciam ficar comprometedoras, ele sumia. Não sabia, ou não tinha consciência, que esta situação era anormal, achava que todo mundo era assim. Era, de certa forma, inocente a esse respeito. Não sabia nada sobre a realidade da vida das pessoas que lutam para sobreviver e criar raízes. Por exemplo, nunca havia lidado com o problema de dinheiro. Recebia um pouco de sua mãe e vivia com ele de algum modo, muito modestamente, devo dizer, morando em barracas e assim por diante. No entanto, nunca pensou em ganhar dinheiro, apesar de já ter trinta e um anos. Quando eu disse que uma relação sexual com uma mulher é também um relacionamento onde pode haver sentimento e compromisso, ficou muito surpreendido, pois isso nunca lhe havia ocorrido. Não gostou da ideia. Isso mostra como se coloca no topo da montanha, mas, quando se encontra lá, tem de descer, pois não pode subir mais, e todos os caminhos levam para baixo. Assim é a sua situação psicológica. Eu lhe escrevi dizendo isto. Contudo, é muito perigoso analisar um sonho de alguém que você mal conhece por correspondência, por isso só falei generalidades vagas, tais como: "Você está alto demais. Continuar desse modo significa simplesmente que vai chegar uma hora em que terá que descer". Deixei que ele fizesse as aplicações práticas, pois não sabia quais eram suas possibilidades.

Fiquei sabendo que tinha medo da noite porque, quando deitava sozinho no escuro, sempre tinha uma alucinação na qual um homem muito forte e primitivo ficava de pé ao lado de sua cama, encarando-o. Disse que parecia um boxeador e que não tirava os olhos dele. Isso o aterrorizava. Era óbvio que o homem representava a parte escondida de sua personalidade. Ele não tinha uma aparência feminina, mas era muito nervoso e ansioso e não praticava nenhum tipo de esporte. Era claro que esse outro homem representava a parte de sua masculinidade instintiva que estava faltando. Esse tipo de sombra é muito comum nos *pueri aeterni*. Devido ao complexo materno, ficam tolhidos em relação à expressão física da masculinidade. No caso presente, a sombra é relativamente inofensiva, e portanto prognóstico não tão ruim, porque tal tipo não é muito perigoso em oposição ao tipo criminoso cruel, que possui uma sombra extremamente perigosa.

É a expressão física da masculinidade que o *animus* da mãe que quer manter seu filho com ela, ou destruí-lo, tende a tolher. Tive um incrível exemplo desse fato. Minha vizinha deu ao filho, por ocasião do Natal, um pequeno regador. Por ser inverno, o menino não podia usá-lo no jardim, e nem dentro de casa, é claro. Mas, sendo criança, assim que a mãe saiu da sala ele borrifou o tapete. A mãe teve um ataque, gritou e berrou, bateu muito na criança criando um caso terrível. Ouvi o barulho e decidi interferir. O garoto estava gritando desesperadamente. Quando a mãe me contou o que acontecera não pude deixar de rir, e lhe disse que o menino não ia mesmo conseguir esperar até a primavera. Ela respondeu: "Talvez seja verdade, mas tenho de discipliná-lo, pois, de outro modo, quando ele tiver dezesseis anos vai sair por aí beijando as garotas". Esta foi a sua resposta literal! A criança tinha mostrado um pouco de espontaneidade, independência e desobediência — o desejo de aproveitar a vida e tomar iniciativas — e a mãe percebeu que este era o pequeno homem que havia nele, e que devia ser arrancado pela raiz. Naturalmente, há um simbolismo no regador — aquele que é óbvio — que mais tarde iria levá-lo a beijar garotas no escuro na idade de dezesseis. A fantasia da mãe já estava antecipando isso; ela percebia o pequeno homem manifestando-se espontaneamente — e não conseguia suportar.

Você vê como o *animus* da mãe tolhe tais manifestações, tais como entrar em casa com os sapatos sujos, cuspir, falar palavrões e, em certa fase da vida, falar mal das mulheres – desprezando-as como no caso da raposa e das uvas. Tais coisas são manifestações primitivas de masculinidade — coisas de selvagens, pode-se dizer. Certa rudeza é natural nos meninos, e embora tenham de ser disciplinados não se pode exigir delicadeza deles. A mãe normal percebe isso e diz: "Oh, meninos são mesmo impossíveis". Contudo, ela aceita sua turbulência, embora às vezes se aborreça. Mas a mãe de nosso caso revelou exatamente sua fantasia: ela percebeu o germe da futura independência na atitude do menino. É por isso que, no caso da mãe devoradora, a capacidade do menino de expressar sua masculinidade espontânea é tolhida pelo *animus* dela. Ele jamais pode sujar-se, mostrar-se agressivo ou rude, coisas que dão ao menino a sensação de estar vivo. Na juventude, provavelmente todos vocês frequentaram as festas de Baco e Dionísio, onde tudo era permitido e nas quais se sentiram donos do mundo e completamente vivos. Esta sensação de vitalidade é típica do jovem saudável. Faz a pessoa sentir-se viva e poderosa, e é isso que a mãe devoradora mais detesta, pois inconscientemente sente que é esse impulso de vida que vai afastar seu filho dela e fazê-lo esquecê-la. É por isso que geralmente achamos no *puer aeternus* a sombra cindida de um gorila, de um boxeador ou de criminoso, que representa a masculinidade reprimida. Ela também compensa a fragilidade do ego.

No sonho, a figura da sombra é dupla. Dois homens surgem na frente do sonhador e lutam com ele. Em geral, como já disse antes, quando uma figura aparece no sonho dessa maneira, significa uma brecha no bloqueio da consciência. Nesse caso significa também algo mais, isto é, que a sombra tem um duplo aspecto, positivo e negativo ou regressivo e progressivo. Isso fica claro neste caso. Por exemplo, a figura da sombra pode surgir no sonho na forma de sedução homossexual. Ele poderia ter sido facilmente seduzido por um homossexual do tipo forte. Na verdade, como veremos, ele tem um amigo desse tipo, embora nada tenha acontecido entre eles. Pode-se dizer, portanto, que a figura do boxeador é agora uma constelação dupla no inconsciente: ou é algo que pode se fundir com ele e, neste caso, ele provavelmente se tornaria homossexual e correria atrás dessa sombra em sua forma projetada externamente. Portanto, esse conteúdo cindido pode arruiná-lo, levando-o a uma interpretação errônea, ou pode ajudá-lo. Pelo seu comportamento podemos ver quão ambígua é essa dupla figura: os dois homens o empurram no abismo. Se não fosse a árvore, ele teria morrido, o que significa que a sombra, quando ataca de repente a consciência egoica, provoca a morte súbita do tipo. Tal sombra pode salvá-lo ou destruí-lo. Já vi casos de destruição pela sombra.

Lembro-me do caso de um homem que foi totalmente devorado por sua mãe e que se tornou quase moça. Era artista e vivia muito fora da realidade. Quando seus pais morreram ele foi deixado em péssima situação financeira. Apareceu um primo muito sem escrúpulos e do tipo realista e propôs-lhe um plano para burlar a companhia de seguros. O jovem que jamais havia trabalhado e nunca enfrentara a realidade foi levado para o mau caminho. O primo o convenceu de que todos procuravam tirar vantagem em tudo, e que era só assinar um papel para receber o seguro. Ele concordou, sem ter plena consciência das implicações morais de seu ato, e logo depois foi parar na prisão. Naturalmente, o primo havia tomado providências para não se comprometer.

Outro caso no qual a sombra provocou terríveis acontecimentos foi o de um rapaz mantido numa redoma por sua mãe. A primeira vez que saiu de casa foi para ir a uma grande cidade. Como nunca havia tido nenhuma liberdade, nem sexual nem de qualquer outro tipo, e tendo que mostrar-se sempre tão educado em casa, ficou completamente louco lá. Passou a frequentar os Amigos da Natureza (Natur Freunde) — um grupo de jovens de tendências comunistas que levavam vida muito livre — e lá passou a beber demais e a ficar com uma garota diferente a cada noite. Não haveria nada de errado nisso se ele não o fizesse de maneira frenética e exagerada. Só o vi uma vez, mas percebi que estava completamente esgotado. Avisei-o, dizendo que não me importava com o que ele estava fazendo, mas que não fosse tão compulsivo e exagerado, pois arruinaria sua saúde. Avisei-o também que estava correndo grande risco. Ele olhou para mim irônica e desafiadoramente, como se eu fosse uma tia implicante, e foi tudo. Três semanas mais tarde me ligou. Tinha contraído poliomielite e ficou paralítico pelo resto da vida. Estou certa que pegou essa doença por estar com as defesas tão baixas. É assim que a sombra, na prática, atinge o *puer aeternus:* ou ele morre em acidentes de carro, de avião, ou nas montanhas, ou vai parar na prisão — em muitos casos, de maneira inocente. Vemos, portanto, que a sombra tem duplo aspecto: contém a vitalidade necessária e a masculinidade, mas também uma destruição latente — algo que pode realmente destruir a parte consciente.

As duas figuras da sombra (às quais ele nada conseguiu associar) o venceram. A menos que algo surja para salvá-lo, perecerá. Neste sonho você pode ver pela segunda vez o que já expliquei quando analisamos *O pequeno príncipe*. No caso do *puer aeternus,* o material apresenta-se duplo de um modo estranho: os fatores de salvação e destruição estão muito ligados, e você pode interpretar tudo de uma maneira ou de outra. Um otimista poderia dizer que o *puer aeternus* estava muito alto e, graças a Deus, a sombra o pegou e o fez descer um pouco. A árvore está presente, um símbolo de crescimento. Mas a árvore também pode significar a morte. Pode-se dizer que o *puer aeternus* estava alto demais, e que a sombra ambígua o jogou por terra contra sua vontade. *Parece* acidente. Na verdade, esse homem, no estado em que o vi quando teve o sonho, estava correndo perigo de vida. Poderia ter morrido a qualquer momento. No entanto, como a sombra é ambígua, poderia também ser salvo.

Como se sabe, havia vários cultos à mãe na Ásia Menor e na Síria em louvor a deusa-mãe Cibele. Cibele foi, mais tarde, identificada com a deusa Afrodite. Seu filho era Átis, ou em algumas versões, seu Sacerdote-amante era o belo jovem Átis. Quando Átis se apaixonou por uma ninfa e deixou de se interessar pela deusa-mãe, esta, ciumentamente, fez com que ele ficasse louco e se castrasse. Ele o fez debaixo de uma árvore. De acordo com outra versão, foi também perseguido pelo amante da deusa-mãe Cibele, o deus da guerra Ares. Podemos dizer que foi o *animus* agressivo da deusa-mãe que matou ou castrou o jovem deus. Em Roma, e em várias cidades da Ásia Menor, havia uma festa na qual ramos de árvores eram carregados pelas ruas com imagens do deus Átis penduradas. Existem também versões mitológicas de acordo com as quais ele teria sido transformado em árvore depois de sua morte. Tudo isso pertence naturalmente ao ciclo mitológico do jovem deus moribundo, o luto que se seguiu à sua morte e as cerimônias de primavera relacionadas a seu culto. Aqui, o grande problema é a árvore. Átis na árvore e Cristo na árvore da vida, ou da morte, veiculam a mesma ideia. Pode-se dizer que Átis regrediu a uma forma pré-humana, tornou-se o espírito da árvore. Depois saiu da árvore, isto é, sua vida provém apenas do seu complexo materno, de sua ligação com o inconsciente coletivo, visto que não tem vida própria. É como uma parasita acoplada à árvore. Isso é algo sério, e deve ser considerado. Há casos de jovens ligados à mãe, e não se deve tentar separá-los a força, pois correm o risco de vir a morrer. Só conseguem viver nessa situação parasitária. Se você os colocar na terra como um sistema independente de vida, correm o risco de morrer, pois lhes falta a vitalidade necessária. Isso mostra que temos que abordar tais situações sem preconceito. Se esse tipo de homem liga-se a uma mulher mais velha, dizem que está procurando a mãe e isso não está certo. Essas opiniões são preconceituosas. Ao invés disso, temos que seguir os sonhos e o material inconsciente, pois somente isso pode mostrar se a separação da árvore-mãe é viável. Se não for, podemos causar a morte daquele indivíduo.

O jovem na árvore é uma figura ambígua. Você pode interpretar o sonho positivamente e dizer que a árvore é o símbolo da vida, que é algo que tem raízes, que cresce. Desta perspectiva podemos dizer que o confronto com a sombra faz com que o jovem crie raízes e ocupe seu lugar no mundo e amadureça. Mas se você interpreta isso negativamente, com a árvore (a mãe) como um caixão e como a morte, você pode dizer que com esse confronto o jovem é lançado de volta ao símbolo da mãe-morte e de volta à fonte da vida; isto é, para a mãe, ou, no caso, para a morte. O *puer aeternus* é, de certo modo, o oposto da árvore, porque é uma criatura que não finca raízes no solo. Ele sempre se recusa a viver no presente e a batalhar pela vida no aqui e agora, e é por isso que evita relacionar-se com a mulher a nível mais profundo. Mulher representa compromisso, principalmente se ela quer ter filhos, pois uma família o prenderia para sempre. A árvore significa a falta de liberdade de "sair por aí". O *puer aeternus* e o símbolo da árvore se completam: a árvore o fixa, prendendo-o à terra, mesmo que seja em um caixão.

Na tarde em que conheci o sonhador, ele me falou sobre sua vida de maneira geral, sem fazer associações com o inconsciente. No meio da conversa, disse que uma vez, quando se encontrava em sua cidade natal, seus sintomas desapareceram. Todas as fobias que tornavam sua vida insuportável desapareceram, e ele também não se masturbou. Então ficou muito triste e disse que três semanas mais tarde começaram de novo, e de modo ainda mais intenso. Eu disse que deveríamos examinar cuidadosamente essas três semanas para tentar descobrir como e por que os sintomas cessaram. Ele começou a falar sobre a influência benéfica que a cidade com sua atmosfera exerceram sobre ele, e depois falou que, na verdade, ficara com uma garota lá. Depois de decorridas as três semanas ele a abandonou e partiu para outro lugar. Eu lhe perguntei se não achou estranho esse fato, e se não fizera nenhuma associação entre estar com a garota e a cessação dos sintomas. Tal pensamento nunca lhe ocorrera. Perguntei-lhe por que havia partido, e ele disse que simplesmente tinha ido embora. Com mais algumas perguntas, contou a seguinte história, que já mencionei anteriormente.

Ele conhecia a garota desde a infância. Ela era filha de um vizinho rico e ele sempre a admirava de longe. Era introvertida, muito correta e respeitável e ele sempre a havia visto como linda, distante e inacessível. Desde seus vinte e poucos anos tinha um amigo muito masculino, um escultor, que, de certo modo, lembrava o homem de seu pesadelo. Os dois estavam sempre em contato e uma noite na sala de trabalho deste último eles começaram a conversar sobre essa moça e na possibilidade de seduzi-la. O escultor, que era do tipo Don Juan, estava certo que conseguiria, pois, para ele, toda mulher era seduzível desde que se usasse o tipo correto de aproximação. O sonhador afirmou que isso era impossível e resolveram fazer uma aposta. O sonhador então arranjou um meio de apresentá-los e deixá-los à vontade. De algum modo, a pobre garota caiu na armadilha e o escultor conseguiu ficar com ela aquela noite. Mas a garota parece ter percebido inconscientemente que aquilo não passara de um plano frio e diabólico, e que o escultor não sentia nada por ela, pois depois dessa noite ela fugiu apavorada, e passou a evitá-los sistematicamente.

O jovem ficou terrivelmente chocado com o sucesso do escultor, mas não sabia explicar por que se sentira assim. Nunca mais tentou falar com a moça até encontrá-la na ocasião de sua estada na cidade natal de que falamos acima. Ficou, então, com ela por três semanas, e aí seus sintomas desapareceram.

Na conversa, ficou claro que era ele que desejava a moça, mas que não tinha a coragem nem a virilidade de tentar aproximar-se dela, e assim fez a sombra de seu amigo fazer o que ele próprio queria fazer. Foi uma projeção tão forte que ele não percebeu que se seu amigo conseguisse seu intento, ele próprio ficaria sem nada! Ele estava tão identificado com seu amigo escultor, que, na hora da aposta, estando os dois sob a influência da bebida, pareceu-lhe que ele próprio iria ficar com a garota. Então, quando o escultor triunfamente exibiu o troféu da vitória ele percebeu que estava fora da jogada, que ele havia colocado sua sombra cindida em ação. Para mim, essa foi a explicação para o choque. Para mim, essa garota foi muito importante em sua vida, pois com ela ele conseguiu viver uma vida normal. Mas, quando lhe disse isso, ele me chamou de bruxa e de alcoviteira. Então me retratei, dizendo que não queria forçá-lo a se relacionar com ela, mas não seria mau se ele pensasse sobre isso e talvez tentasse entrar em contato com ela de novo, pensando na possibilidade de um relacionamento. Mas mesmo esse aconselhamento leve causou-lhe tanta raiva que ele partiu. Ele me escreveu para dizer que foi essa parte da conversa que o fez desistir de mim, além do fato de não ter dinheiro. Voltou tristemente para seu estúdio, pensando que não tinha valido a pena todo o tempo e dinheiro gastos comigo. Mas, após quinze dias, pensou que eu podia estar certa em alguns aspectos, e assim escreveu para a garota propondo um encontro, mas nada além disso. Nessa época ela vivia em outra cidade. Ele escreveu à tarde, mas não enviou a carta, pois queria pensar mais sobre o assunto. Quando ele recebeu a correspondência na manhã seguinte, encontrou uma carta dela! Ela havia tomado a iniciativa, e essa coincidência o impressionou muitíssimo! Ela desejava encontrá-lo também, e convidava-o para passar um feriado nacional juntos. Havia usado praticamente as mesmas palavras que ele. Esse foi um acontecimento tipicamente sincrônico. Naturalmente ele não conhecia nada a respeito da sincronicidade, mas esse fato teve um efeito bastante convincente. Então pensou que talvez eu não estivesse tão errada. Perdoou-me depois disso e escreveu-me contando tudo o que aconteceu. Se não fosse isso, ele não teria entrado em contato comigo de novo.

Os dois encontraram-se em um dia de verão e partiram para uma viagem de bicicleta. Pararam à margem de uma floresta e deitaram-se na grama. Ele pôs sua cabeça no colo dela e, bastante estranhamente, enquanto estava em seus braços, teve o seguinte sonho arquetípico:

Ele estava de pé, à beira de um abismo. (Ele fez um desenho na carta, mostrando-se nessa posição olhando para o vale abaixo — tudo muito parecido com o Grand Canyon, com a planície adjacente.) Olhava para baixo: havia penhascos abruptos de cada lado do vale; e no fundo deste, via-se o céu e as estrelas. Desceu lentamente até o vale, fazendo movimentos com as pernas como se estivesse pedalando — a fim de tornar ainda mais lenta a descida (havia pedalado muito até ali e isso em parte era a continuação do estímulo físico, mas em parte tinha um significado mais profundo) e para manter seu equilíbrio. Há uma certa angústia e ele tem um pouco de medo do que está acontecendo, mas ainda está no controle da situação. Tem a sensação de que há algo perto dele mas que ainda está um pouco difuso; pode ser um cachorro. De repente há uma explosão lá embaixo que libera uma luz muito forte. Ele tem a sensação de ser absorvido por essa luz, mas continua a cair no ar. Então há uma mudança no sonho, quando tudo desaparece e ele não vê mais o céu, e sim uma planta quadrangular, como vemos de um avião, quando os campos são traçados de acordo com padrões retangulares. Não há árvores. Então há uma outra mudança quando ele está ainda vendo a mesma paisagem. Vê uma água estagnada no fundo do vale. É cinza, suja e não reflete nada. Ele acorda e diz para si mesmo: "Não tenho medo, mas essa água é o símbolo da mãe e eu não quero cair nela. (Havia feito análise freudiana durante algum tempo e sabia que tinha complexo materno e assim por diante, mas apenas em um sentido freudiano restrito dos termos.) "A água no fundo do vale é como gelo e não reflete." (Ele repete isso duas vezes.) Sente um pouco de medo. De repente a luz aparece de novo no fundo. É arredondada, mas seus contornos são pouco delineados. Ela explode como uma bolha de sabão e dentro ele vê uma caveira e pensa: "Que estranho! O que significa a morte nisso tudo? O que ela significa aqui?" Não sente muito medo, mas está ainda caindo e não está; é um paradoxo onírico. Então tudo desaparece e em seu lugar surge um chão coberto com linóleo no fundo do vale. É amarelo com pintas marrons. (A princípio havia o céu com as estrelas, e agora ele via linóleo amarelo com pintas marrons.) A paisagem tinha perdido completamente suas proporções gigantescas, e ele se perguntou: o que este pedaço de linóleo está fazendo no fundo do vale? (Isso é realmente surrealista.) Ele consegue ver tudo muito claramente. E ri do linóleo.

Então acrescenta, em sua carta, que não gosta de linóleo; acha-o frio e feio. É muito difícil fazer as associações. As que não foram feitas por ele voluntariamente, eu tive que interferir. Tive que me virar com o que ele escreveu em suas cartas superficiais. Isso foi tudo o que disse sobre linóleo.

Este sonho sintetiza o drama do *puer aeternus* quando tem que enfrentar a vida. Geralmente, uma paisagem em sonhos, especialmente se foi trabalhada com tantos detalhes como neste caso, significa uma paisagem da alma. Ela reflete um aspecto do período Romântico, no qual a paisagem toma as qualidades da atmosfera da pintura — uma tempestade que se aproxima ou a paz de uma floresta ao cair da noite. Essas paisagens típicas são atraentes, e sem dúvida refletem certos estados de espírito. Portanto, quando encontramos uma descrição tão minuciosa de paisagem em um sonho, podemos sempre compreendê-la como uma descrição da condição psíquica do sonhador. Mais uma vez vemos que ele está à beira do abismo. Ele não pode ir mais além — e foi assim que ele bateu em minha porta — como passarinho que pousa em uma árvore e logo levanta voo. Sentiu que havia chegado ao fim e não podia continuar como estava. Estava profundamente cindido. Mas, do ponto de vista clínico, é importante notar que essa não é uma paisagem esquizofrênica típica, pois nessas vemos várias cisões representadas por *canyons*, o que indica que o campo da consciência está se fragmentando. De certo modo, o caso do jovem não é de psicose, porque há apenas uma cisão — a terra não está se abrindo. Já vi frequentemente esse tipo de fragmentação em neuroses compulsivas que são diagnosticadas frequentemente como sendo de casos "borderline", isto é, entre a neurose e a psicose. Lá você encontra uma cisão bastante grave, mas somente uma; naturalmente isso é menos grave, porque significa que há apenas um grande problema. Neste caso, você pode dizer que há um grande problema por trás dessa fobia de atravessar fronteiras, mas não significa que sua estrutura total está se fragmentando.

Naturalmente, eu não fiz comentários sobre o simbolismo da fobia desse homem porque achei que era óbvio: o policial o colocando na prisão e a fronteira. Quando ele tem de cruzar a fronteira e entrar em outro país ele projeta a ideia de estar caindo no buraco de seu psiquismo. A fobia de prisão é também bastante óbvia: ele é como um passarinho, sem pouso fixo: nunca fica em lugar nenhum, não se prende a ninguém nem a nada. Não fica nem mesmo em uma só cidade, fica de cá para lá com sua barraca. Portanto, a prisão é o símbolo negativo do complexo materno que é o determinante em sua vida. Na verdade, a prisão é o que ele precisa — a prisão da realidade. Ele tenta fugir da prisão, mas, na verdade, ele não tem escolha — ou fica preso à neurose ou à realidade. Está, portanto, entre a cruz e a espada. Esse é o seu destino, como o de todos os *pueri aeterni*.

Ele agora chega a um ponto no qual é confrontado com sua cisão interior e está constantemente caindo, e enquanto isso acontece, ele pedala para diminuir a velocidade da descida. Deve haver uma conotação sexual também, além do estímulo físico. Há algo positivo no fato de ele continuar se movimentando: ele não se afunda passivamente na situação. Isso é muito importante, pois quando uma pessoa se afunda em uma depressão, por exemplo, o perigo é menor se o complexo egoico consegue manter uma certa atividade, se ele consegue continuar a se movimentar. Isso é instintivamente feito por pessoas que estão entrando em surto psicótico. Uma das últimas tentativas que fazem para se salvar — o que já presenciei em vários casos — é de escrever febrilmente todas as suas fantasias. Escrevem dia e noite sem parar. Parece loucura, mas é na verdade uma tentativa de manter seu dinamismo e sua iniciativa, para ativar seu complexo egoico e fazer algo com o fluxo de material inconsciente, separando-o e colocando-o no papel. O complexo egoico está se afundando mas ainda luta para ficar à tona. Se conseguirmos reforçá-lo e apoiá-lo é às vezes possível evitar o surto e não deixar o ego afundar inertemente no inconsciente. Se ligarmos isso à situação atual, o próprio fato de o jovem ter partido com a namorada em uma viagem de bicicleta mostra essa tentativa de movimentar-se. Ao invés de esperar passivamente pelo destino, ele foi ao seu encontro. Tomou a iniciativa de aproximar-se da moça com mais sentimento, e foi exatamente o que o salvou da dissociação. Vocês vão notar que durante todo o sonho ele ficou repetindo que não estava com medo, ou que estava só com um pouquinho de medo. Tal insistência sempre significa que na verdade, a pessoa *tinha* medo e tentava evitá-lo com uma espécie de autossugestão.

Este sonho mostra que houve uma grande melhora desde o outro sonho no qual ele foi jogado no abismo por sua sombra. Dessa vez ele consegue ser mais dinâmico, e reduz a velocidade da queda. Vemos, por aí, como é importante não forçar uma pessoa assim a entrar na realidade abruptamente, pois sua sombra poderá derrotá-la. Se um avião estiver voando alto demais e seu combustível estiver no fim, ele tem que descer vagarosamente para evitar um acidente. Este sonho mostra claramente que pode-se cair devagar, como um paraquedista, mas também mostra que esse homem é tão dissociado que precisa de cuidados especiais.

O acidente fatal pode ser uma doença, como no caso que citei anteriormente, do jovem que pegou poliomielite, ou a prisão, como no outro caso estudado. E, ao invés de ser um *puer* brilhante, ele se torna um homem cínico e sem ilusões, quando o acidente acontece intrapsiquicamente. O brilhantismo torna-se desilusão cínica, e o homem fica velho demais para sua idade, e também descrente e desinteressado de tudo. Ele fica completa e absolutamente desiludido e assim perde toda a sua criatividade, seu *élan vital,* todo o contato com o espírito. Então, o dinheiro, a ambição e a competitividade dominam sua vida, e tudo o mais não conta. Esse homem tem geralmente uma expressão amarga em seu rosto. Vou lhes contar um sonho que ilustra bem tal situação.

Um homem muito romântico, do tipo Don Juan, que tinha um complexo materno positivo, casou-se e teve sucesso em sua carreira. Infelizmente, ele decidiu voltar com a mulher e filhos para a cidade onde seus pais moravam. Naturalmente, houve as costumeiras discussões entre sua mulher e os sogros. O homem mantinha um bom relacionamento sexual com sua mulher, mas mantinha-se também impessoal e distante. Na verdade, ele não a conhecia. Ele idealizava totalmente a mãe, por causa de seu complexo materno positivo, e idealizava também a esposa. Quando se viu no meio das brigas entre nora e sogra ficou muito decepcionado com as duas e com o modo pelo qual brigavam: mentindo, gritando e tendo crises emocionais, cada uma querendo aliar-se com ele contra a outra e dizendo-lhe coisas terríveis uma da outra. As armas com as quais as mulheres geralmente lutam nessas situações. Ele sentiu que caía das nuvens e isolou-se de tudo, mergulhou no trabalho e tentou ignorar as briguentas que tornavam sua vida um inferno. Quando o encontrei novamente, fiquei completamente chocada com a mudança ocorrida nele. Ele tinha se tornado um homem desiludido, pálido, com uma expressão amarga no rosto. Perguntei-lhe pelo seu trabalho e ele disse que ia bem e que tinha muito o que fazer, e então contou-me toda a história. Conscientemente ele não se sentia decepcionado. Para ele eram apenas vicissitudes da vida com as quais lidava da melhor maneira possível. Não tinha consciência de como seu psiquismo fora afetado. Ele me contou, nessa ocasião, o seguinte sonho arquetípico:

Ele chegou a uma cidade estranha onde havia um príncipe que amava uma linda mulher que o havia deixado para tornar-se uma estrela de cinema. Arranjou então uma outra mulher. Mas parecia que não a amava muito e ainda estava apaixonado pela primeira, a quem ele havia dado um grande diamante em forma de lágrima. Então, de repente, o sonhador encontrava-se nessa cidade e via o príncipe caminhando na rua com a segunda mulher. Ele tinha o braço passado nos ombros dela. Muitos carros estavam passando rápidos por ali e o sonhador achou que eles iam ser atropelados, mas conseguiram atravessar a rua, dirigindo-se a uma parte pobre da cidade e parando em um lote vago e escuro. Surgiram então alguns homens de cor de um prédio próximo, determinados a atacar o príncipe. Então houve uma mudança na história e o sonhador encontrou-se derrubado no chão, mas ainda vivo, imaginando se os atacantes ainda estavam por ali ou se receberia ajuda.

Neste sonho, você vê que o príncipe é o arquétipo do *puer aeternus* com quem o sonhador não mais se identifica, pois agora é um indivíduo autônomo. Vamos dizer que há dez anos ele havia sido um príncipe, quer dizer, um típico *puer aeternus*, mas agora havia caído na realidade. Não mais se identificava com esse arquétipo, o qual estava, contudo, bem vivo em sua mente, mas independente de seu ego. Quando o ego deixa de se identificar, a figura que era anteriormente uma fusão da sombra infantil e do *Self* torna-se um símbolo puro do *Self*. A associação que ele fez foi que a mulher que o príncipe tinha se tornou uma pessoa vulgar. Este é o tipo do desenvolvimento normal em que uma parte da *anima* seduz o homem para a vida — esta é a parte que o levou a buscar sua realização como homem e como profissional. Ele tinha fortalecido sua pulsão de vida. Mas o romântico príncipe que havia nele foi deixado de lado. Assim o príncipe escolheu outra mulher, o que significa que outra parte da *anima* — provavelmente o aspecto endógamo e não o exógamo — estava se ligando ao *Self*.

No desenvolvimento da *anima*, os rapazes, talvez em seu tempo de escola, frequentemente têm uma namorada a quem admiram, mas com quem não podem casar por serem jovens demais para isso. Às vezes, mais tarde, casam com garotas diferentes daquelas. Aí, mais tarde, quando têm quarenta ou cinquenta anos, essa imago-*anima* admirada surge novamente e geralmente tem o papel interior simbólico de ser aquela que conduz ao *Self*. Este aspecto da *anima* tem o papel idêntico ao de Beatriz, de Dante, isto é, a de condutora para o interior do homem, enquanto um outro aspecto da *anima* o seduz para o casamento e para a vida. Portanto, podemos dizer que há um casamento exógamo e com ele geralmente há um envolvimento com a vida exterior e um aspecto endógamo da mesma imagem, que permanece interno e que, mais tarde na vida, torna-se o guia que leva à realização da vida interior. A nova mulher do homem desiludido seria este aspecto endógamo da *anima*, mas ela é uma figura indefinida, seu significado não está claro para ele.

O príncipe dá um diamante em forma de lágrima para a atriz que vai abandoná-lo, o que expressa claramente sua tristeza com a partida dela e que também expressa o fato que apesar disso ele ainda a tem em alta consideração. Ele provavelmente estaria com ela se ela não tivesse partido. Embora o homem ao qual me refiro tivesse uma expressão de tristeza profunda e amarga decepção no rosto, não tinha compreendido quão profundamente tinha sido afetado, como tinha se sentido traído pelo fato de ter sido envolvido pela vida vulgar e mesquinha dos seres humanos. Sem dúvida, o príncipe que havia nele estava ansiando pelo *élan vital* perdido que o havia levado a se envolver totalmente com a vida, e que agora desaparecera. Quando ele se liga a essa nova forma de *anima* que se volta em direção ao desenvolvimento interior, quase é atropelado pelos carros na rua.

O príncipe não é destruído pela velocidade das máquinas (que significa o excesso de trabalho do sonhador), mas ainda tem coragem de ir à parte escura e pobre da cidade — o que significa aproximar-se da miséria da condição humana — a função inferior: a pobreza, a miséria e a atmosfera da cidade degradada com seus cães e gatos vadios, mulheres da vida e assim por diante. Essa parte da cidade é o lugar onde a cidade grande esconde suas mazelas — uma bonita imagem do inconsciente e da parte inferior da vida que são negligenciados. Como num conto de fada, o príncipe deve entrar na escuridão desse aspecto da vida, e, nesse momento, os bandidos de cor atacam o príncipe arquetípico. Isso mostra que o perigo que reside no psiquismo do sonhador é o de ele jogar fora cinicamente seu ideal de ter uma vida plena e significativa. Na verdade, já começou a fazer isso. Seu cinismo está agora atacando seu príncipe interior. E aí, subitamente, ele está no lugar do príncipe e jaz indefeso no chão. Eu disse-lhe que estava terrivelmente "para baixo", isto é, deprimido. Ele não conseguiu responder por alguns minutos, pois a ideia de estar deprimido o surpreendeu. Mas eu lhe disse: "Bem, você está no chão, derrubado por esta situação e não sabe mais o que fazer. Você se sente indefeso e é melhor que tenha consciência disso, pois assim conseguirá fazer algo para resolver este problema. Você pode procurar ajuda e encontrá-la". Ele compreendeu isso e conseguiu ver as coisas com mais clareza. O sonho era para mostrar-lhe que nada aconteceria para melhorar sua vida a não ser que compreendesse como se sentia deprimido e decepcionado pela situação que estava vivendo.

Este é um caso típico de crise de meia-idade do *puer aeternus* que conseguiu sair da neurose do *puer* mas que agora enfrenta uma segunda dificuldade. A vida é sempre assim, pois, quando resolvemos um problema, outro já está se formando no horizonte. Esse homem viveu um período tranquilo quando o peso do inconsciente se fez sentir, e ele teve então que reavaliar toda sua vida e fazer coisas diferentes. Ele sentiu raiva ao ouvir a interpretação, mas aceitou-a porque sentiu ser verdadeira. Você vê aí o perigo do acidente. Se, contudo, você cair, tem que se levantar de novo. Cair faz parte da vida, assim como dar a volta por cima.

Agora chegamos ao tema anormal do outro sonho, o tema das estrelas que brilhavam no fundo do vale. Contudo, este é um tema complicado que gostaria de discutir na próxima vez. Você pode compreendê-lo como sendo simplesmente a velha imagem da terra plana ao invés de redonda. Pensava-se, antigamente, que a terra tinha a forma de uma panqueca, ou de algo parecido, e se houvesse um buraco nela era possível ver as estrelas abaixo. Pode-se tirar, então, a seguinte conclusão — que o mundo do sonhador era plano; sua realidade era plana e não circular. Não havia dimensões nem polaridades em seu psiquismo, como você pode ver pelo modo pelo qual ele entrava e saía das situações e se aproximava e afastava das garotas, nunca querendo dedicar sequer um pensamento a elas. Naturalmente, em sua vida não havia conflitos nem polaridades, era apenas plana.

Capítulo 7

Da última vez paramos no tema das estrelas no fundo do vale. O sonhador olhava para o fundo do vale e via como ele havia se transformado, mas o que ele notou primeiro foram as estrelas. Já comentei que o mundo de sua consciência não era redondo e sim quadrado. Sua personalidade não era circular e seu campo de consciência era como gelo fino sobre o abismo do inconsciente coletivo. Ele ainda não tinha construído nenhuma realidade concreta própria. Você também pode ver isso como um retrato da fraqueza de seu ego. No meio desse mundo plano existe uma grande fenda e ele consegue ver as estrelas abaixo, como se fosse possível ver o firmamento nessa posição.

Há um famoso dito alquímico que diz:

Céus acima,
Céus abaixo,
Estrelas acima,
Estrelas abaixo.
Tudo que está acima,
Tudo que está abaixo.
Aprenda isso
E regozije-se.[20]

No mesmo instante lembrei-me do velho provérbio alquimista cuja origem é desconhecida — sabemos apenas que ele é do tempo

20. Carl Gustav Jung, *The Practice of Psychoterapy,* vol. 16, *Collected Works.* Princeton: Princeton University Press, 2ª ed., 1966, § 384.

da escrita Hermética antiga. Em geral, as estrelas podem ser interpretadas como arquétipos do inconsciente coletivo — como núcleos no céu escuro do psiquismo. Nós as vemos como luminosidades, como unidades de luz, e geralmente elas são interpretadas como deuses ou como conteúdos arquetípicos. Por exemplo, o Senhor de Sabaoth é o Senhor das Hostes (isto é, do exército celestial) porque pensava-se que as estrelas eram seu exército, os soldados que Deus comandava. Então existe a teoria de as estrelas serem deuses individuais, e a ordem nas quais elas são consteladas representariam a ordem secreta dos conteúdos do inconsciente coletivo. Na mitologia, há também os temas dos olhos múltiplos ou das estrelas múltiplas. O dragão Argos, por exemplo, é coberto de olhos e às vezes isso é projetado também nos céus.

Pensava-se no zodíaco como uma grande cobra, um tipo de uróboro que mordia sua própria cauda e que era representado coberto de estrelas. Num tratado gnóstico, uma das mais antigas representações do uróboro é a da cobra que morde a própria cauda, tendo a cabeça cravejada de estrelas e o resto preto, ilustrando assim a natureza dupla da totalidade do inconsciente com um aspecto escuro e nefasto e um outro luminoso, caracterizado pelas estrelas. Encontramos exatamente a mesma representação no tratado alquimista do assim chamado *Codex Marcianus,* no qual existem ilustrações que caracterizam o *"todo-em-um"*. A cauda do uróboro é o final material e perigoso, e é muito frequentemente o depósito do veneno (em oposição à cobra verdadeira). A cabeça é o aspecto luminoso e espiritual. Isso foi projetado no céu porque os uróboros sempre apareciam nos limites do conhecimento humano. Na antiguidade, por exemplo, acreditava-se que a abóbada celeste era uma grande cobra uróboro, sobre a qual os signos do zodíaco se constelavam. Em sua forma plana, o oceano circundava a terra como uma cobra circular que mordia a própria cauda. Nos velhos mapas, os uróboros ficavam no círculo externo; quando o homem chegava ao fim de seu campo de consciência ele projetava esse tipo de cobra. Quando chegava ao ponto onde dizia que não sabia nada mais além, a ilustração da cobra com as estrelas aparecia. Vocês veem, então, o quanto o tema das estrelas tem a ver com o inconsciente, especialmente com o inconsciente coletivo.

Ao olharmos ingenuamente o provérbio citado anteriormente, vemos que tem a ver com o aspecto duplo do inconsciente coletivo, que está acima e abaixo de nós, como se ele nos cercasse nas duas formas. Muitas e muitas vezes, na análise do material mitológico e na interpretação dos sonhos, as pessoas cometem o erro de identificar o que fica acima como consciência e o que fica abaixo como inconsciente; elas chamam o inconsciente *Unterbewusstsein* (subconsciente) — o que está abaixo da consciência — deixando implícito que a consciência é o que está acima. Se alguém em um sonho, sobe ao primeiro andar, isso é interpretado como uma ida à consciência. Isso não faz sentido. Se você examinar os mapas mitológicos do mundo, verá que na parte de cima há um reino no qual está o lar dos deuses, misterioso e inacessível aos homens. O monte Olimpo tem deuses em cima e embaixo. Em Sumer e na Babilônia há um mito sobre um homem que tentou voar aos céus com as águias, mas que não consegue ultrapassar uma certa barreira lá em cima, os deuses o atacam, e ele cai. Ele encontra as mesmas dificuldades e obstáculos ao tentar aproximar-se dos deuses de baixo. Se formos objetivos, temos que reconhecer que há um campo do inconsciente tanto acima como abaixo de nós. A mesma dualidade se aplica ao simbolismo da casa: o sótão muitas vezes representa o inconsciente de algum modo, o lugar onde as pulsões se localizam. Há inúmeros sonhos sobre carvão, fogo e terríveis *animai*s no porão, assim como ladrões entrando por ele. Mas o mesmo acontece no sótão. Por exemplo, diz-se que uma pessoa louca tem "macaquinhos no sótão". Os fantasmas geralmente arrastam ali suas correntes, por sobre nossas cabeças. Portanto, tanto no sótão quanto no porão, que são lugares sombrios, existe um reino do inconsciente. As pessoas sonham frequentemente com ladrões entrando pelo telhado ou sobre demônios que arrancam as telhas e coisas assim.

Portanto, temos que olhar tanto a parte de cima quanto a de baixo de perspectivas diferentes, para ver se existe uma diferença qualitativa entre o inconsciente quando ele é representado como sendo os poderes de cima e os de baixo. Há exceções, mas, em geral, o que está em cima é associado com a masculinidade, — ordenado, luminoso e às vezes espiritual — e o que está embaixo, com a feminilidade — fértil, escuro (não mau, pois não há valores morais nas contraposições originais mitológicas), caótico e pertencente ao reino dos *animais*. A esfera de cima é relacionada aos pássaros e aos anjos — com seres alados do mundo espiritual. Por exemplo, se algo vem de baixo em um sonho, você pode esperar que ele venha à superfície na forma de uma emoção ou de um sintoma físico como insônia ou de algum distúrbio emocional do sistema nervoso simpático; ou ela frequentemente aparece na forma de ocorrências sincrônicas que se materializam no mundo exterior. Se uma invasão do inconsciente vem de cima, pode tomar a forma de fanatismo por algumas ideologias tais como nazismo ou comunismo. Tal inconsciente "de cima" irrompe no sistema na forma de uma ideia arquetípica. Sendo caracterizado como positivo, pode-se dizer que é o Espírito Santo; no caso de ser negativo é acompanhado de demônios alados, morcegos no sótão e outras criaturas aladas negativas, isto é, de ideias destrutivas. Construtivas ou negativas, tais ideias têm um forte dinamismo coletivo próprio. As representações dinâmicas pertencem ao aspecto "de cima" do inconsciente, e os impulsos instintivos e emocionais ao seu aspecto "de baixo".

A mitologia egípcia é uma exceção a esta formulação porque certos aspectos são invertidos, assim, no que diz respeito à simbologia sexual, os céus acima são femininos e a terra abaixo é masculina. Isso provavelmente é por causa do conceito de vida egípcio: o valor principal era colocado na vida após a morte e pouco valor era colocado na vida na terra. Por exemplo, as impressionantes pirâmides eram ligadas à vida depois da morte, mas até o final do Período Sincretista, exceto pelo palácio do rei, não existiam casas decentes para os vivos. Para os egípcios, as ideias eram concretas e reais, enquanto as formas vivas reais eram abstratas, e, portanto, masculinas. Estudando a religião egípcia, ficamos impressionados pelo que pode ser chamado de concretismo das ideias; por exemplo, a ideia da imortalidade tinha de ser realizada pelo tratamento químico do cadáver para preservá-lo pelo maior tempo possível. Consideramos a imortalidade como algo simbólico, mas, para os egípcios, ela não era assim (como na magia bastante primitiva) e a preparação das múmias visava alcançar a imortalidade. Isso mostra o concretismo da ideia. No Egito antigo, acreditava-se que a terra era masculina, e que o espírito e as ideias eram concretos. Embora essas concepções fossem específicas do Egito, há traços dessa constelação reversa em outras civilizações. Portanto, toda vez que o de cima e o de baixo aparecerem, temos que pensar de modo qualitativo e estudar o contexto cuidadosamente, ao invés de simplesmente identificar o que está em cima com o consciente e o que está em baixo com o inconsciente.

Em seu trabalho intitulado "Sobre a natureza da psique",[21] Jung compara o psiquismo ao espectro das cores, com as infravermelhas de um lado e as ultravioletas de outro.

Ele tomou isso como uma metáfora para explicar a conexão entre corpo e psique — os arquétipos e os instintos. Comparados

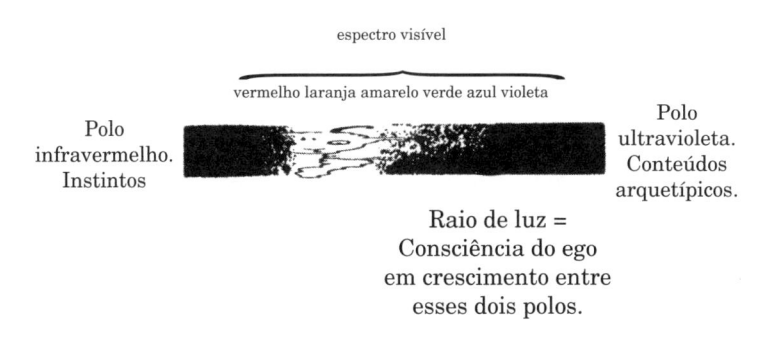

espectro visível

vermelho laranja amarelo verde azul violeta

Polo infravermelho. Instintos

Polo ultravioleta. Conteúdos arquetípicos.

Raio de luz = Consciência do ego em crescimento entre esses dois polos.

assim, nossa consciência egoica é como um raio de luz, com seu núcleo que representa o ego que é um tipo de campo de luz que pode mudar ao longo do espectro. O polo infravermelho seria onde as coisas se tornam psicossomáticas e depois somáticas. Este seria o polo que representa o corpo. O outro polo, o ultravioleta, seriam os arquétipos. De dentro ou mesmo de fora, nós não saberíamos o que é o corpo em si mesmo — a não ser até certo ponto. Aqui temos uma grande questão — o mistério

---

21. Cf. Jung, *The Structure and Dynamics of the Psyche,* vol. 8, *Collected Works.* Princeton: Princeton University Press, 1960, 2ª ed., 1969, §§ 343ss.

do organismo vivo. No polo ultravioleta o mesmo mistério é expresso na forma de representações, compreendidas como ideias, emoções, fantasias, e assim por diante, das quais ele é a fonte. Como vocês sabem, a origem das fantasias dinâmicas e das ideias que surgem em nosso psiquismo é desconhecida, mas responsabilizamos os arquétipos por elas. Provavelmente esses dois polos são interligados de algum modo; embora não saibamos como, eles podem representar dois aspectos da mesma realidade. Em um polo está o corpo e no outro estão as ideias e representações que de repente aparecem na mente humana. Geralmente nossa consciência passa de um polo para outro. Sabemos que os processos somáticos e o comportamento físico são direcionados pelos instintos, tais como o instinto sexual, com o funcionamento dos hormônios no corpo e em seus aspectos físicos, o instinto de autodefesa, que aparece nos movimentos automáticos de luta, o instinto de fuga, que é parte do instinto de autopreservação que surge automaticamente em certas situações independente do controle do indivíduo. Isso acontece quando corremos do perigo ou quando tiramos a mão imediatamente quando ela toca um objeto que queima — um automatismo ou reflexo do corpo, ao qual chamamos instinto. A diferença entre instinto e arquétipo é a seguinte: o instinto é representado pelo comportamento do corpo, que é idêntico em todos os seres humanos, enquanto os arquétipos são representados por uma forma mental de tomada de consciência, que também é similar em todos os seres humanos. O *homo sapiens* nasce, cresce, procria e morre. Ele possui essas e outras características em comum. Certos padrões de comportamento são próprios apenas do homem, distinguindo-o dos outros *animais*. Através dos temas mitológicos que são universais, podemos ver que o *homo sapiens* também tem em comum ideias, religiões e emoções. Portanto, em um polo temos os instintos, e no outro as experiências interiores que lhes são correspondentes.

Jung não o afirma, porém diz que ainda não encontrou uma constelação arquetípica que não tivesse um instinto correspondente. Podemos dizer, portanto, que todo arquétipo tem um contraponto correspondente ligado ao instinto. Vamos tomar o arquétipo da *conjunctio*, que aparece em todos os mitos sobre a origem do mundo — a conjunção entre deus e deusa e a criação do mundo, ou a união em um abraço eterno, como Shiva e Shakti. Essa união surge, em toda experiência mística de união com Deus, como a conjunção das formas masculinas e femininas; ela existe de alguma forma na maioria dos símbolos religiosos. O instinto sexual é o instinto físico correspondente. A autopreservação na forma de luta é ligada à ideia arquetípica da sombra ou do inimigo, o contraponto perigoso, a figura que surge em sonhos como atacante ou perseguidor. No lado físico, é representado pelo instinto de agredir ou de fugir, que são inatos em nós.

Parece, portanto — pois até agora não encontramos nenhuma exceção —, que todo conteúdo arquetípico tem um contraponto em alguma forma do instinto. Esse é um modo de ver as coisas, isto é, os instintos são o que vemos do lado de fora, enquanto as representações — ideias e fantasias oníricas e imagens — são o que observamos de dentro. Se observamos os seres humanos de fora (podemos até fotografar ou filmar suas ações), obtemos o aspecto infravermelho. Hoje em dia isso é usado na antropologia, onde o foco é centrado nas diferenças existentes entre o comportamento humano e *animal*: como procriam, como se abrigam, como lutam, sobrevivem, e assim por diante. Tais estudiosos tentam descrever um ser humano com objetividade, como se ele fosse apenas uma das espécies de *animal* existentes na terra. Comparam-no, então, aos elefantes, tigres e outros. Desse modo, obtêm um quadro científico exato do comportamento físico instintivo do ser humano. Mas, se observarmos de dentro, como fazemos, podemos ver o que se move no ser humano: as ideias e as representações. Nós temos uma anatomia do ser humano que é fotografada a partir de dentro, uma imagem introspectiva do ser humano, pela qual descobrimos o reino dos arquétipos. Na verdade, embora não conheçamos as causas, a realidade observada de fora é a mesma. Se seguirmos a ideia maniqueísta do bem e do mal e do céu estar "acima" e o inferno "abaixo" na mitologia, veremos que ela é similar ao modelo científico dos dois polos de Jung.

Nosso sonhador está no meio do campo da consciência humana comum; através da fenda, ele consegue ver os céus abaixo de si, e o movimento do sonho tem a intenção de jogá-lo através dela. Temos que lembrar de que maneira o pequeno príncipe desceu à terra, investigando, adotando certas concepções aprendidas e recusando outras pelo caminho. Geralmente, o *puer aeternus* fica também preso no reino das representações arquetípicas. Geralmente, através do complexo materno, ele fica na verdade possuído por esse reino. Isto significa que ele subestima as experiências de vida, isto é, o reino infravermelho. É uma coisa bem diferente pensar em um bife e comê-lo; pensar sobre um bife com molho *béarnaise* é muito bom, mas se eu o comer, terei outras experiências. O mesmo é verdade em relação ao arquétipo da *conjunctio*. Uma coisa é fantasiar sobre um caso de amor e outra é vivê-lo.

O *puer* geralmente tende a evitar o confronto de suas fantasias com a realidade. Ele não desce aos céus, de baixo, que subestima, mas também não busca na vida a satisfação dos instintos. É por isso que o pequeno príncipe conhece a raposa e precisa da ovelha, mas, como sabemos, a realização dos céus de baixo não funcionou. Contudo, isso é uma generalização; o *puer aeternus* vivencia uma certa quantidade de vida instintiva, mas, por assim dizer, ele bloqueia a realização psicológica. Ele faz um corte e vive suas experiências automaticamente, como em um caso de cisão da sombra. Dessa forma, sua fascinação arquetípica pela ideia do grande amor e a *conjunctio* permanece apenas uma fantasia — um dia ele encontrará a mulher ideal que lhe dará amor perfeito, leal e eterno, o que é claramente uma idealização da figura materna. Enquanto isso não acontece, ele não se abstém de manter relações sexuais com as mulheres, não se guardando para o amor ideal, mas também não se entregando às suas 20 ou 30 amantes. Ele não vive suas experiências totalmente. Pode-se até dizer que ele permanece inocente, porque vive essas experiências sem realmente estar nelas. Ele mantém uma reserva mental dizendo a si mesmo que isso não é o que estava esperando, mas que precisa de sexo. Então ele realiza essa união física, mas psicologicamente é como se ele não a tivesse vivido. Ele fica intocado.

Uma vez analisei uma prostituta que tinha a aparência de uma velha senhora. Seus sonhos sempre mostravam meninas puras ou solteironas virgens, e era assim que ela era! Ela tinha se isolado totalmente de suas experiências de vida. Ela queria apenas o dinheiro, não se envolvia de jeito nenhum, e não admitia para si mesma nem o prazer nem a repulsa que sentia em certos contatos. Ela tinha tomado uma decisão racional que precisava do dinheiro e que ignoraria todo o resto. Assim ela ficou intocada pela vida. Embora apresentasse sintomas graves, não era miserável. Um dos resultados da análise foi ela ter tomado consciência de sua triste condição, o que não tinha acontecido até aquele momento. Ela não deixava que seus sentimentos interferissem com seus negócios. Se tivesse deixado, perderia dinheiro, pois teria recusado certos homens.

O mesmo às vezes acontece com o *puer aeternus* que, embora viva o lado instintivo, faz isto de maneira dissociada: separa seus sentimentos de suas ações. Desse modo, ele não consegue enxergar as estrelas que estão abaixo, e então o sonho diz que ele pode vê-las e apreciá-las. A vida fica incompleta se você viver apenas seu aspecto fantasioso; ela tem que ser vivida também em nível instintivo. Se você viver de forma incompleta, ficará separado das estrelas abaixo, e é por isso que a solução para o sonhador é deixar-se afundar no mundo das estrelas abaixo.

Comentário: O Dr. Baynes[22] contou-me que um colega dele fez uma pesquisa com prostitutas parisienses e descobriu que, sem exceção, todas tinham um grande complexo paterno e que guardavam certa reservas; elas faziam alguns "cortes" — por exemplo, o homem não podia beijá-las na boca ou algo parecido.

Sim, elas fazem isso para não deixar que os sentimentos e emoções interfiram em seus atos. Desse modo, você pode ter a vida mais aventureira possível, sem realmente viver, pois tais experiências não são levadas em conta.

Penso, portanto, que as estrelas abaixo significam a experiência viva do padrão arquetípico instintivo. O indivíduo tem

---

22. Dr. Peter Baynes foi assistente de Jung durante certo período. Veja, de Barbara Hannah, *Jung, His Life and Work: A Biographical Memoir.* New York: G. P. Putnan's Son, 1976.

que viver a vida em sua totalidade para ser capaz de conhecer a si e ao mundo.

Comentário: Muitas vezes as pessoas que são vistas como pueri aeterni, *como este homem que você citou, são muito invejadas como pessoas que conseguem lançar-se à vida com grande vigor, pois aparentam ser muito bem-sucedidas. Podemos dizer que esta é a sombra e que elas são, na verdade, cindidas. Mas como elas conseguem aparentar este sucesso?*

Elas sabem representar! Muitas pessoas têm esse talento e representam papéis. Elas representam até para si mesmas e se convencem de que estão vivendo, até chegar à análise e confessar que não é bem assim, e que elas não se sentem felizes. Outras pessoas as consideram bem-sucedidas, mas elas próprias não concordam com isso. O critério é simples: Você sente que está vivendo? Aqueles que não se sentem vivos dizem que se sentem como se estivessem representando, representando para si mesmos.

Comentário: Ou vestindo fantasias!

Sim, e as outras pessoas acreditam nelas, a menos que conheçam psicologia e olhem nos olhos para ver a expressão verdadeira. Então pode-se dizer que algo está errado.

Comentário: Se alguém estivesse preso ao polo ultravioleta e tivesse muitas e muitas experiências no outro polo, eu suporia que o polo ultravioleta seria bonito demais para o polo infravermelho; mesmo se houvesse dezenove experiências, elas seriam sórdidas e miseráveis porque estar-se-ia sempre procurando o ultravioleta.

Sim, exatamente. Essa formulação está bastante correta. Você pode dizer que se você viver em um polo de maneira dissociada, um polo não conseguirá comunicar-se com o outro. Colocando de modo bem simples, você vive a experiência mas ela não é significativa, e a experiência que não é significativa não é nada. Ela só se torna real quando é ligada a uma percepção emocional de seu significado. Sem isso, a pessoa sente apenas tédio. Conheci um homem que tinha muitos casos amorosos, mas isolava-se a ponto de olhar o relógio durante o ato sexual para ver quanto tempo ele estava gastando! Obviamente, tais casos nada significavam para ele, ou então eram puramente narcisistas, pois tudo que lhe interessava era o papel de macho que ele estava desempenhando.

Pergunta: E qual seria a problemática da mulher que se relacionasse com ele?

Ela geralmente faz o mesmo corte com o *animus*. Por exemplo, no caso daquela prostituta, ela pensava que se tentasse ganhar a vida trabalhando das 9 às 6 horas em um escritório por anos a fio não conseguiria fazer mais nada na vida. Como se tratava de uma mulher infantil e muito indisciplinada, essa ideia era intolerável para ela. Seu *animus* lhe dizia que aquela situação não teria fim, o que era a opinião número um do *animus*. Ela poderia perfeitamente trabalhar em um escritório e também encontrar alguém que a amasse, mas a lógica de seu *animus* lhe dizia que se trabalhasse em um escritório teria que submeter-se à disciplina — o que ela odiava — e que ela nunca poderia ter um namorado. Porque uma coisa excluiria a outra, não se sabe, mas seu *animus* lhe dizia que seria assim, e que com cinquenta anos seria uma velha feia e estaria ainda datilografando no escritório! Desde que queria viver, mas precisava de dinheiro para se manter, não podendo viver livremente com muitos homens que escolhesse, o *animus* disse-lhe que podia juntar as duas coisas mandando seus preconceitos para o inferno. Pode-se dizer que, em seu caso, ela se conformou com tal situação porque não tinha nenhuma fé no irracional. Ela aportou em Nova Iorque como imigrante, e quando viu a cidade imensa teve medo de perder-se nela. Não tinha confiança em si mesma, na vida, nem em Deus. Então ela chegou à conclusão que prostituir-se era seu caminho. No caso da mulher, é seu *animus* que gera as coisas, e ele é um pessimista profissional que exclui o *tertium quod non datur* (o terceiro que não existe)[23]. O *animus* diz à mulher que sabe que as possibilidades são limitadas, diz que as coisas só podem ser

---

23. Jung, *Archetypes and the Collective Unconscious,* vol. 9, I parte, "The Psychology of the Child Archetype", especialmente os §§ 285 ss.

de um modo ou de outro, impedindo, portanto, que a própria vida produza uma outra alternativa.

Pergunta: Você quer dizer que a mulher que tem uma boa relação com seus instintos evitaria tal homem?

Sim, acho que é assim mesmo, ou ela pode iniciar a relação neste nível não real, e então puxar o homem para uma relação definida e significativa. Darei um exemplo, embora não seja muito adequado, pois neste caso o homem tomou a iniciativa. Essa mulher a que me refiro tinha muitos casos amorosos que ela manejava de acordo com as decisões de seu *animus*. Mas ela encontrou um homem que realmente a amava e cujos instintos eram mais sólidos do que os dos outros homens de sua vida. Ele era muito sensível e percebeu que muitas vezes ela ia para a cama com ele, ficando desligada e não entrando em sintonia com ele. Ele percebeu a autonomia da sexualidade dela e revoltou-se contra isso. Ele cobrou isso dela porque sentiu-se ferido. Ele lhe disse que ela era assim com todos os outros amantes e ele se sentia apenas mais um deles. Ele não entendia nada de psicologia e não era muito diplomático. Chamou-a de prostituta, o que ela na verdade não era. Apenas agia como um autômato, bloqueando seus sentimentos. Mas, através das reações do homem que a amava, de suas atitudes enérgicas, emocionais e instintivas, combinadas com o fato de ele ser um homem muito amadurecido, experiente e que possuía grande autocontrole, ele conseguiu com que ela voltasse a ter sentimentos — naturalmente uma tarefa muito difícil. Geralmente o homem é tão impulsivo sexualmente que ele não consegue se controlar, mas esse homem disse que não iria continuar com ela a não ser que ficassem no mesmo nível em relação aos sentimentos. Ele teve um sonho com uma poça lamacenta, suja e venenosa no chão, onde ele mergulhou e encontrou uma chave dourada que deu a ela. Penso que podemos dizer que o que ele realmente encontrou foram os sentimentos dela, porque ele a amava como uma pessoa discriminada e não se aproveitava dela. Ele a queria como uma pessoa inteira e sensível e ficava magoado quando ela não se mostrava assim. Desse modo, com muitas brigas e dificuldades, ele conseguiu resgatar os sentimentos dela.

Naturalmente, poderíamos continuar discutindo e desdobrando infindavelmente esse problema, porque ele realmente é a chave de todo o sonho. Em uma série anterior de conferências, apresentei um tema de um conto de fada russo para ilustrar isso: Numa festa o Czar disse que nenhum dos filhos tinha colhido suas flores ainda, então os filhos pediram sua bênção e partiram em busca delas. Cada um pegou um cavalo no estábulo. Chegaram a uma placa que dizia: "O que tomar a direita terá comida suficiente para si, mas não para o cavalo; o que tomar a esquerda terá para o cavalo mas não para si mesmo; e o que seguir em frente morrerá". O primeiro irmão seria roubado de sua experiência instintiva e portanto seu cavalo passaria fome. Ele encontrou uma cobra de bronze na montanha e levou-a para casa. Seu pai ficou furioso com ele, dizendo que ele havia trazido uma coisa demoníaca e perigosa e colocou-o na prisão; quer dizer, ele encontra apenas uma forma de vida petrificada e cai na prisão do espírito tradicional, isto é, o pai. O segundo irmão foi para a esquerda e encontrou uma prostituta que tinha uma cama mecânica para a qual o convidou. Depois de pular fora da cama, ela apertou um botão, a cama virou e ele foi atirado ao sótão onde encontrou muitos outros homens — todos esperando no escuro. Esse era o destino de quem tomasse a esquerda! Então é a vez de Ivan, o Grande, o herói dos contos de fada russos. Quando ele chegou, a placa começou a chorar, dizendo que um pobre homem que seguia para a morte não encontraria nem honra nem glória, mas ele chicoteou o cavalo e foi em frente. Seu cavalo morreu e ressuscitou, e ele encontrou uma bruxa e a conquistou. Depois ele encontrou uma princesa, casou-se com ela, voltou para casa e tornou-se Czar. Sua trajetória foi normal e bem-sucedida, própria dos contos de fada. Ele optou pelo conflito, que para o ego é como a morte, pois a consciência do ego tem necessidade de saber o que vem pela frente. Se essa mulher que chegou a Nova Iorque tivesse tido a força e a coragem psíquica de enfrentar a miséria sem nenhuma perspectiva de melhora, quer dizer, se ela tivesse enfrentado a morte mental e ainda assim tivesse conseguido permanecer a mesma — então, o conto de fada, o caminho da individuação, teria se tornado realidade. Mas ela não conseguiu fazer isso, e escolheu o caminho da esquerda. Outros escolhem o caminho da direita.

Podemos, portanto, dizer que a consciência humana será sempre crucificada entre dois polos: se você cair em um deles morrerá, do mesmo modo que se cair no outro. Vida, em sua essência, significa crucificação; para o ego racional isso parece ser a morte, e é isso que o conto russo expressa de forma linda e clara. O terceiro filho escolheu o que para a sua alma parecia o caminho para a morte, mas, de fato, como diz a história, ele tinha escolhido a estrada da vida. Os outros, que queriam ser espertos e escolher dos males os menores, não tinham força e coragem de enfrentar o desconhecido, e assim racionalizaram a situação. Parece que para o ser humano enfrentar o desconhecido é a tarefa mais difícil que existe. Ele tem necessidade de saber antecipadamente o que vai acontecer, e quando desconhece o porvir não consegue se manter firme e inteiro. Este é um medo ancestral. A primeira coisa que um ser primitivo faz quando vê um avião ou um carro é correr, pois o desconhecido é sempre terrível! Este é um padrão ancestral de comportamento, e na análise acontece o mesmo. Quando as pessoas são confrontadas com uma situação onde não conseguem, por razões interiores próprias, ver o que está vindo, elas entram em pânico. Isso é doloroso, mas não teria tanta importância se elas, em desespero, não virassem à esquerda ou à direita — e, portanto, caíssem no inconsciente por não conseguir vencer a ansiedade e tensão diante do desconhecido.

Contudo, não seria tão mau se o *puer* virasse tanto à esquerda ou à direita, porque às vezes a pessoa encontra a cobra de bronze em primeiro lugar, depois aterrissa no sótão da prostituta, e somente mais tarde decide experimentar a estrada que leva à morte. Mas, na realidade, o *puer* faz algo muito pior: ele não arrisca nada para valer, mas se aventura um pouco em ambos os caminhos, no lado seguro. Ele aposta em um cavalo, mas põe um pouquinho de dinheiro no outro também, e isso é o seu ato autodestrutivo. É pior que avançar demais em um dos caminhos, pois atos que extrapolam são castigados e a pessoa é obrigada, então, a acordar e resolver a situação. O interjogo natural dos opostos psíquicos corrige os atos unilaterais. A vida força a pessoa a tomar o caminho do meio. Mas, a fim de evitar o sofrimento, o *puer* sempre joga sujo e este jogo se volta contra ele: ele se divide, jogando pedras no dragão, e intimamente permanece do outro lado, iludindo-se sobre si mesmo. Assim ele impede o fluir do processo da vida e fica preso, pois até mesmo o interjogo dos opostos é evitado. Sua personalidade fraca o coloca nessa condição a fim de que possa evitar o sofrimento.

Como a alcoviteira que fui considerada pelo jovem, tentei incentivá-lo a aceitar uma relação com uma mulher com a qual ele já tinha tido um caso donjuanesco e que já havia deixado de lado. Mas depois de ele ter escrito a carta propondo-lhe um encontro o evento sincrônico teve lugar, e então, pela primeira vez, ele compreendeu que aquela relação tinha algum significado. Portanto, pela primeira vez ele aceitou enfrentar algo desconhecido. O conflito que implantei em sua mente não serviria de nada, se não fosse o tal evento, que conferiu à sua vida um toque de magia e de mistério. Assim, ele partiu para a viagem com uma atitude diferente, ao invés do habitual tédio e cansaço de quem já viveu tudo. Pela primeira vez uma relação o intrigou: vocês se lembram do que seu inconsciente produziu quando ele adormeceu nos braços dela? Foi como se os céus abaixo — o significado de tal experiência sexual — descessem até ele, e isso explica sua lenta aproximação dele.

O tema seguinte no sonho é o da explosão de luz vinda dos céus abaixo, o que explicaria uma súbita tomada de consciência e iluminação vindas de baixo. É um tema muito interessante, se vocês o compararem com as experiências dos místicos medievais que descreviam visões semelhantes. Podemos repetir como os alquimistas: "Céus acima, céus abaixo". Quando Apuleio foi iniciado nos mistérios de Ísis, ele descreveu como foi iluminado não só pelo sol celeste mas também pelo da meia-noite, que ele encontrou frente a frente quando desceu ao mundo subterrâneo e aos seus deuses. Isto significa uma experiência que não pode ser alcançada pelo esforço intelectual, exercícios de concentração, yoga, ou *Exercitia Spiritualia,* e sim pelo *Self,* que a pessoa alcança somente através da aceitação do inconsciente, do desconhecido e da vivência e resolução de seus conflitos.

Quando o sonhador desce mais profundamente, o céu abaixo subitamente se torna sólido e se parece com a terra vista de um avião, tendo um padrão retangular de solo preparado para plantação. É uma imagem bastante positiva, pois os pedaços começam a ser juntados. Uma diferença de níveis ainda existe, contudo, pois entre a terra acima e a terra abaixo há uma brusca mudança de nível, tal como a que frequentemente aparece na geografia psicológica do sonho onde há dois níveis e nenhum elo de ligação entre eles. Tal sonhador pode passar entre o intelecto e o instinto em sua maneira de viver, sem qualquer ponte. Mas isso necessariamente não representaria nenhum perigo, pois é normal nos jovens que ainda não harmonizaram a relação entre os dois. O dano no psiquismo deste sonhador proporcionou a cura: o nível da terra está indo até ele através da aceitação de uma situação desconhecida e no enfrentamento dela, ele está caindo na realidade pela primeira vez — está tocando a terra sobre a qual vive. Como vocês interpretariam isso? Ele podia ver as florestas, ou apenas o solo, mas ele vê os campos arados.

Resposta: O homem em relação à terra.

Sim. É a terra cultivada e dividida entre várias pessoas, com a desvantagem dos inúmeros muros, cercas, estradas, e todas as limitações inerentes à propriedade privada. É a terra civilizada que sugere trabalho, e dessa maneira nos lembra as palavras de Jung que dizem que o trabalho é parte da cura da dissociação e das dificuldades do *puer* — arar um pedaço de terra é ótima terapia. Lembro-me que ele disse a um *puer:* "Não importa que tipo de trabalho você faça. A questão é finalmente você conseguir fazer algo consciente e completamente, seja lá o que for". O jovem insistiu que se ele encontrasse o trabalho certo ele trabalharia, mas que não estava conseguindo encontrá-lo. A resposta de Jung foi: "Tudo bem, apenas arranje qualquer pedaço de terra. Are-o e plante algo nele. Faça negócios, dê aulas ou faça qualquer outra coisa que aparecer, mas entregue-se e dedique-se inteiramente a ela". Todos têm diante de si um campo de realidade onde poderão trabalhar se quiserem, e o truque infantil de dizer "eu trabalharia se este fosse o trabalho certo para mim" é um dos autoenganos do *puer aeternus,* que serve para mantê-lo preso à mãe e conservar sua identificação megalomaníaca com os deuses, que, como vocês sabem, não trabalham. Com exceção de Hefesto, que foi muito desprezado pelos seus pares, não existem deuses trabalhadores na mitologia. Os campos arados indicam também limitações. Isso nos remete ao confronto com a realidade, que impõe restrições. Chega-se à miserável condição humana: mãos atadas e impossibilidade de se fazer o que se quer, o que o *puer* odeia. O que se produz é tão pouco comparado às fantasias que se tem deitado na cama, sonhando acordado com tão grandes feitos!

A seguir há mudança automática no sonho, pois o vale é subitamente substituído por água gelada e estagnada. O sonhador identifica-o com o complexo materno, no qual não quer cair. É ameaçador, e o que antes parecia uma explosão de luz lembra agora uma bolha de sabão com uma caveira dentro. O mesmo mundo no qual ele estava afundando agora mostra um aspecto totalmente destrutivo e negativo, sem que nada no sonho justificasse tal mudança. Se o sonhador tivesse pensado ou feito alguma coisa poderíamos dizer que foi o pensamento errado que fez tudo dar errado. Se, enquanto afundava, ele tivesse pensado que não gostava da realidade limitada e então a mudança tivesse ocorrido, o sonho seria fácil de interpretar. Se a pessoa recusa a terra, fica presa à estagnação e a ser perseguida pelo complexo materno e depois morrer. Isto seria um modo superficial de interpretar o sonho, mas na verdade as coisas são muito mais complexas, pois ele continua a cair em direção ao fundo do vale. Não pretendo ter compreendido todo o significado disso, mas gostaria de dizer o que compreendi de alguns aspectos.

Vamos começar com a água estagnada. O que sugere estagnada é, na realidade, o não fluir da água da vida. O gelo sugere ficar congelado ou frio. Sem dúvida esse homem era muito frio. Se assim não fosse, não teria agido daquele modo com sua namorada. Ele não tinha sentimentos, ou sua capacidade de tê-los havia sido destruída por seu sistema familiar, ou então ele estava tão ligado à mãe que não sentia nada pelas outras pessoas. Como vocês se lembram, eu conversei com ele pessoalmente apenas uma vez, e não sei dizer a causa de sua frieza. Temos uma pista da solução do problema quando ele associa o fundo ao complexo materno. De modo geral, uma bolha de sabão é uma metáfora para a ilusão que se desfaz no ar. Tem um grande volume e uma superfície linda quando o sol a ilumina, mas é uma esfera vazia que quando bate em um corpo sólido se dissolve. É possível que isso seja acompanhado de alegres fantasias pelas crianças que adoram fazê-las. Construir castelos no ar, ou fantasias, é como ter um cinema interior onde você é o herói ou heroína. Neste sonho, ela está associada à estagnação, frieza, ilusão e morte, sem que aparentemente o sonhador tenha culpa disso. Não devemos esquecer que este homem tinha feito análise freudiana. Que efeito tem esta no ser humano? Ela produz uma atitude racional diante da vida, da qual ela rouba todo o mistério: a pessoa fica sabendo tudo sobre a vida, e se ela não sabe, o médico de uniforme branco que senta atrás do divã sabe. A análise freudiana explica tudo para você como se o complexo de Édipo e outras coisas não fossem nenhum mistério; ao contrário, elas são tão claras! Todos os objetos longos são fálicos, os outros são femininos e o resto têm conotação sexual. Assim a interpretação dos sonhos torna-se muito fácil e monótona. Uma vez Freud chegou a comentar com Jung que não trabalhava os sonhos tanto mais porque isso era muito monótono! Naturalmente! Ele sabia o que ia acontecer, aí ele bancava o mágico que punha um coelho na cartola para depois tirá-lo triunfalmente em frente à plateia. Essa é a interpretação freudiana dos sonhos: a pessoa já sabe no que vai dar; principalmente no complexo de Édipo que o psicanalista tira da cartola como o mágico tira o coelho. Sua mente se fecha à possibilidade de existir algo que você desconhece, ou que você possa sonhar com algo que ainda é desconhecido para você. O ego é portanto preenchido com a ilusão consciente de que basta conhecer tudo a respeito do psiquismo e assim a vida fica totalmente estagnada.

Certo tipo de homem que possui o complexo materno fica muito atraído pela psicologia freudiana porque seu efeito no indivíduo é parecido com o do complexo materno, isto é, é uma outra prisão, e desta vez você fica preso em uma situação que é conhecida por você a nível intelectual. O sistema freudiano tem suas lacunas, mas seu fundador não reconheceu isso. Freud criou um sistema fechado e acabado, exceto no aspecto físico, onde há algumas aberturas para a química biológica. No lado religioso ou filosófico não há aberturas, tudo é definido com precisão. Por essa razão a análise freudiana atrai tanto a vítima de grave complexo materno, com sua atitude voraz e egoísta, porque lhe oferece uma outra redoma de proteção. É fácil aprender sua terminologia e a pessoa que faz análise por uns seis meses já a domina. Se você tiver um cliente que já fez esse tipo de análise ele trará para você um sonho com a interpretação pronta. Você fica perplexo com o sonho e esforça-se para encontrar um significado, mas ele o interromperá, perguntando se não está de novo na situação edipiana. Tais pessoas têm tudo sob controle, e portanto a vida não pode fluir.

A análise freudiana muitas vezes é completamente desprovida de sentimentos. Os fatos confirmam isso, pois o médico é proibido de nutrir quaisquer sentimentos pessoais por seus clientes e os evita usando uniforme branco e sentando-se atrás deles. Qualquer sentimento ou reação pessoal é suspeito (falo aqui da escola freudiana ortodoxa — há outras novas linhas). Se a função sentimento do cliente já se encontra perturbada a situação pode ficar catastrófica; a dissociação pode piorar e muito. Nosso sonhador, como um macaco esperto, tinha assimilado a explicação freudiana para justificar seu donjuanismo. Não estou acusando sua análise freudiana por isso; penso que pelo menos isso foi um recurso que ele mesmo descobriu. Eu não sei. O fato é que todas as vezes que ele se aproximava de uma garota pensava no complexo materno e se afastava; desse modo, a teoria freudiana ajudou a manter seu donjuanismo. O que é pior é que isso é parcialmente verdadeiro! Naturalmente, o homem que procura uma companheira em mulheres diferentes (Goethe se referia a isso como "ver Helena em toda mulher") é o complexo materno. Isso é uma desculpa ótima para fugir! E é mesmo verdade que as primeiras atrações são devidas ao complexo materno — isto é, ao jogo da *anima* — e elas provam ser uma ilusão. Nunca vi um homem que, tendo uma relação duradoura com muito sentimento por uma mulher, não se sentisse um pouco desiludido e decepcionado e, no final, não tivesse tomado consciência da transitoriedade das coisas da vida.

Eu gostaria de propor uma análise mais filosófica deste sonho: Se você se aventurar a viver a vida — dentro da realidade — ao invés de ficar de fora para evitar o sofrimento — você descobrirá que a terra e as mulheres são como um campo fértil no qual pode trabalhar, e que a vida é também a morte. Descobrirá que se se entregar à realidade, terá desilusões e que no fim de tudo encontrará a morte[24]. Se você aceitar sua vida também aceitará a morte no sentido mais profundo da palavra, e é isso que o *puer* não deseja. Ele se recusa a aceitar que é mortal, e é por isso que recusa a realidade, pois esta lhe traz a consciência de sua impotência e finitude. Portanto, podemos dizer que seu sonho contém uma filosofia de vida que não surpreenderia o homem oriental. Um hindu diria: "Certamente, se você vive, e se ama uma mulher, abraça uma ilusão, e toda ilusão irá se mostrar como Maya — a grande ilusão do mundo — cujo final é a morte". Todos aqueles que conhecem algo sobre mitologia e filosofia oriental não se surpreenderão com isso. O que é surpreendente é que tal filosofia profunda surja em um sonho de um jovem europeu. O conceito é colocado claramente para ele: vida e encontro com uma mulher significam enfrentar a realidade; trabalho significa enfrentar a terra — desilusão, estagnação e morte. Esta é uma resposta honesta para aquele que vive o conflito de viver ou morrer. Não devemos esquecer que, quando criança, este jovem tinha passado por uma terrível experiência de perda. O pai se suicidou quando ele tinha cinco anos. Como vivia em uma cidade pequena, o menino ouviu fofocas e comentários sobre a verdadeira causa da morte. Provavelmente ele viu o pai morto no caixão. Devemos lembrar deste fato pois ele deve ter contribuído muito para sua dificuldade de enfrentar a vida. O inconsciente não coloca um bálsamo sobre a ferida nem traz consolo, e sim apresenta a verdade pura e simples: vida é morte e se você aceitar a vida e vivê-la, como agora está tentando fazer com esta moça, está caminhando em direção à morte. A morte é o objetivo da vida.

---

24. Soube que o sonhador morreu com quarenta e cinco anos! Portanto, esta parte pode ser tomada como uma premonição.

Achei este um caso clínico muitíssimo interessante, pois a tendência do terapeuta é focalizar a vida do analisando e esforçar-se para contagiá-la com otimismo; quer dizer que quando incentivamos uma pessoa a viver a vida, devemos passar para ela uma mensagem de que esta vale a pena ser vivida. Mas olhe só o que o inconsciente fez aqui! Chega a chocar o sonhador com o aspecto totalmente duplo da realidade. Se ele quiser dizer sim, ele não deve ter ilusões, pois é assim que as coisas são. Pois ele pode dizer sim ou não de maneira honesta. Se ele preferir se matar, esta também pode ser uma solução honesta.

Mais tarde, o sonhador abandonou a garota outra vez, apesar de tudo o que aconteceu. Em uma cidade grande, ele caiu nas mãos de uma prostituta russa cujos principais fregueses eram negros. Estes o odiavam porque ele era o seu único amante branco e fizeram várias tentativas de matá-lo. A prostituta russa era o aspecto Mãe-Terra de seu complexo materno — o que a garota em cujos braços ele havia sonhado não era, pois ela era sensível, introvertida, e não uma pessoa muito da terra. Com a russa, ele caiu na água estagnada de seu complexo materno e quase encontrou a morte. Seu complexo o fez cortar sua relação com a garota, que teria sido difícil, mas humana, e então o fez cair no próprio complexo.

Capítulo 8

A última conferência terminou quando estávamos no meio do sonho em que o homem estava deitado no colo da moça. No sonho ele estava lentamente caindo em uma grande fenda na terra. Primeiro, como vocês lembram, ele viu as estrelas e o céu abaixo, depois uma explosão de luz; depois viu campos como se fosse uma vista aérea, e então uma grande poça de água suja e parada que era como gelo mas não refletia. Ele quase acorda e diz a si mesmo que não tem medo, mas que a água é um símbolo da mãe no qual ele não quer cair. No fundo do vale, um foco redondo de luz aparece, com os contornos pouco definidos. Este explode como uma bolha de sabão na qual ele vê uma caveira, o que o intriga, pois o que a morte tem a ver com tudo aquilo? Ele repete que não está totalmente amedrontado e continua a cair lentamente no mesmo lugar. Então o sonhador continua contando: tudo desaparece e é substituído por um chão de linóleo amarelo com manchas marrons. A paisagem perde suas proporções gigantescas, e o sonhador, imaginando por que este linóleo cobre o chão, diz que é tudo muito surrealista. Ele vê tudo com muita clareza. Ri do linóleo, e na carta que me enviou junto com o sonho diz: "Não gosto de linóleo. É sempre frio e não é estético. Não gosto dele". Ele realmente o detesta.

Já discutimos a questão da caveira e dissemos que, de certo modo, o sonhador está certo em dizer que cair na água seria cair no vale com a caveira; ele estaria caindo em sua própria mortalidade e no estado inerte da matéria. Já lhes disse que ele na verdade abandonou a garota em cuja companhia teve o sonho. Depois disso, teve um caso com uma prostituta russa que tinha vários amantes negros que tentaram assassiná-lo em diversas ocasiões. Pode-se dizer que ele realmente caiu na poça de água suja, arriscando a vida e seu dinamismo. A prostituta russa era mulher gorda e da terra — obviamente uma figura materna. Apesar de ele não querer entrar nessa situação — de acordo com o sonho — passou por esta fase, e por assim dizer, perdeu completamente as asas. Ele já tinha o pressentimento que uma mulher o levaria para esta situação quando conheceu a moça, e é por isso que teve medo de dar continuidade à sua relação. Era por essa razão que sempre abandonava as mulheres, sentindo que atrás de cada uma havia o perigo de ser devorado. Seguir para a morte nem sempre precisa ter essa forma tão concreta, e muitos *pueri* morrem entre 30 e 40 anos por essa mesma razão. Mas há sempre outro modo de entrar em algo assim.

Depois que o *puer* perde as ilusões e o romantismo da juventude existe sempre o perigo de ele adotar uma atitude completamente única em relação às mulheres, à vida, ao trabalho em geral e ao dinheiro. Tornam-se céticos diante de tudo. Perdem os ideais e os impulsos românticos e naturalmente sua criatividade, deixando-os de lado como fantasias juvenis. Tornam-se práticos, limitados e medíocres, e apenas querem ter uma família, dinheiro e carreira. Tudo o mais é visto como romantismo sem sentido. É como se Ícaro houvesse caído na lama e a vida tivesse parado. Isso se deve a uma fraca consciência que não consegue conceber a possibilidade de enfrentar a dura realidade da vida e ao mesmo tempo conservar seus ideais. Tais pessoas tomam o caminho mais fácil e afirmam que ideias e questionamentos apenas complicam a vida. Essa atitude representa um grande perigo.

O sonhador, como você sabe, era muito embotado no aspecto do sentimento, e o gelo no fundo do vale reflete sua própria frieza — sua atitude basicamente fria e sua falta de sentimentos. É a função do sentimento que dá à vida sua cor e seu valor. Neste caso, o rapaz teve um grande trauma com o suicídio do pai, e sua vida tornou-se monótona, estagnada e fria. Se conversamos com essas pessoas, elas dirão que o ser humano é inviável e que apenas levarão a vida como autômatos, sem quaisquer ilusões.

Eu contei a vocês sobre um homem que tinha essa filosofia de vida e que sonhou com um príncipe que ele tinha que seguir. Ao segui-lo, o *puer aeternus* reapareceu e queria ser seguido, mas como uma figura separada do ego. Tendo-se identificado com o príncipe, o homem caiu na lama na estrada, e então se tornou dois; quando o príncipe reapareceu, ele ainda estava apaixonado pela noiva a quem deu uma joia em forma de lágrima. O homem teve que segui-lo e à noiva, mas foi derrotado pelas figuras da sombra. Pode-se dizer que, para evitar a estagnação, é necessário encontrar a sombra várias vezes. Quando você se identifica com o arquétipo do *puer aeternus,* a sombra deve ser enfrentada a fim de possibilitar a pessoa cair na realidade. Mas, quando você se identifica com a sombra, o arquétipo do *puer* deve ser enfrentado novamente a fim de integrá-lo, pois é isso que leva aos próximos passos. Já vi vários casos em que a decepção não estava tão ligada com a mente e o lado espiritual, mas que afetava a atitude do homem em relação ao casamento.

Quando esse tipo de Ícaro perde as asas e cai no aspecto inerte da mãe e da matéria, até alguns homens que são bastante independentes não conseguem aceitar a ideia de casamento. Sentem que este seria como uma prisão — um temor típico da mentalidade do *puer* e dos que têm complexo materno. Quando casam, como o Dr. Jung comentou uma vez, eles ficam como um bom filhote de cão quietinho em sua cesta sem nunca sair dela. Nunca fazem nada de novo, sequer ousam olhar para outra mulher e geralmente se casam (mesmo se quando jovem ela possa estar lindamente disfarçada) com um tipo de mulher devoradora. Se ela não for assim, eles a induzem a ser, assumindo o papel de menino ou filho submisso. Então o casamento é transformado em uma prisão de hábitos sempre iguais e cômodos, que eles suportam com resignação. Tais homens se saem muito bem no lado profissional e geralmente se tornam muito ambiciosos, pois isso faz com que eles escapem do tédio do lar — onde tudo é rotineiro e previsível — e toda a sua energia, dedicação e eficiência são dirigidas para o trabalho. Enquanto isso, eles ficam completamente estagnados no aspecto de Eros.

Nada mais acontece, pois o casamento é a armadilha definitiva na qual ficaram presos. Portanto, o *puer aeternus* pode cair na água estagnada do lado mental, onde ele perde sua criatividade, ou do lado de Eros, onde ele perde a capacidade de envolvimento emocional e fica acomodado em uma situação convencional.

Também dissemos que a caveira naturalmente representa o conceito de morte. Um dos problemas é que se o *puer* entra na vida deve enfrentar o fato de que terá de conviver com a ideia de sua mortalidade e da finitude das coisas do mundo. Esta é uma variação do velho tema mitológico que diz que depois de perder o Paraíso, que é um tipo de útero arquetípico, o homem toma consciência de ser incompleto, imperfeito e mortal. Através dessa caveira, dessa tomada de consciência da morte, o sonho nos mostra que a luz explode novamente, o que quer dizer que em tal conscientização deve-se esperar ainda mais luz, isto é, o sonhador seria iluminado se ele pensasse nesses fatos da vida e os aceitasse. Depois disso, a paisagem muda completamente e perde suas proporções gigantescas. Agora aparece o linóleo no fundo do vale. Primeiro, o sonhador olha para a fenda e vê as estrelas abaixo, então aparece o céu escuro com as estrelas; e depois o linóleo amarelo onde as estrelas tornam-se manchas marrons. Ele olha para a mesma paisagem; mas há uma enantiodromia na cor: o que era claro agora tornou-se escuro e vice-versa. Isto, ele diz, é mesmo surrealista. Não tenho mais dados sobre o linóleo a não ser sua aversão pela frieza e feiura dele; devemos recorrer ao nosso próprio material, embora isso possa parecer arbitrário. Pode-se dizer que o linóleo é o revestimento típico da casa de pessoas de classe média baixa e dos pobres. É barato, e nos faz lembrar a atmosfera um tanto deprimente dos cortiços que têm cheiro de repolho. Agora, pela primeira vez, não é a natureza que cobre o chão. Ao invés disso, há um material artificial, feito pelo homem, material de qualidade duvidosa, o que combina com o fato de a paisagem ter perdido suas proporções gigantescas e estar reduzida a tal insignificância. As estrelas viraram manchas escuras, e o que era terra marrom virou linóleo amarelado. Aqui vemos o perigo de cair na banalidade associada ao fato de o chão ser artificial e feito pelo homem. Discuti essa parte do sonho com

Jung. Ele me respondeu o seguinte: "O linóleo é a essência da realidade banal e antiestética do pequeno burguês: casamento, impostos, endereços, leiteiros, faxineiras, aluguel... é a quadratura da terra com seus ângulos retos nos quais a pessoa não vê nenhum símbolo. (É isso) que sufoca, massacra, aprisiona na mediocridade da vida. Este é o verdadeiro poder demoníaco do símbolo da realidade da qual o *puer aeternus* gostaria de fugir, mas que o prende como ímã. O *puer* deve superar tal situação, e o único jeito de fazê-lo é enfrentando-a, pois só se supera o medo depois de tê-lo experimentado. O mistério do ser está oculto dentro do banal; aquele que foge dele torna-se vítima do medo imaginário. A acomodação é 'sartori'; próxima do *Self*. A pessoa tem que tornar-se pequena e feia para se livrar da tutela do Bardo. Somente a partir da mediocridade podemos ver e atingir a grandeza. Ele deve sentar-se no linóleo e meditar: *tat twan asi*. O filho da mãe consegue encontrar-se apenas na matéria",[25] *ad lineam*.

Agora, no sonho, as proporções gigantescas desaparecem e há um certo nivelamento, o que significa que, mesmo não caindo na mediocridade, as grandes polaridades e — para sua personalidade fraca — a enorme tensão no seu psiquismo foram aplacadas e os opostos se aproximaram. As estrelas, contudo, que são o aspecto luminoso dos complexos arquetípicos no psiquismo coletivo, agora se tornaram pontos escuros.

Como os arquétipos dos complexos aparecem nas pessoas normais? Elas diriam que a vida é muito clara, a não ser por alguns poucos pontos problemáticos, os pontos negros — os complexos! Na verdade, quando Jung descobriu os complexos do inconsciente ele se referiu a eles como pontos negros, isto é, lacunas no campo da consciência. Fazendo a experiência da associação ele descobriu que o campo da consciência se encontrava formado de forma clara e perfeita, e que podemos associar clara e perfeitamente a não ser quando se toca em um complexo, quando então se encontra a lacuna. Se na experiência de associação tocarmos um complexo, paramos de associar ou retardamos a associação. Isso, portanto, é a condição normal

25. Carta inédita traduzida pela autora, datada de 28 de agosto de 1952. Citada com permissão da família de Jung.

do inconsciente: tudo fica claro a não ser os pontos desagradáveis dos complexos, atrás dos quais estão os arquétipos. Isto é, por exemplo, o que alguém sempre percebe quando uma forte enantiodromia está presente. Se depois de um surto psicótico a pessoa passa pelo que é conhecido como restauração regressiva da persona,[26] eles podem chamar o que significou iluminação para eles (a fonte de *insights* fortes que a pessoa experimenta quando cai no inconsciente coletivo) de pontos escuros que devem ser evitados. Essa é uma situação muito pouco saudável. Se você tirar a pessoa do surto psicótico por meios farmacológicos, ela muitas vezes tende reprimir toda a experiência do inconsciente coletivo, com sua excitação e iluminação, e nunca mais querer falar desse episódio que considera um ponto negro em sua vida. Essa é uma reação típica no caso em que o ego está fraco demais para suportar os opostos e ver ambos os lados da situação: isto é, os arquétipos são a fonte de iluminação, mas a pessoa deve manter os pés firmemente plantados no chão, apesar disso. Por este sonho parece que o sonhador estava em perigo de cair no lado oposto — completa mediocridade — mas quando lhe escrevi sobre o sonho eu lhe disse que essa era uma fase pela qual ele tinha que passar, e que depois disso deveria confiar no inconsciente para dar o próximo passo; que, por enquanto, aquele era o lugar em que ele deveria aterrissar, que era um processo que não deveria ser interrompido; que ele cairia na mediocridade e abandonaria todos os seus ideais — e tornar-se-ia um anjo que perdeu as asas.

Comentário: Pode-se dizer que pelo menos naquele chão ele poderia caminhar, enquanto no céu seria impossível.

Sim, é assim, e ele poderia caminhar também nos campos que apareceram primeiro, depois dos quais apareceu a caveira, na qual ele não podia andar e que foi seguida do linóleo, onde podia caminhar. Há, portanto, duas mudanças: a terra fértil, a morte, e então algo sobre o qual ele podia ficar de pé. Penso que foi uma pena o sonho não terminar na parte do campo, pois essa teria sido uma ótima solução para o problema. Mas ele era

26. Jung, *Dois Ensaios*, §§ 461 ss.

incapaz de ver a realidade como algo que pode ser trabalhado e transformado. Era passivo demais para isso. Ele procurava uma base na qual se apoiar, mas não conseguia assumir uma postura masculina em relação à realidade; não conseguia dizer que se as coisas não eram do modo que ele gostava, as transformaria para que ficassem do seu jeito, imprimindo nelas sua marca. O gesto criativo masculino de pegar a argila, modelando-a de acordo com suas próprias ideias, era o que ele não conseguia fazer. Permanecia passivo e aceitava a realidade, mas então ela tinha que apoiá-lo e ser algo sobre a qual ele podia ficar de pé; mesmo assim isso é melhor do que antes, quando podia ter caído no abismo sem fundo. Ele ainda não encontrou sua masculinidade, e ainda é dependente da base materna. Quanto isso ainda significa um problema de não ter encontrado a sua masculinidade veremos no próximo sonho.

Pergunta: Será que o assoalho amarelo significa intuição?

Para um pessoa intuitiva, a realidade é sempre o que cria dificuldades e com o que a pessoa se defronta na vida. A cor amarela tem a ver com a intuição, mas não consigo encaixar isso com o assoalho — exceto que ele era sem dúvida um tipo de pessoa bastante intuitiva, e isso pode significar que pelo menos tinha agora encontrado a base de sua função principal. Ele era tão não nascido que ainda não havia desenvolvido suas funções inferiores e superiores. O complexo egoico era fraco e não havia desenvolvido a consciência, de modo que a sua função intuitiva pudesse ser realmente algo em que ele podia confiar. Seu oposto seria a realidade (à qual é relacionada através da função de sensação) e a intuição está sempre em conflito com a realidade. Para o tipo intuitivo, a realidade do mundo é o grande problema.

Pergunta: Pode-se dizer que um aspecto deve ser vivenciado a fim de alcançar-se o outro? Parece-me que se ele tem o linóleo para pôr os pés, pode também encontrar as estrelas, porque um substitui o outro, como as cores também se substituem.

Eu diria que o primeiro passo para o nascimento de sua consciência é o início do desenvolvimento de uma função superior; mais tarde, depois de muitos e muitos anos, ele poderá entrar em contato com a outra. Na prática, isso significa que, com um ser humano em tal estado de não nascimento, teríamos que nos concentrar inicialmente não em aproximá-lo de sua função inferior, mas em desenvolver sua função principal, o que normalmente acontece entre os dez e os vinte anos. Ele ainda tem que chegar lá, isto é, desenvolver a função principal, e depois disso pode chegar à função inferior e descobrir o problema que está por trás dos irritantes aspectos da realidade.

No sonho seguinte que ele me escreveu, dizia que estava em uma espécie de *razzia* (quer dizer, uma batida policial). Ele não quis fugir porque não tinha nada a temer. É colocado em uma sala, e depois de algum tempo a porta se abre e ele vê que sua carcereira é uma mulher. Pergunta-lhe se ela vai deixá-lo sair, já que é inocente e ela diz que sim, mas que primeiro terá que responder a algumas perguntas. Então ele ouve gemidos na cela contígua e percebe que o interrogatório é acompanhado de torturas. Sente muito medo da dor e acorda. Não enviou nenhuma associação, mas este sonho se refere claramente ao complexo de fobia de prisão e de polícia. Como vocês se lembram, ele não conseguia cruzar a fronteira da Suíça porque achava que ia ser preso, e sempre fugia quando via um policial. Associado à carcereira, vocês se lembraram que ele era pintor. Escreveu-me que tinha pintado uma vez o retrato de uma mulher desconhecida, uma mulher imaginária. Trabalhou nessa pintura durante quatro anos e ela se tornou tão vívida e significativa que ele tinha que mantê-la coberta com um pano — especialmente à noite — porque sempre temia que ela criasse vida e o atacasse. Não conseguia dormir no mesmo quarto com ela por essa razão, e então a pintava, cobrindo-a rapidamente depois. Às vezes não a olhava durante semanas porque ela era uma coisa viva para ele. Este é um exemplo impressionante da *anima*. A pintura não o lembrava de nenhuma mulher real. Era a representação da *anima*, da imago da mulher dentro dele e tornou-se tão viva para ele, que a temia! O velho tema de Pigmaleão!

Agora devemos examinar esse estranho complexo de polícia e prisão, que na realidade era um tipo de fobia. O sonho é muito importante porque começa a se ligar a algo em que quero chegar no fim de minha conferência: que estamos lidando com um problema que não é apenas individual, mas que afeta toda a nossa época — o estado policial, o sistema absolutista que tortura milhares de pessoas, e que está cada vez mais se tornando um problema de nosso tempo. O mais estranho é que são principalmente os *pueri aeterni* que se tornam torturadores e que estabelecem sistemas policiais tirânicos e assassinos. Portanto, o *puer* e o estado policial têm uma ligação secreta entre eles, e um forma o outro. O nazismo e o comunismo foram criados por homens desse tipo. O tirano verdadeiro e o organizador verdadeiro da tortura e da supressão do indivíduo revelam-se portanto como sendo originados de seus complexos maternos não resolvidos. Isso é o que determina a natureza de seus atos.

Por estar o sonhador na rua podemos dizer que ele está no coletivo. No presente, contudo, ele não tem nenhuma relação com o coletivo, pois é um ser humano solitário e isolado com uma atitude inteiramente associal. De maneira alguma está em contato com seus sentimentos, não tem nenhum amigo verdadeiro — a não ser o homem a quem entregou a garota, mas não havia entre eles fortes sentimentos de amizade — portanto, está perdido no coletivo. Ele é o anônimo das ruas e aí é pego pelo sistema policial. Qualquer um que tenha uma personalidade fraca e não é um indivíduo total é ameaçado por ambos os lados; não apenas é ameaçado de destruição pelo inconsciente coletivo, como também pela coletividade exterior. A pessoa com um fraco complexo egoico nada entre Cila e Caribde — entre o demônio e o profundo mar azul. Ou o inconsciente coletivo ou a coletividade de alguma forma (principalmente os movimentos coletivos) o cooptam. Identificar-se com a persona ou com um movimento coletivo é portanto um sintoma de personalidade fraca, do mesmo modo que ficar louco e cair no inconsciente coletivo. É apenas uma variação do mesmo tema, e esta é a razão pela qual as carreiras desses movimentos coletivos absolutistas são geralmente muito fracas no que concerne ao ego.

Lembro-me de um médico dizendo-me que no início da segunda guerra mundial, quando ele era um renomado especialista em estômago, tratou de um alto oficial nazista que tinha úlcera. Ele conseguiu curá-la, e como resultado ficou conhecido nos círculos nazistas como um bom médico de estômago. Durante toda a guerra foi, portanto, procurado para tratamento particular por muitos oficiais nazistas de alta patente. Sob a *religio medici* (o código de ética médica) ele não se recusou a tratá-los. Ele disse que era incrível ver os torturadores dos campos de concentração, estes assim chamados heróis, tirar os imponentes uniformes, e debaixo dos músculos treinados de esportistas e da pele bronzeada, encontrar os problemas histéricos e nervosos do estômago. Esses pseudo-heróis não passavam de filhinhos mimados de mamãe. Ele teve que dispensar muitos deles — dizendo-lhes que seu problema era apenas emocional — pura histeria. Para esse médico a experiência foi muito ilustrativa. Não era o que ele esperava, mas para nós faz sentido. Se ele lhes propunha uma cura ou regime não muito agradável, eles não tentavam o tratamento. Além disso, se ele tocava nos problemas deles, eles começaram a chorar. Ele dizia que quando eram despojados da persona do herói não passavam de mulheres histéricas.

Nosso sonhador achava que ele podia escapar porque era inocente, portanto ainda acreditava na ideia antiga do estado jurídico normal, como o que temos na Suíça, onde só é preso quem comete um crime. Não se precisa temer a polícia pois quem não deve, não teme. Fica bastante claro pelo final do sonho que a questão do bem e do mal está em pauta aqui. Ele ficará livre, mas será mesmo assim torturado pela polícia. Suas tentativas de declarar-se inocente não adiantaram. Como vocês interpretariam essa ideia de ser inocente? Se lembram o que lhes contei sobre ele, sobre como era bonito, louro e delicado, com o casaco azul celeste e se perguntarem que mal praticou na vida, poderão dizer que nenhum, além do fato de ele nunca ter feito nada! Ele pecou por não ter pecado. *Ele não viveu.* Se você viver, é obrigado a pecar: se comer, então outros não poderão ter aquela comida. Fechamos nossos olhos ao fato de milhares de *anima*is serem sacrificados para que possamos sobreviver. A vida é associada à culpa, e ele, não tendo vivido, não acumulou culpa ativa, e sim muita culpa passiva. Pense em todas as moças abandonadas. É verdade que ele nunca bateu nelas ou as deixou com um filho ilegítimo. Não fez as coisas que um homem mais viril teria feito; abandonava as mulheres desaparecendo da vida delas de repente, o que é tão cruel e imoral como fazer algo que é tachado de errado. Ele cometeu o pecado de não viver, mas é o típico homem que, por causa do complexo materno, tem uma atitude superior e asséptica em relação à vida, que acha que pode pairar acima de tudo, mantendo a ilusão de pureza e inocência. Ele não compreende que está secretamente acumulando sujeira; este sonho diz claramente que não conseguirá manter aquela ilusão para sempre. A vida se encarregará de destruí-la. Ele não pode continuar como o menino inocente da mamãe que nunca fez nada de errado, mesmo que assim o deseje. Portanto, é pego pelas forças coletivas em uma forma negativa. Pode-se dizer que sua masculinidade reaparece na polícia. Porque ele mesmo não quer vivê-la, ela se mostra contra ele. O que quer que a pessoa tenha dentro de si e não vivencie, cresce contra aquela pessoa, e assim o sonhador é agora perseguido por torturadores e pela polícia e descobre que o verdadeiro demônio é a figura da *anima* que ele tinha pintado por tanto tempo. Ela é a verdadeira torturadora nos bastidores. Essa figura da *anima* é obviamente uma variação da imago materna dentro dele. É ainda a *anima*, *sensu strictiori;* é a *anima*, mas a *anima* é idêntica à imagem da mãe, que é o diabo nos bastidores. Vocês conhecem alguma versão mitológica da imago da mãe e suas perguntas torturantes?

Resposta: A Esfinge.

Exato. A Esfinge é a imagem da Grande-Mãe que interroga aqueles que querem permanecer inocentes. Édipo, também, queria ser inocente; fugiu de casa para evitar o cumprimento da profecia que ele mataria o pai e casaria com a mãe, e fugindo, tentando evitar a culpa, correu de encontro a ela. No sonho, temos uma versão moderna do tema de Édipo: esse homem também acha que pode fugir ao destino, e também cai nas garras da Esfinge, que lhe faz uma pergunta impossível de responder.

O tema da Esfinge que propõe o enigma — ou, no nosso caso, a mulher esfinge que o interroga enquanto ele é espancado — leva ao problema crucial, universal e arquetípico que eu acho que ainda não foi suficientemente explicado. Tem a ver com o que eu chamo de pseudofilosofia — o tipo errado de racionalidade induzida pelo complexo materno. O melhor exemplo disso é encontrado no conto de fada russo chamado "O Czar Virgem" sobre o qual falei na última palestra. A história é sobre os três filhos do Czar que saem pelo mundo obedecendo às ordens dele. Como vocês se lembram, os dois mais velhos tomam o caminho da esquerda e da direita. O que foi pela esquerda é aprisionado por uma prostituta, e o outro por seu próprio pai (um fica prisioneiro do desejo sexual enquanto o outro regride para a tradição). Apesar de ter sido avisado que estava indo ao encontro de sua morte, o herói, como vocês se lembram, segue direto em frente. Seu cavalo passa pela morte e pela ressurreição, mas o herói fica vivo. Então encontra a grande feiticeira Baba Yaga, que tece seda e vigia os gansos no campo com os olhos, limpa as cinzas do fogão com o nariz, e que mora em uma cabana construída sobre pés de galinha com uma crista de galo no topo. A cabana é giratória. Primeiro ela diz um verso mágico para que a cabana pare de girar. Ele então entra e encontra a bruxa limpando as cinzas com o nariz. Ela vira-se para ele e pergunta: "Meu filho, você está indo voluntária ou involuntariamente?" Ela queria dizer nessa missão. Na verdade, eles partiram involuntariamente, desde que os rapazes foram desafiados pelo pai em um jantar festivo, quando este disse que nenhum dos rapazes tinha feito o que ele havia realizado: o impulso veio do passado tradicional e foi projetado no futuro. Por outro lado, a missão foi voluntária, particularmente no caso do mais novo, de quem riram, dizendo que ele não deveria partir, pois nunca chegaria a lugar nenhum devendo permanecer em casa à beira do fogão. Portanto, embora se possa dizer que ele realmente partiu voluntariamente, há algo errado na pergunta. Primeiro, contudo, devo contar-lhes a resposta, porque isso mostra como o problema deveria ser resolvido. Ivan responde: "Você não deve fazer tais perguntas a um herói, velha bruxa. Estou com fome e quero jantar, portanto avie-se!" E termina com algumas ameaças — muito vulgares e deliciosas! Ele sabe muito bem, vocês veem, que a bruxa não quer uma resposta e que a pergunta é um truque designado a torná-lo aleijado. Se ele fosse responder à pergunta, estaria escorregando em uma casca de banana. Era apenas um truque — não algo que deveria ser discutido.

A questão do livre-arbítrio é um dos problemas filosóficos nunca resolvidos pelo homem. O livre-arbítrio é um sentimento subjetivo. Intelectual e filosoficamente há argumentos contra e a favor, e você nunca consegue provar nenhum deles. Se você se questionar se está fazendo algo porque é obrigado ou porque o deseja, nunca terá uma resposta exata. Você sempre pode dizer que se sente como se o desejasse, mas que este desejo pode ser devido a um complexo inconsciente que o faz sentir-se assim. Como você pode afirmar uma coisa ou outra? É um sentimento subjetivo, mas é tremendamente importante para o ego sentir-se livre até certo ponto. É importante para sua disposição. Se você não consegue acreditar no livre arbítrio e portanto na livre iniciativa do ego, fica completamente deficiente, paralisado. Pode voltar-se para o passado e estudar o inconsciente cada vez mais profundamente, mas nunca sairá dele. E é essa a estratégia da aranha do complexo materno. É assim que a bruxa tenta derrotar o herói; ela quer que ele pare e comece a se questionar, se quer cumprir sua missão ou se apenas desafia o pai. Se fizer isso, está apenas acatando a sugestão do pai ou se exibindo porque riram dele em casa? Afinal de contas, ele realmente tem vontade própria? Você pode estar certo que ele ficará se questionando para sempre e a bruxa o dominará. Essa é a grande estratégia do complexo materno.

Alguns *pueri aeterni* escapam do complexo materno em aviões de verdade; eles voam para longe da Mãe-Terra e da realidade em aviões, enquanto muitos outros fazem a mesma coisa em aviões imaginários — saindo da realidade através de algum sistema filosófico ou intelectual. Não pensei ainda muito a respeito disso, mas me ocorreu que, especialmente entre os latinos, o complexo materno é combinado com um tipo de racionalidade forte, porém estéril — uma tendência a discutir o céu e a terra e Deus-sabe-o-quê de um modo racional e sem qualquer criatividade. Trata-se, provavelmente, de uma última tentativa de os homens salvarem sua masculinidade. Isso simplesmente significa que certos jovens, dominados pela mãe, fogem para o reino do intelecto. Até lá, a mãe, especialmente se ela é do tipo terra e do tipo de mulher com o *animus* ignorante, não conseguirá acompanhá-lo. Portanto, essa tentativa de fugir ao poder materno e à pressão do *animus* entrando no reino dos livros e da discussão filosófica, que eles sabem que a mãe não compreende, é bastante positiva. Tal homem tem um pequeno mundo — ele próprio polemiza com outros homens e tem a agradável impressão de que as mulheres não compreendem sua conversa. Desse modo eles escapam do feminino mas perdem sua masculinidade terrena nas garras da mãe. Ele salva sua masculinidade mental e sacrifica o falo. Ele deixa de lado sua masculinidade terrena que molda a argila, que domina e molda a realidade, pois esta é muito dura, e foge para o reino da filosofia. Tais pessoas preferem filosofia, pedagogia, metafísica e teologia, nada que lhes exija força, sangue e vitalidade. Não há questionamento verdadeiro em sua filosofia. Para eles, é como um jogo com palavras e conceitos e sem quaisquer qualidades convincentes. Não se conseguiria uma borboleta com tal sistema "filosófico". Ninguém o ouviria.

O intelectualismo pseudofilosófico é ambíguo porque, como eu disse antes, é apenas um modo de fugir parcialmente da figura materna dominadora. Mas é um modo incompleto, sendo feito apenas pelo intelecto e, assim, só o intelecto se salva. Isso é realmente o que a pessoa vê na tragédia do mito do Édipo, onde Édipo comete o erro de aceitar questionamento ao invés de dizer à Esfinge que ela não tinha o direito de interrogá-lo e que ele a atacará se ela insistir. Ao invés disso, ele lhe dá uma boa resposta racional. A Esfinge continua o jogo muito bem, aparentemente cometendo suicídio. Ele se congratula consigo mesmo e cai direto no complexo materno — na destruição e na tragédia — simplesmente por ficar contente consigo mesmo por ter superado a dificuldade respondendo à pergunta!

Para mim, o modo pelo qual a psicologia freudiana tomou esse mito e o generalizou é errado, pois o mito edipiano não pode ser compreendido sem o *background* da civilização grega e com tudo que aconteceu com ela como um todo. Se você pensar sobre a filosofia socrática e platônica, verá que eles descobriram o reino da filosofia e da mente pura em suas operações masculinas mentais. Mas quando você fica sabendo o que aconteceu com

Platão quando tentou testar ideias dentro da realidade, verá que elas tinham fugido da realidade e que ele não tinha encontrado uma filosofia com a qual pudesse construir a realidade. Foi um completo fracasso. Eles descobriram a pura filosofia, mas não a filosofia que poderia aguentar a prova da realidade. Do mesmo modo foram os fundadores dos conceitos básicos da física e da química, mas os egípcios e os romanos tiveram que mudar esses conceitos mais tarde na ciência experimental, pois os gregos não conseguiram provar suas noções através de experimentos científicos. Sua ciência permaneceu simplesmente especulativa, mesmo em suas mais bonitas formas. A isto seguiram as infindáveis guerras entre as cidades gregas e a trágica decadência da civilização grega. Assim que se viram às voltas com nações com autodisciplina física masculina militar — os romanos — eles foram derrotados. Portanto, embora tenham semeado as férteis sementes da filosofia no mundo mediterrâneo, eles não conseguiram manter sua produção de criatividade, porque nunca solucionaram o enigma da esfinge. Pensavam que uma resposta intelectual fosse a solução — uma ilusão pela qual os gregos pagaram. O mito de Édipo é na verdade o mito desse estágio de desenvolvimento da civilização; ao mesmo tempo, é o mito de todos os jovens que começam com esse mesmo conflito. É por isso que ele é também um mito universal.

A questão da bruxa russa — sua questão filosófica no momento errado — mostra que era um truque do *animus* da mãe devoradora; mais tarde, quando o homem está sozinho, é um truque do complexo materno apresentar uma questão filosófica no justo momento que a ação é necessária. Esse truque é muitas vezes usado na prática; por exemplo, um jovem quer sair para esquiar ou para fazer qualquer outra coisa com os amigos; está cheio da vitalidade da juventude, que tira a pessoa do ninho, e a torna ansiosa para estar com outros de sua idade, e a turma fica no maior entusiasmo para descer de barco pelo Reno até a Holanda. O jovem conta seus planos à mãe com toda a sua exuberância. A mãe então começa a se preocupar com o fato de ele ficar longe de casa. O rapaz está vivendo e aprendendo sobre a vida da maneira natural, e assim continuará desde que a mãe não se grude nele. Ela poderá, neste caso, dizer: "Você tem que fazer isso? Não acho que esteja certo. Não quero impedir você. Acho que é bom praticar esportes, mas uma viagem assim, agora...". Nunca está "na hora". Tudo tem que ser analisado antes — este é o truque preferido do *animus* da mãe devoradora. A princípio ela não tem nada contra, mas neste *caso* parece perigoso. Você quer *realmente* ir? Se ele for um pouquinho covarde começará a ter dúvidas e acaba perdendo o entusiasmo. Fica em casa no domingo enquanto os outros partem sem ele e sofre outra derrota em sua masculinidade. Ele não diz que não se importa se está certo ou errado, tudo que ele quer é ir! O momento da ação não é hora de discutir.

Sinto que é muito negativo neste aspecto para os filhos das pessoas analisadas por qualquer tipo de análise — freudiana, junguiana ou outras — porque vejo que a psicologia é usada por elas para incapacitar os filhos. Elas dizem por exemplo: "Não sei se viajar sozinho é psicologicamente bom para você". Na segunda geração, até a psicologia é perigosa; os filhos de pais sem cabeça psicológica têm mais sorte. Eles podem começar algo novo, o que os outros, dos pais psicologizados, não podem. O mesmo se aplica a analistas que querem manter o paciente em análise, que toda vez que ele quer partir para a ação, o analista diz que primeiro tem que se analisar os sonhos para ver se está psicologicamente certo. A sombra do *puer* faz o mesmo com ele, caso nenhum analista ou mãe o fizerem. Pode-se chamar isso de filosofia neurótica, filosofia no momento errado, substituindo a ação. Esta é a estratégia atrás do mito do enigma da esfinge e da questão diabólica da Baba Yaga no conto de fada russo. É o *animus* da mãe que diz: "Oh, sim, pode ir, mas antes vou lhe fazer umas perguntas!" Respondendo ou não às perguntas, ele é torturado. Mas há também um aspecto prospectivo nele, pois quando os homens no sonho são torturados, eles são socados no sinus. No país desse jovem, a língua tem origem latina e ele sabe o que sinus significa em latim: a curva, a baía do litoral (ou qualquer tipo de curva) mas especialmente a curva feminina — o seio. Portanto, quando o atingem no sinus, o atingem em sua feminilidade oculta. O sinus é uma cavidade que pode se infeccionar como os médicos aqui presentes sabem. É, portanto, um lugar oco, vazio, e "sinus" se refere a algo que, de modo oculto, é feminino dentro da cabeça, refere-se ao fato de que essa atividade intelectual, a pseudofilosofia e a pseudo-intelectualidade, tem qualidades femininas ocultas. Ser esse tipo de filósofo implica ter feminilidade oculta, e embora seja a mãe demoníaca que induz o homem a ser assim, é lá que ela o atinge. Pode-se ver na vida real como as mães fazem tudo o que podem para castrar os filhos: mantendo-os em casa e transformando-os em mulheres, e depois reclamando que eles são homossexuais ou que aos 43 anos ainda não se casaram, e como elas ficariam felizes se eles se casassem, que é tão irritante vê-los deprimidos dentro de casa, o quanto elas sofrem por eles serem assim, e como qualquer coisa seria melhor do que vê-los em casa nessa terrível situação. Mas, se uma moça entra em cena, ela a desqualifica pois nunca é a mulher *certa,* e nunca iria fazê-lo feliz, ela pode garantir, e por isso o romance tem de terminar. A mãe faz, portanto, o jogo duplo. Ela castra o filho e eternamente põe o dedo na ferida, criticando e reclamando. É assim que se dá no nível individual; o mesmo se aplica a tudo que se refere ao complexo arquetípico, pois a cura pode somente ser encontrada no lugar onde o complexo de destruição se situa.

No presente caso, você poderia olhar tal tortura como uma atividade do psiquismo inconsciente "causadora de neurose". Ele foi terrivelmente torturado por seus sintomas na ocasião do sonho, pois não conseguia ir a lugar nenhum por causa da fobia de prisão. O sintoma através do qual o complexo materno o torturava era ao mesmo tempo um questionamento, e se conseguisse tê-la entendido como tal, poderia ter perguntado o que ela queria dele, o que havia nas entrelinhas. E então teria encontrado a resposta. A tortura tem um aspecto totalmente duplo: se ele a compreender como um questionamento que o destino lhe coloca, ele consegue resolver o problema, enquanto se ele apenas fugir dela, terá que sofrer a tortura eterna imposta a ele pelo complexo materno. A decisão cabe a ele. Infelizmente o sonho termina: "Tenho pavor de dor física, e então acordo", o que mostra que este é um de seus problemas básicos. É o problema típico do homem que foi longe demais no complexo materno: ele não suporta a dor física. Geralmente, é por aí que a mãe que quer devorar o filho ataca, quando ele é bem jovem, com seu cuidado invasivo: dizendo-lhe para ficar longe dos outros meninos, pois são muito brutos, cercando-o de cuidados, e se ele volta para casa depois de uma briga, ela diz que vai conversar com os pais do agressor, dizendo-lhes tudo de horrível que o filho deles faz ao invés de dizer ao filho para não ser tão covarde e reagir. Assim, ele termina sendo um covarde diante da dor, o que forma uma base para o resto, pois ele fica incapaz de enfrentar a vida. Conheci um homem de cinquenta anos que não saía com mulheres porque, dizia ele, se saísse com ela para um bar e um bêbado o desafiasse ele teria de lutar, e isso era impossível para ele.

Comentário: Mas lembre-se de Júlio César! Ele tinha medo de dor física, mas não se pode dizer que era covarde!

Não, mas ele nunca cedeu ao medo! Ser sensível é algo diferente. Existem pessoas que são mais sensíveis à dor, mas a questão é entregar-se ou resistir. Há a história do francês e do inglês que na primeira guerra mundial estavam juntos em uma trincheira. O francês fumava nervosamente um cigarro após o outro, e caminhava de um lado para o outro. O inglês ficava sentado quieto, e perguntou ironicamente ao francês: "Você está com medo? Está nervoso?" e o francês disse: "Se você estivesse com tanto medo quanto eu, já teria fugido há muito tempo". Não é uma questão de sentir medo ou não: há pessoas de nervos de aço que têm uma falta de sensibilidade e não sofrem facilmente, enquanto outras já não são assim. Eu diria que é uma questão de ter coragem suficiente para aguentar o medo. César certamente suportava a dor, não importando quanto sofresse e temesse. Eu diria que essa atitude é realmente heroica. Como o francês insinuou, não é realmente heroico não sentir medo. O inglês não tinha imaginação e portanto permanecia quieto. Muitas pessoas são tremendamente corajosas mas simplesmente porque não têm sensibilidade nem imaginação. O problema real da coragem é poder suportar o medo e não fugir à luta, deixando de se defender e perdendo a honra. Este é um instinto profundamente arraigado, que existe nos machos de muitas espécies do reino *animal* assim como na raça humana, que não podem manter a honra e a autoestima sem pagar por isso. É essencial para a masculinidade básica, e perder isso significaria total castração.

Entre os *cichlidae* — uma espécie de peixe — o macho não pode cruzar com uma fêmea maior que ele. A razão é que esses peixes não enxergam muito bem, e não há muita diferença entre os dois sexos. Eles nadam em direção um do outro, e a primeira coisa que o macho nota é que o outro é maior, o que o alarma e "fica pálido"; quando se aproxima mais e vê que é fêmea, ele não consegue cruzar. Uma fêmea que encontra um macho maior pode ficar com medo mas consegue cruzar. O resultado, como explicam os zoólogos, é que no macho, o sexo e a agressividade podem se combinar, mas não sexo e medo. Na fêmea, sexo e medo podem se combinar, mas não agressão e sexo: aqui você tem uma síntese do problema *animus-anima*. Em outras áreas da natureza foi descoberto que se o *animal* macho perder sua autoestima, morre. Há uma linda história de Ernest Thompson Seton sobre um lobo que era excelente líder da alcateia e ótimo predador de gado. Essa alcateia também era excepcional. Foi preso com muita dificuldade e, sendo um *animal* tão famoso, não foi morto e sim amarrado e trazido para casa do caçador. A princípio ele ficou bravíssimo, com olhos ferozes, mas de repente, para a surpresa de todos, Seton viu os olhos do *animal* assumirem uma expressão distante e calma, e o *animal* relaxou. Ele foi deixado amarrado na praça até decidirem o que fazer com ele. O governador tinha oferecido uma grande recompensa por ele. Porém, no dia seguinte, o *animal* amanheceu morto sem ninguém saber por quê. Tinha morrido de humilhação, o que é bastante comum, particularmente no caso de *animai*s machos.

O mesmo acontece nas sociedades primitivas masculinas. Foi feita uma pesquisa durante a segunda guerra mundial para descobrir se as pessoas com alto nível de educação e cultura suportavam melhor a prisão do que as pessoas primitivas. Descobriu-se que quanto mais primitiva a pessoa, maior era o índice de suicídio por desespero. A estatística foi feita pela Cruz Vermelha e fui informada sobre ela por minha irmã que trabalhava para este serviço de assistência. Parece que entre as sociedades mais primitivas havia suicídio em massa. Em um campo americano de prisioneiros japoneses, onde eles eram bem-tratados, houve um alto índice de suicídio por desespero, e também se sabe que os africanos primitivos não suportavam a prisão por mais de três dias. Os das tribos das florestas, não importa o quanto sejam bem-tratados, definham e morrem. Eles perdem a esperança e morrem por razões psicológicas. Portanto, podemos afirmar que é essencial para o macho da espécie humana ter um sentimento de liberdade, autoestima e honra, junto com certa agressividade e habilidade de se defender. Isso faz parte da vitalidade do macho e, se for necessário pela mãe, ele cai, como presa fácil, do *animus* da mãe. Ela castiga o filho de maneira humilhante, privando-o de sua autoestima.

Outro modo perverso usado é a ironia. Conheço uma mãe que tornou seu filho um incapaz com sua língua viperina. Toda vez que ele queria afirmar sua masculinidade e tomar iniciativas ela fazia comentários maldosos que matavam toda sua vitalidade e faziam-no parecer ridículo. Um jovenzinho que parte para realizar uma missão heroica pode parecer ridículo ao adulto, mas ele deve ser respeitado, pois isso significa crescimento e masculinidade. Meninos brincando de índios e bandidos são engraçados, mas devemos reconhecer sua necessidade de assertividade, de autoestima e do sentimento de liberdade e independência. Isto é essencial e ninguém deve fazer nenhum tipo de comentário crítico sobre suas brincadeiras. Em certas culturas, as mulheres são proibidas de ver os homens quando estão usando máscaras e caudas de *animais*. As mulheres são mantidas à margem de toda iniciativa nas tribos primitivas, pois elas podem fazer um comentário irônico e tudo perderia o significado. Os homens sabem que parecem ridículos durante tais demonstrações de masculinidade, por isso excluem as mulheres. As mulheres também têm seus mistérios, como as primeiras tentativas da menina em usar maquiagem e penteados, e a gozação dos irmãos, diante destas primeiras tentativas de mostrar feminilidade, são terríveis. Por isso, elas preferem fazer tais experiências em grupo, longe dos olhares dos garotos.

Pergunta: O sinus não tem a ver com o nariz, e, sendo assim, não teria a ver com o sopro da vida? O nariz não fica entupido quando há problema no sinus? Bater no nariz não significa bater no sopro da vida?

Não, não acho isso. Depois do espancamento, a pessoa não pode mais respirar. Em si mesmo, o sinus é uma cavidade, mas nunca soube qual a sua função clínica. É um remanescente do passado, como o apêndice. Talvez o Dr. Mehnke possa nos dizer mais alguma coisa. Pelo que sei, ele não tem função alguma.

Resposta: Acho que é sua função que pode ficar infeccionada!

Portanto ele deve ser como o apêndice, uma coisa um tanto sem significado. Não tem função em si mesmo. Acho que isso pode fazer com que a interpretação fique mais rica e mais abrangente. A mulher no sonho não bate no sopro da vida, mas em alguma coisa desnecessária e é isso que dá ao sonho um significado que não é apenas negativo. Em outras palavras, se ele não tivesse tal cavidade, se ele não tivesse essa fraqueza feminina desnecessária nele, ela não poderia torturá-lo. Pode-se dizer que se ele fosse forte e viril, e não estivesse infectado — e portanto fraco — ela não conseguiria fazer nada. Sua falta de masculinidade mostra, no choro infantil, que ele era inocente. Como se isso importasse! Ao invés de dizer que era inocente, ele deveria ficar furioso e tentar se libertar. Mas, com essa reação passiva, sua esperança era que sua inocência o salvasse! Como se no nosso mundo as coisas fossem assim. De acordo com os ensinamentos cristãos, o mal não existe e, se a pessoa for inocente, tudo estará bem. Mas o cristianismo, sendo mal interpretado deste modo, nos tornou infantis e nos roubou de nossa atitude instintiva forte diante da vida, pois todos tentamos ser ovelhas inocentes, e portanto, indefesas. Isso nos lembra o problema de Saint-Exupéry, a ideia da mentalidade de rebanho e a infantilidade. É uma interpretação errônea do cristianismo que nos diz que, se formos inocentes, nada nos pode acontecer, pois os anjos da guarda cuidarão de nós. Mas a realidade contradiz isso, porque a inocência não adianta nada no mundo e na natureza. Ela é um convite aos lobos.

Capítulo 9

Agora entraremos no problema do *puer aeternus* como é visto na Alemanha, usando um livro de Bruno Goetz, *Das Reich ohne Raum* (O reino sem espaço) cuja primeira edição foi publicada em 1919, a segunda em 1925. É interessante notar que ele foi escrito e publicado muito antes do surgimento do movimento nazista em 1933. Bruno Goetz mostrou-se profético em seu livro, que, como vocês verão, antecipa todo o problema nazista, tornando-o compreensível, se o analisarmos da perspectiva do *puer aeternus*. Goetz previu todo o movimento em seu livro, incluindo o que está acontecendo agora na Alemanha. Acredito que através desse livro chegaremos mais perto do ponto que é o meu objetivo: os aspectos religiosos e cronológicos do problema do *puer aeternus*.

Goetz nasceu em Riga, em 1885. Seu livro é uma novela, mas ele começa com dois poemas que eu gostaria de citar:

> *Quando tudo o que conhecemos,*
> *Destruído, jaz em ruínas,*
> *Envolvida pelas dobras poderosas da morte,*
> *Nossos espíritos ardentes seguem cambaleantes*
> *Os sonhos que nos guiaram até aqui.*

> *Distante de nossos lares e de nossa terra natal,*
> *As ondas incertas nosso navio singra.*
> *Rindo, corajosamente, nos aventuramos em frente*
> *Como vikings, procurando terras ainda não descobertas.*
> *E se, durante a noite, o horror nos tomar, VÓS nos cantastes*

Cantigas de além mar
Os fantasmas se dissolviam na névoa amigável,
O mundo dissolvia-se na dança e no ritmo.
As estrelas propiciavam a boa sorte longamente esperada,
E radiante brilhava o reino sem espaço.

Então temos o segundo poema dedicado a "FO", que, como vocês veem, é a figura do *puer aeternus* no romance:

Quando a nuvem escura
Permanecia nos céus
E de todo o mundo
O sol se ocultava,

Das profundezas
Uma nova luz surgia
E, em nosso sonho, sabíamos
Que estáveis lá.

Ó sol que vem
Das profundezas de vosso olhar
E de vossos lábios
As correntezas do amor.

Por sobre as ondas do mar etéreo,
O esplendor de vossos membros
Nos preenche
De coragem ardente.

Juventude eterna,
Envolta na música das estrelas,
Doadora de conforto
Brilhantemente livre, e linda.

Homens e mulheres
Dançam em sua glória,
Mergulhando na morte
Por um suspiro vosso.

Para sempre na luz
Vossas formas brancas chamam
Onda após onda,
E nunca envelhecemos.

Como disse, a segunda edição deste livro foi publicada em 1925. Não consegui encontrar a primeira edição mas na segunda eles dizem que a primeira estava incompleta. O autor estava ausente na ocasião em que o livro foi publicado pela primeira vez, e o editor, por ter ficado muito chocado ou por qualquer outro estúpido motivo, cortou alguns capítulos. O livro foi erroneamente tomado então como sendo um panfleto político[27]. Quando o autor retornou, ele insistiu para que fosse novamente impresso e, no novo livro, esclareceu que ele nada tinha a ver com política.

Devemos lembrar que isso foi escrito bem após a primeira guerra mundial, a época da grande crise econômica na Alemanha, de desemprego em massa e de toda a miséria do pós-guerra. Foi nessa ocasião que um certo visionário patológico, um soldado chamado Schickelgruber (mais tarde conhecido como Hitler) empreendeu a formação de um grupo de jovens que ele lideraria para executar seu programa político delirante. O livro de Goetz foi publicado quatorze anos antes dos nazistas tomarem o poder, enquanto eles ainda faziam o trabalho clandestino. Foi um tempo do maior desespero coletivo consciente e de falta de objetivos, de desorientação coletiva; um tempo parecido, de certo modo, com o que estamos agora vivendo. Visto que a primeira edição foi publicada em 1919, e supondo que o autor deva ter levado algum tempo para escrevê-lo, chegamos à conclusão que foi escrito logo após a guerra e que as ruínas a que ele se refere em seu primeiro poema referem-se às catástrofes daquela época. O autor menciona o sonho tão apaixonado e ardentemente perseguido que os leva a atravessar o mar para novas terras e para algum perigo desconhecido, e então fala sobre alguém que canta canções que falam de um novo país e do surgimento, diante de seus olhos, de um "reino sem espaço".

O segundo poema do livro começa com o mesmo tema do céu escurecido por nuvens; embora o sol tenha desaparecido, uma nova luz surge das profundezas, e as pessoas que ainda dormem sentem como que uma presença invisível. A presença invisível é descrita como uma "eterna juventude envolvida pela música das estrelas" ("Ewiger Knabe umspielt von der Sterne

27. Frank Eaton, *Der Deihter Bruno Goetz,* Ria University Estudies, vol. 57, n° 4, 1972.

Getön"). O autor deixa claro que a juventude eterna é a rainha desse reino sem espaço, e que a pessoa tem que se aproximar da morte para vê-lo; que os homens e mulheres dançam em êxtase até a morte para ver esse reino totalmente transcendental. É portanto claro que esse reino seduz as pessoas para que elas para lá se mudem; ele as seduz para a morte.

O primeiro capítulo, com o título de "Schimmelberg" (A montanha do cavalo branco) diz que os habitantes da pequena cidade universitária — a Universidade de Schimmelberg — lembravam-se bem do velho capitão de mar, Wilhelm van Lindenhuis). O nome é alemão do norte, lembrando o holandês e é feito das palavras "Linde", que significa "limeira", e de "huis", que significa casa.

Houve muitos comentários a respeito de sua morte súbita. Primeiro sua mulher gentil, tristonha e doentia tinha morrido e depois disso as pessoas notaram que ele já não mais fazia suas caminhadas vespertinas. Mas quando eles avistavam seu rosto encovado atrás das janelas pensavam que ele havia estado doente e que estava se recuperando. Uma noite, contudo, dois jovens desconhecidos chegaram usando bonés de couro e o que o autor chama de "golas de mau tempo", isto é, golas levantadas para proteger do mau tempo. Eles tocaram a campainha da casa do capitão e ele próprio abriu a porta. Os transeuntes disseram que quando viu os rapazes, ele se retraiu e demonstrou surpresa, mas acabou por deixá-los entrar. Meia hora depois eles tornaram a deixar a casa.

Na manhã seguinte, o carteiro tocou a campainha e não foi atendido. Tentou de novo ao meio-dia e à tarde e, como ainda não obtivesse resposta, informou os vizinhos. Quando a porta foi arrombada, encontraram o velho sentado em sua poltrona, morto. Aparentemente ele havia morrido em paz, de um ataque cardíaco. Na casa foram encontrados uma coroa de espinhos e uma cruz de marfim na escrivaninha de seu filho Melchior. Por não haver poeira sobre esse objetos, enquanto tudo o mais estava coberto por ela, foi deduzido que eles haviam sido colocados ali há pouco tempo. Tudo foi tentado para avisar Melchior da morte de seu pai (Melchior é o herói da história). Telegramas e cartas foram enviados para Roma e todos foram devolvidos.

As pessoas comentavam que ele havia sido um jovem estranho e a seguinte história era contada a seu respeito.

Quando ele tinha uns quinze anos, tinha dois amigos: Otto von Lobe e Heinrich Wunderlich. Otto era um rapaz delgado, gentil, louro e aristocrático, ao passo que Heinrich era forte, moreno e ousado. Os três amigos formaram um clube místico secreto. Liam muita literatura dos alquimistas e dos rosacruzes e começaram a fazer experiências alquimistas a fim de encontrar um elixir — que teria o poder de mudar as formas. Depois de várias tentativas conseguiram produzi-lo. Todos queriam ser o primeiro a prová-lo. Como não entrassem em acordo a esse respeito, eles promoveram uma reunião com todos os outros membros do clube místico. Os outros eram mais fascinados pelo horror romântico da tarefa do que pelos detalhes que ficaram por conta dos três amigos, e não sabiam nada a respeito da toxicidade do elixir. Sorteou-se um nome e este era o de Otto von Lobe. Passaram a noite festejando e fantasiando o que eles poderiam fazer quando, como mágicos, mudassem suas formas e como uma nova era iria começar e a humanidade iria transformar-se. O transe foi aumentando e, de manhã bem cedo, foram até à beira-mar e voltaram-se para o leste. No momento que os primeiros raios de sol apareceram, Otto pulou, rasgou suas roupas e, de pé à luz da manhã, rindo alegremente, bebeu vagarosamente o elixir. Em poucos minutos estava morto. Uma investigação minuciosa foi feita. Melchior foi expulso da escola, recusando-se a prestar quaisquer declarações, e os outros foram duramente castigados.

Wunderlich, o garoto forte e escuro que era o segundo do grupo, mudou notavelmente depois desse acontecimento, deixando de lado todas as atividades estranhas e tornando-se pessoa bastante cínica e normal, mas de um modo bastante afetado. Estudou medicina e mudou-se, como clínico geral, para uma cidadezinha, onde viveu como um homem prático e comum que não queria mais ouvir falar de nada fantástico.

Aqui temos a descrição de algo que já ouvimos falar nas conferências anteriores: o Ícaro caído, que depois do êxtase da fantasia criativa, cai de novo na vida banal e comum. O terceiro membro do trio, Melchior, depois de ser expulso da escola, recolheu-se em casa e trancou-se por vários meses. Seu pai, que era muito interessado em magia, textos dos Rosacruzes e alquimia, o perdoou, não o admoestando nem ficando zangado com ele. A princípio, Melchior ficava apenas sentado em seu quarto por horas a fio, aonde lhe levavam a comida. Aos poucos ele começou a ganhar confiança de novo e iniciou discussões científicas com seu pai que, embora místico, não acreditava na possibilidade da transformação química do ser humano. Ele viu que, ainda que isso pudesse ser feito, não serviria para nada. Mas o filho estava fanaticamente envolvido com essa ideia e queria provar a todo custo que a forma original do ser humano poderia ser reduzida a cinzas e no seu lugar haveria um ser humano transparente, um espelho para as estrelas, como ele dizia. Melchior acusava o pai, que estava mais interessado na astrologia, de ignorante e limitado, e eles começaram a discutir cada vez mais. Aos poucos foram se separando, e acabaram parando de conversar um com o outro.

Melchior então começou a visitar Henriette Karlsen, a filha de quinze anos do diretor do museu local. Ela era linda, loura, delgada, olhos cor de âmbar e mãos finas e aristocráticas, de dedos longos. Trancado em seu quarto escuro, Melchior viu-a atravessando a rua. No dia seguinte saiu pela primeira vez e eles encontraram-se no museu. Ela foi até ele, tomou-lhe as mãos, olhando-o por um longo tempo com os olhos cheios de lágrimas, sem dizer uma palavra. Então Melchior virou e correu para casa. Daí por diante passou a encontrá-la todos os dias no museu, mas durante esse tempo Henriette foi ficando mais pálida e mais triste. Um dia, por acaso, o diretor do museu ouviu Melchior contando a ela que desde a infância ele via um rosto a espreitá-lo na janela de seu quarto todas as noites. Quando criança, ele ouvia uma leve batida na janela e quando olhava via um garoto pequeno e moreno, com olhos parecidos com os dele, olhando-o pela janela. Quando ele corria até lá, a visão desaparecia e ele sentava-se e chorava durante horas. Essas visões foram desaparecendo mas, enquanto ele e os amigos estavam fazendo a poção mortal que eles imaginavam ser o elixir transformador, ele viu o garoto de novo, desta vez cercado por outros com caras de deboche olhando pela janela. Desde que houve a tragédia da morte de Otto, eles tinham desaparecido.

"Graças a Deus", disse Henriette.

Com essa resposta, Melchior ficou furioso, perguntando-lhe como ela podia dizer uma coisa dessas, pois desde que eles desapareceram ele tinha ficado completamente sozinho, sem ninguém para ajudá-lo. Henriette lhe respondeu que, se ele a amava, deveria esquecer tudo, e se os garotos o chamassem ele não deveria segui-los.

Desesperado, Melchior lhe perguntou como ele poderia prometer isso, como ela podia pedir-lhe tal coisa. Ele só queria ir com os garotos e resolver esse enigma, levando Henriette consigo.

"Nunca", gritou Henriette, com medo mortal na voz. "Quer que eles me matem como mataram Otto?"

Melchior ficou muito zangado e, chamando-a de covarde, saiu como um furacão da sala, passando pelo atônito diretor e foi para casa.

No mesmo dia ele pediu ao seu pai para mandá-lo estudar em outra cidade, com o que seu pai concordou. Portanto Melchior só vinha em casa esporadicamente.

Depois que foi para a Universidade, nunca mais apareceu. Na cidadezinha todos ficaram sabendo que ele estava estudando química, que estava indo muito bem e que até se tornou doutor em química por Oxford. Henriette morreu de tuberculose no ano em que ele se formou. Portanto, aquela que não queria morrer e por isso se afastara dele, acabou morrendo cedo. Um ano antes da morte de sua mãe, Melchior voltou a sua cidade natal ficando lá por três dias. Depois disso partiu para uma viagem muito longa pela Índia e a China. A próxima notícia que se teve dele foi pelos jornais, os quais diziam que o famoso Prof. Cux o tinha convidado para ser seu assistente em suas pesquisas químicas. Ele voltaria para Schimmelberg e naturalmente todos estavam curiosos por ver o homem sobre cuja juventude contavam-se histórias tão estranhas.

Quando retornou, parecia normal, o que desapontou um pouco as pessoas. Tinha personalidade muito fria e um tanto estranha, com olhos cinzentos e fixos, mas a não ser isso, parecia

207

ser pessoa simpática e marcante. As pessoas ficaram satisfeitas de saber que tinha casado e ficaram fascinadas pela aparência exótica de sua mulher.

No primeiro dia o Prof. Cux lhe deu a notícia da morte do pai e da visita dos dois rapazes. Quando eles foram mencionados, Melchior pareceu ter recebido um choque mas logo se recobrou e fingiu não saber nada a respeito deles. Ele apenas comentou que seu pai tinha às vezes ideias estranhas; e que por isso conhecia tipos diferentes de pessoas, e que ele mesmo nada sabia a respeito.

Melchior então tomou posse da casa dos pais e a reformou. Ele e sua mulher, principalmente ela, levavam uma vida social muito ativa. Recebiam muita gente. Uns vinham por curiosidade e outros por outras razões que logo veremos. Quase todas as noites davam grandes festas, mas Melchior se retirava mais cedo, desculpando-se com os convidados, e ia estudar, enquanto os outros ficavam até tarde da noite.

Aos poucos, formou-se um escândalo. Melchior começou a descuidar-se do estudo científico e a tomar cada vez mais parte nas atividades sociais da mulher, imprimindo-lhes um novo cunho. As pessoas ficaram indignadas com a falta de respeito que ele demonstrava pela igreja e pelas instituições, mas acima de tudo elas estavam preocupadas com a influência cada vez maior que ele tinha sobre os alunos. Ele os induzia a tomar partido contra a ciência e a mentalidade científica, e os imbuía de um ceticismo radical contra a ciência estabelecida e a Igreja. Primeiro pensava-se que o professor Cux poria fim a isso. Mas logo se descobriu que o professor estava totalmente dominado pelo charme de seu assistente. Breve eles tiveram que parar de dar conferências. O professor apoiava Melchior em suas ideias sobre a ciência, dizendo que esta não era nada. As pessoas pensavam que eles falavam isso brincando. Porém logo soube-se que o velho havia casado com uma jovem dançarina em segredo. Todos naturalmente o desaprovaram, lamentando a influência nefasta que o círculo exercia. A maioria das pessoas se afastou deles, apenas poucas permaneceram fiéis a Melchior.

O círculo continuou a se reunir uma vez por semana na casa de Melchior. Suas festas eram excêntricas e orgiásticas e, embora os relatos tenham exagerado, pode-se acreditar que a atmosfera era terrivelmente imoral. As pessoas não acreditaram quando o pastor luterano liberal da igreja de Saint Mary, Mr. Silverharnisk, também tornou-se membro do grupo. Ele justificava suas visitas dizendo que estava estudando a desorientação e a corrupção da alma nos dias atuais! A verdadeira razão, como vocês podem adivinhar, era outra bem diferente.

O próprio Melchior tornou-se cada vez mais estranho, afastando-se completamente das festas de orgia que eram dadas em sua casa. Quando os estranhos rapazes usando roupas excêntricas foram vistos nas vizinhanças da casa em novembro, as pessoas da cidade lembraram-se das circunstâncias esquisitas que envolveram a morte do pai dele e a história contada pelo diretor do museu sobre a conversa de Melchior e Henriette quando ela estava com dezesseis anos. As pessoas começaram a ficar diante de um enigma sem solução, e a tensão e a irritação aumentaram.

O segundo capítulo é intitulado "O encontro". Melchior, muito nervoso, sentou-se em um banco, olhando a chuva grossa que caía. Ele não se decidia a ir para casa, pois sabia que a mulher tinha esquecido, de propósito, de ligar o aquecimento de seu escritório, a fim de obrigá-lo a participar da festa. Ele, portanto, preferiu congelar-se do lado de fora.

Passos na calçada tiraram-no de sua apatia e, com um choque, ele viu um rapaz usando um boné de couro e uma jaqueta com a gola alta, caminhando na alameda sem folhas do parque. Quando o rapaz se aproximou, Melchior viu um pequeno rosto escuro no qual olhos fixos, tímidos e cinzentos olhavam bem para a frente. Ele passou por Melchior, olhou para ele rapidamente, sorriu, e então desapareceu. Melchior gritou e de repente começou a tremer sem saber por quê. Então um homem alto apareceu na outra extremidade da alameda. Ele olhou em volta, deu alguns passos incertos, e tornou a olhar.

Antes que o homem pudesse vê-lo, o garoto de repente correu em direção a Melchior, sussurrou para ele pegar a mão esquerda e pôr a luva rapidamente, e não se surpreender com nada e guardar segredo. A voz do garoto expressava tal pânico, seus olhos tinham um brilho tão febril e seus lábios belamente torneados contraíram-se com tanto medo quando ele falou que Melchior instintivamente apertou a mão estendida para ele. No mesmo instante o garoto desapareceu no ar e no dedo mínimo de Melchior surgiu um largo anel de prata. Ainda sob a influência do pedido aterrorizado do rapaz, Melchior pegou a luva e colocou-a. Então, sem saber por quê — de repente ele sentiu-se incrivelmente feliz — como se algo que houvesse esperado por muito tempo acontecesse. Sua depressão desapareceu por completo, e, cheio de autoconfiança, olhava para o homem alto de quem o rapaz tinha fugido.

Quando o estranho viu Melchior, parou e pareceu indeciso. Ele não tinha barba, e suas feições eram bem delineadas e um queixo enérgico e pontudo. Sua boca era fina e grande, seu nariz pequeno e curvo, suas faces encovadas e seus olhos eram como pedras grandes e transparentes. Quando levantou o chapéu, Melchior notou que ele tinha uma grande testa e cabelo bonito e louro.

"Com licença", disse o estranho, "você por acaso viu um rapaz passar por aqui?"

"Não vi ninguém", respondeu Melchior, descuidadamente.

"É mesmo?" disse o estranho. "Com licença". E sentou-se no banco ao lado de Melchior. "Estou um pouco cansado. Corri o dia todo procurando meu discípulo".

"Como é ele?" E Melchior sorriu sem querer.

O estranho pareceu bastante desconfiado e perguntou: "Mas então você o viu? Ele falou com você?"

"Não vi ninguém", interrompeu Melchior. "Já lhe disse isso".

"Pensei, pelo que me perguntou, que tivesse lembrado de algo. Com que então você não o viu. Que pena! Desculpe-me por insistir, mas estou muito preocupado".

Melchior continuou a olhar desconfiadamente para ele. Aparentemente impassível, a expressão do homem parecia mudar de um segundo para outro. Às vezes ele parecia um velho, outras uma criança sorridente, e às vezes seus traços pareciam severos e ameaçadores, e os olhos cintilavam, frios e penetrantes.

Ele levantou-se e disse: "Desculpe-me incomodá-lo de novo. Tenho um pedido a lhe fazer. Não sei por que, mas tenho a impressão de que será você mesmo que o rapaz procurará. Sei que falará com você. Não ouça o que ele diz; não é verdade. Não pegue na mão dele se ele lhe pedir, pois isso lhe trará problemas. Eu estou avisando-o! E se o vir, faça a gentileza de me dizer. Não se recuse a fazer isso".

Melchior não respondeu.

"Meu nome é Ulrich von Spät, disse o estranho. (Spät significa "tarde"). Estou no Grande Hotel e passava por aqui. Você deve achar que sou completamente louco, e não posso lhe explicar tudo, mas, por favor, confie em mim e faça o que lhe peço. Se vir um garoto de rosto escuro e fino, firmes olhos cinzentos, longos cabelos negros e usando um casaco de gola alta e boné de couro, saberá que é o rapaz que procuro. Certamente o reconhecerá. Sua aparência vai chamar sua atenção".

Nesse momento, Melchior abaixou a cabeça pensativamente, mas não disse uma palavra. Von Spät esperou um momento, então olhou para Melchior e suspirou. Estendeu-lhe a mão, dizendo: "Bem, vamos ter esperanças! Auf Wierdersehen!"

Nesse instante, Melchior subitamente sentiu uma tremenda e calorosa simpatia pelo estranho, um impulso interior em direção a ele. Esquecendo o aviso do garoto, tirou a luva e apertou calorosamente a mão de Von Spät, e este viu o anel. Seus olhos brilharam por um minuto, mas ele escondeu sua agitação e partiu calmamente.

Melchior, lembrando-se de repente que estava usando o anel, sentiu que havia traído o rapaz. Aí lhe ocorreu que o estranho poderia não ter visto o anel e se acalmou um pouco, mas sem se perdoar por sua negligência.

"O que tudo isso significa?" ele pensou. "Estou perdendo o autocontrole. As coisas me acontecem como em um sonho. Quem era aquele estranho? Que poder ele tinha sobre mim, que de repente senti tanto amor por ele a ponto de esquecer quem ele era? Ele é meu inimigo!"

O terceiro capítulo é intitulado "Fo" — o nome do menino misterioso.

Em sua volta para casa, Melchior sentiu-se como se estivesse se desmaterializado. As ruas, muros e casas o cercavam, altos e estranhos. Pareciam serem feitos de ar. É como se ele caminhasse através deles. Eles se abriam como cortinas para ele e se fechavam como nuvens de névoa às suas costas. Tudo estava mudado; prédios que ele sabia terem existido há tempos atrás e que não mais existiam estavam ali de novo. Não era a mesma cidade de antes.

As pessoas também eram estranhas. Ele sentia olhares estranhos e sentia-se como se estivesse olhando em seus próprios olhos no espelho. Um sorriso ou um aceno de mão parecia ser um sinal de cumplicidade secreta.

Perto da estação viu uma mulher gorda que vendia maçãs sob um imenso guarda-sol. Comprou duas, colocou-as no bolso e, para surpresa da vendedora, afagou suas faces enrugadas. "Sim, sim, disse ele, alegremente. Nós nos conhecemos. Somos velhos amigos. Vê este anel no meu dedo? Você nunca o tinha visto antes, não é? Ninguém mais pode vê-lo. Isto significa que partirei para muito longe. Você sabe como é, quando alguém quer partir e aí chega a hora, ele parte".

A mulher parecia não entender e estava constrangida.

"Eu sei", ele continuou, "que não preciso lhe dizer tudo isso. Nós nos conhecemos tão bem. Nós nos conhecemos há anos, desde a infância...".

A mulher, que estava ficando cada vez mais nervosa, olhou para os lados e, controlando-se, interrompeu Melchior:

"Você não tem vergonha de falar desse modo com uma velha senhora?" perguntou.

"Você não me conhece?" perguntou Melchior. "Por que de repente você finge não me conhecer? Você estava sempre em alguma esquina quando eu estava nas ruas. Eu sempre vi você quando partia ou chegava a algum lugar. Você não se lembra como estava sentada em uma estação de Gênova com um papagaio colorido no ombro e quando cheguei comprei laranjas de você? E em Viena? Em São Petersburgo? Em Estocolmo? E em centenas de outras cidades! Você sempre estava lá e me saudava com suas frutas quando me via chegar e partir".

Melchior olhou-a nos olhos e balançou a cabeça. Finalmente, ele disse em voz baixa: "Compreendo. Você é discreta. Você não quer que a ouçam. O estranho está aqui — o nosso inimigo. Fui descuidado conversando com você. Podemos estar sendo observados. Deixei-me levar pela satisfação de ver você. Agora sei que vou partir".

Nesse momento, ele viu um rapaz passando pela banca da mulher, o qual deu uma olhada a ele, colocou o dedo sobre seus lábios como um aviso, e desapareceu, virando a esquina. Não podia ser o mesmo rapaz de antes, pois o rosto deste era menor, mais moreno e mais desafiador. Somente os olhos cinzentos e fixos eram o mesmo.

Melchior acenou um adeus para a mulher e rapidamente partiu. "Quem me deu aquele aviso?" pensou. "Ele usava as mesmas roupas que aquele que desapareceu. Por quais círculos tenho de passar? O que está acontecendo que está me fascinando? Já vi tudo isso antes em um sonho. Os muitos rostos cúmplices na rua, as piscadelas, acenos e cumprimentos, os dois garotos, o estranho... Mas não consigo me lembrar. E a vendedora de maçãs? Por que lhe disse tudo aquilo? Fui um idiota! Como ela poderia me conhecer? Sempre existem velhas vendedoras em todas as estações de trem. E, ainda assim, elas têm o mesmo rosto, o mesmo cabelo, as mesmas rugas, a mesma voz..."

Quando chegou perto de casa, no final da noite, Melchior viu muitos rapazes que se separaram quando ele se aproximou, esconderam-se atrás da casa e espreitavam curiosamente. "Está ficando cada vez mais confuso", pensou ele. "Agora há um bando deles!"

As janelas de sua casa estavam iluminadas. Havia o som de risos, música e vozes. Entre elas pensou reconhecer a de Von Spät. Então lhe ocorreu que ele nunca havia dado seu nome a Von Spät e nem seu endereço. Como poderia ele estar lá? Melchior concluiu que estava enganado.

A fim de não ser visto, passou pela porta de trás e foi direto para seu escritório. Lá estava frio e escuro. Acendeu as luzes e deitou-se sobre o casaco molhado no sofá, e o anel, que era largo para ele, caiu no chão. Melchior deu um pulo.

O rapaz que havia desaparecido estava de pé, ao lado do sofá e olhava para ele sorridente.

"Você está com frio", disse ele. "Vou acender um fogo." Ele acendeu o fogo na lareira e então, depois de tirar o boné e o casaco, sentou-se ao lado de Melchior.

"Eu sabia que ia encontrá-lo, Melchior", disse ele. "Eu vi em seus olhos que você ia me ajudar. Você nos pertence embora não saiba. Obrigado. Todos somos gratos a você."

"Quem é você? Quem são todos vocês?" Perguntou Melchior. "Não sei o que está acontecendo. Quem é o homem estranho? Como você sabe meu nome?"

"Sei tudo sobre você há muito tempo. Meu nome é Fo. Não posso lhe dizer meu verdadeiro nome. Nenhum de nós pode. Damos apelidos uns aos outros para que possamos nos falar. Quem somos? Você descobrirá quando estiver vivendo conosco. Você somente terá que gritar que quer partir, e viremos buscá-lo. Mas cuidado com o estranho! Ele é o nosso pior inimigo! Ele viu o anel em seu dedo e tentará lhe agarrar! Ele tem um segredo que o torna muito poderoso. Uma vez fiquei em seu poder e só consegui libertar-me enganando-o. Eu contarei a você mais a respeito disso mais tarde, quando você juntar-se a nós. Você ainda está vivendo com os outros e não posso lhe contar mais nada. E agora, obrigado e deixe-me ir. Os outros me aguardam."

Melchior ouviu uma batida na janela e viu muitos rostos contra a vidraça.

"Não deixarei você partir até que me tenha contado tudo. Como saberei que vocês virão quando eu chamar? Como posso segui-los se nem mesmo sei como vocês são? Como posso resistir ao estranho se não sei o segredo dele?"

"Quem somos você só vai saber vivendo, e não conversando. Você nos seguirá se seu coração mandar. Sempre viremos quando chamar. Nós mesmos não sabemos o segredo do estranho; se soubéssemos, ele não teria nenhum poder sobre nós. Eu já lhe respondi. Agora, deixe-me ir."

"Você quer fugir de mim", disse Melchior, "mas eu sei como impedi-lo com o anel."

"O anel não o ajudará", disse o rapaz, rindo. "Ele levará mistério, confusão e mudança para sua vida. Mas você não conseguirá se safar. Se você guardar o anel, a cidade será sempre para você como sua casa está sendo hoje. Você confundiria as coisas, tomaria amigos por inimigos e vice-versa, pois você não conseguiria interpretar os sinais que os distinguem. Venha conosco e estará livre. Chame-nos quando quiser. Até lá, e deixe-me partir. Abra a janela."

Melchior ainda hesitou. Então levantou-se silenciosamente, encarou Fo por um longo tempo e abriu a janela para ele. O rapaz pulou para fora e a turma que estava lá fora fez um círculo em volta dele. Eles deram-se as mãos. Uma chama surgiu no meio deles, partiu-se em fagulhas e todos desapareceram.

Vocês podem ver que a história é bastante sugestiva! É algo parecido com o que Edgar Allan Poe escreve e deve ter sofrido a influência de "O outro lado de Kubin"[28] e das histórias de E. J. A. Hoffmann.[29] É o tipo de novela na qual de repente a realidade se dissolve em eventos misteriosos do além, onde, em nossa linguagem, o inconsciente penetra e dissolve o mundo da consciência e a partir desse ponto toda e qualquer coisa pode acontecer.

O nome da cidade, "Montanha do Cavalo Branco" é significativo, pois o cavalo branco é um atributo bem conhecido e às vezes uma personificação do velho deus Wotan, que ora aparece cavalgando seu cavalo de oito pernas chamado Sleipnir, ora completamente substituído por esse cavalo mágico. Aqueles que leram *O outro lado* sabem que um cavalo branco louco que cavalga por um mundo destruído faz um papel semelhante. Wotan retirou-se para a montanha mas reaparecerá no final dos tempos e restabelecerá seu reino de felicidade eterna. Lindenhuis, o sobrenome do herói da história, significa "casa da limeira" e, nos tempos antigos, costumava haver uma limeira

---

28. Alfred Kubin, *The Other Side* (O Outro Lado), trad. Denver Lindley. New York: Crown Publishers, Inc., 1967.
29. Ernst Theodor Amadeus Hoffmann, *Tales of Hoffmann* (Contos de Hoffmann). New York: Dodd, Mead & Co., Inc., 1932.

no centro de todas as vilas e cidades alemãs. É um símbolo feminino que foi dedicado às deusas da natureza como Perchta, Hulda e Holle. Pensava-se que as almas das crianças que não haviam nascido moravam sob suas folhas, e era a árvore mística, situada no centro da cidade, em volta da qual acontecia toda a vida da cidade, muito parecida com o polo central das aldeias indígenas, em volta do qual se celebram os rituais das tribos. No poema de abertura, há uma alusão às pessoas que enfrentam o mar, ao espírito viking ainda vivo e que é uma personificação da inquietude típica dos alemães e da eterna e transcendental procura que é também típica desse povo. Não podemos interpretar os detalhes do livro por enquanto, pois ainda não temos a chave do significado da cruz de marfim e da coroa de espinhos. As explicações só serão dadas nos últimos capítulos.

Os rumores espalhados sobre o herói da história têm características bem típicas. Por exemplo, existem três rapazes: Otto, o aristocrata, dedicado à morte, e descrito como pessoa delicada; Heinrich Wunderlich, que é descrito como vital, e Melchior. Os dois primeiros são obviamente figuras de sombra opostos ao de Melchior: Otto poderia ser classificado como personificação da personalidade artística sensível, com forte tendência suicida, e Wunderlich, o lado vital de Melchior que é atraído pela adaptação à vida e, portanto, abandona todas as fantasias românticas juvenis. Otto von Lobe morre quando toma o elixir. Com este choque, Wunderlich torna-se cínico e realista. Vocês podem dizer que uma parte de Melchior morre e outra parte dele reage a isso com uma tendência para o cinismo. O complexo egoico, que seria representado pelo próprio Melchior, está entre os dois, e como sabemos, ele recolhe-se ao seu quarto com introversão e depressão muito grandes depois do choque, enquanto Otto von Lobe, o verdadeiro *puer aeternus* nele, morre. É fato conhecido que entre a idade de quinze e vinte anos os suicídios ocorrem com frequência, pois é um período em que o impulso para a morte é muito forte. Isso está muito ligado à problemática do *puer.*

Melchior descreve como já tinha visto seu duplo na janela. O que isto significa? Lerei para vocês o texto literal:

"O pai estava no mar a trabalho, e a mãe lia a Bíblia, e ele mesmo sentia-se perdido e triste. Então ouviu uma batida na janela e viu a pálida face morena com os olhos parecidos com os dele, e isso sempre o fazia chorar amargamente. Sua mãe nada sabia a respeito disso, mas ele contou ao pai, que sorriu e não disse nada".

Naturalmente, vocês podem dizer que essas experiências precoces de Melchior anunciavam tudo o que estava para acontecer mais tarde, mas acho que devemos ampliar isso com um fato bastante conhecido: na infância, as crianças solitárias tendem a produzir dupla personalidade com a qual elas brincam e se divertem. Esse duplo é a manifestação exterior da personalidade inconsciente devido à solidão. Como criança solitária, toda vez que se sente triste e abandonado, essa aparição surge. Há crianças que inventam tal duplo, personificando-o e brincando com ele durante horas. Muitas vezes essa figura imaginária da infância reaparece nos sonhos e torna-se realmente uma personificação de todo o inconsciente. É a sombra, a *anima* e o *Self*, ainda formando uma só unidade. É o outro lado total da personalidade.

Somos levados a pensar sobre o inconsciente em termos das diferentes classificações junguianas, e portanto podemos discutir se esta primeira aparição é do *Self* ou da sombra, mas não devemos nunca esquecer que esses conceitos só são válidos em certas situações psicológicas. Quando um ser humano entra em contato com o inconsciente pela primeira vez, na infância, de forma autônoma ou no início da análise, não se coloca a questão da sombra, da *anima*, do *animus* ou do *Self*. A primeira experiência que temos quando entramos no inconsciente é com aquilo que é melhor chamarmos de outro lado, que nesses estágios iniciais é personificado de diferentes formas. É aconselhável não começar introduzindo conceitos classificatórios na análise, e sim deixar a pessoa sentir que há outro lado do ego nesse mundo extraordinário. É apenas depois de algum tempo, quando o fato de existir um outro lado, e uma parte completamente diferente da personalidade ter sido vislumbrado, isto é, que há outro habitante em nossa casa interior, que vagarosamente começamos a discernir figuras no lusco-fusco do inconsciente, tais como as do homem inferior, que podemos classificar como sombra, e a figura do parceiro heterossexual que podemos classificar como *anima*, apenas para trazê-lo para o outro lado. Mas, em si mesma, como uma realidade, é apenas o impacto da outra parte da personalidade. Você descobrirá que o primeiro encontro com o inconsciente é muitas vezes tal personificação, ou um duplo, no qual a sombra, o *Self* e a *anima* (se for homem) são apenas um, universalmente.

A mesma ideia é encontrada nos ensinamentos persas que dizem que depois da morte o homem nobre encontra ou um jovem idêntico a ele (porque na morte ele adquire novamente sua beleza e juventude) ou uma garota de quinze anos (a *anima*) e, se ele perguntar à figura quem ela é, ela responderá: "Sou você mesmo". Se o homem foi virtuoso, essa figura é linda e brilhante. Vivendo uma vida religiosa e cheia de virtudes, ele desenvolve um duplo de si mesmo no além e, no momento da morte, une-se com essa outra metade. Esse mito persa sobreviveu em certas filosofias gnósticas e maniqueístas na antiguidade. É absolutamente irrelevante se a figura aparece como um jovem brilhante ou como uma garota, pois a resposta ao moribundo é a mesma: "Sou você mesmo, sua outra metade". Essa é uma ideia arquetípica. Em muitas sociedades primitivas acredita-se que, ao entrar no mundo, o ser humano é formado de apenas uma parte, sendo a placenta a outra parte; isto é, a parte da personalidade que não vai entrar neste mundo. Por isso ela é enterrada com todos os ritos, ou secada e usada em um invólucro pendurado no pescoço e, nesta substância mágica, o duplo está supostamente localizado (o duplo transcendental, a outra personalidade). Depois da morte, os dois vão formar uma só unidade novamente. Há um mito que diz que o primeiro homem era completo e ficava no céu, mas quando ele se encarnou neste mundo veio somente metade dele, portanto, o primeiro homem, que é mitologicamente idêntico ao nosso Adão, é chamado "aquele que é só metade". Portanto, podemos dizer que qualquer aparição humana é somente uma metade, pois a outra permanece na terra dos mortos no além, e que somente na morte as duas metades se unirão. O que isto significa em última instância, não sabemos, porque é uma representação arquetípica cujo significado não podemos esgotar totalmente no nível racional. Mas podemos dizer que, entre outras coisas, isso reflete o reconhecimento que o crescimento da consciência, que começa exatamente no início da juventude e é ampliada com o tempo, é uma metade da personalidade total; quanto mais uma pessoa torna-se consciente, mais ela perde a outra metade que é inconsciente. Isso remete à divisão do ser humano em duas partes, a consciente e a inconsciente, e há algumas experiências no início da juventude em que essa divisão fica clara.

Uma vez li em Neue Zurcher Zeitung uma história contada por um oficial húngaro que ilustra essa experiência. Ele era o único filho de uma aristocrática família húngara antes da primeira guerra mundial, e sentia-se tão solitário, sem ninguém para brincar, que inventou um irmão chamado de Stepaneck. Esse irmão era durão e ruivo. Em sua imaginação esse irmão fazia todas as coisas erradas que ele gostaria de fazer e não tinha coragem. Quando ele foi para a escola e arranjou companheiros verdadeiros, a figura imaginária foi esquecida. Esse oficial foi baleado e ferido na primeira guerra mundial. Desmaiou, e quando voltou a si, depois de algum tempo, estava tremendo e sangrando bastante. Aí viu uma figura humana curvada sobre ele, um homem ruivo de cerca de trinta anos e, pensando ser alguém que tinha vindo socorrê-lo, perguntou: "Quem é você?" O outro murmurou: "Stepaneck!". A próxima coisa que lembra era que estava sendo tratado em um hospital e aos poucos se recuperando. Ficou perplexo, pensando se havia tido uma alucinação ou se havia projetado sua antiga fantasia na pessoa da Cruz Vermelha que o havia trazido para o hospital. Tentou resolver o problema perguntando aos médicos e enfermeiras como havia chegado ali, mas ninguém sabia exatamente. Haviam-no encontrado na porta do hospital sobre uma maca. Ele disse que não queria tirar nenhuma conclusão definitiva desses fatos, mas que os contava do jeito que aconteceram. Tenho uma explicação racional: como podemos ver na história da criança, Stepaneck era sua parte mais vital e vulgar, sua personalidade inferior, o garoto ruivo que ousava fazer todas as coisas que ele não ousava. Ele próprio era bastante introvertido, um garoto sensível e acho que na situação de pânico na guerra, de maneira quase inconsciente, conseguiu arrastar-se até o hospital e foi portanto literalmente salvo pela sua personalidade instintiva interior — Stepaneck. Então ele apareceu na porta do hospital onde foi encontrado. Seu ferimento não era grave. Essa me parece ser a explicação mais plausível. A outra possibilidade seria ele ter projetado a figura do irmão imaginário na pessoa que o encontrou. Ninguém pode saber!

Isso é apenas para ilustrar o fato de que a criança solitária muitas vezes encontra um companheiro na outra metade inconsciente, e portanto vivencia o inconsciente. Normalmente, contudo, essas figuras de sombra e o outro lado, são projetadas em outras crianças, que assumem, então, o papel do "outro" nesse período da vida. Isso também mostra o problema da dissociação da personalidade, que surge de novo de modo exagerado e romântico nas experiências que culminam com a morte de Otto von Lobe. A fascinação que sentem pela ideia de que o ser humano pode ser desmaterializado, transformado e tornar-se, como Melchior diz ao pai, "espelho das estrelas", mostra claramente que o duplo — o *puer aeternus* — tem a ver com o *Self*, e a consciência do *Self*, como é apresentada no processo alquimista, é o verdadeiro *fascinosum*. Também vemos como as duas pulsões se estabelecem: a de morte, expressa por Otto von Lobe, e a da realidade, expressa por Heinrich Wunderlich.

Durante o período em que Melchior estava recolhido em seu quarto escuro, um primeiro encontro com o princípio feminino acontece. Fechado no quarto, tendo sido expulso da escola e sofrendo o trauma pela morte de Otto, ele descobre Henriette Karlsen. Ele discute com ela porque não quer segui-lo para a morte. De qualquer modo ela morre poucos anos depois. Antecipando a história, devo dizer que o herói nunca se une a uma mulher de modo verdadeiro. O casamento não significa nada: não há uma união entre eles, mas apenas ódio e decepção de ambos os lados. É um fiasco total. Portanto, é o mesmo problema que vimos no "Pequeno Príncipe", pois o contato com a *anima* não funciona. Aqui temos uma variação. No "Pequeno Príncipe" o príncipe discute com a rosa e a abandona. Neste caso, a figura da *anima* não é descrita como aristocrática e sem vitalidade, mas como infantil, teimosa e de difícil convivência. Essa garota, contudo, é mais aristocrática e etérea, sendo um tipo bem atraente de *anima*. Mas como você interpretaria isso psicologicamente? O primeiro amor de um homem é sempre significativo, pois a garota é mais *anima* do que alguém real. Geralmente esses casos de amor não terminam em casamento; é apenas a fascinação da *anima* ligada à mãe nesta história — que era uma mulher triste e sofredora, e que ficava só lendo a Bíblia — e, obviamente, Henriette é uma réplica da imagem da mãe. Às vezes os homens têm *anima* e diferentes: uma é desse tipo, mas há outras que compensam. Mas, se essa é do tipo dominante, que conclusão podemos tirar? O que isso pode predizer?

Resposta: Que sua vitalidade é frágil.

Não necessariamente sua vitalidade, mas o lado do sentimento; seu Eros é fraco. Ele mesmo não é necessariamente fraco, pois Heinrich Wunderlich é um tipo vital que depois se torna cínico e realista — portanto vemos que o ego teria a possibilidade de tornar-se bastante realista. O que você poderia dizer de uma pessoa entre dezoito e vinte anos que possuísse tal figura de *anima*? Como seria ele aos cinquenta anos? Eu diria que teria muita possibilidade de ficar solteirão ou homossexual. Isso porque toda relação com o lado feminino e com o sentimento — com Eros — é fraco e com tendências a desaparecer.

Já vi muitos casos assim em que os homens não se casam nunca, apesar de não se tornarem homossexuais. Conheço um homem que ficou noivo três vezes, e todas as vezes a noiva estava à morte e acabou morrendo, e ele não achava que isso era uma escolha dele. Pensava que fosse apenas azar e acabou desistindo de casar. Quando o conheci era um velho solteirão. Nunca percebeu que sua formação de *anima* o fazia escolher mulheres assim e que tinha um verdadeiro dom de encontrá-las. Uma delas morreu de tuberculose, a outra de acidente e a terceira não me lembro do quê.

O que impressionava neste velho era sua incrível sensibilidade, oculta através de seu estranho comportamento. Ele usava roupas sujas e cheirava a tabaco, morava em um apartamento que parecia uma caverna, decorado com coisas bonitas, mas com cinzas e charutos espalhados por toda a parte. Qualquer menção deixava-o furioso, e ele xingava as mulheres — especialmente as faxineiras que só serviam para atrapalhar. Era muito entendido em artes e tinha uma bela coleção. Sabia mais sobre arte do que qualquer pessoa que eu conhecia. Era o protótipo do solteirão culto, interessante e inteligente. Podia-se ver claramente que sua *anima* era tão sensível que ele nunca podia chegar perto de uma mulher nem como amigo. Era extremamente vulnerável. O único jeito de ele sobreviver era evitando um contato muito íntimo com os outros. O que o salvou foi seu incrível senso de humor. Sempre riu de suas fraquezas e de sua ultrassensibilidade, uma estratégia que as pessoas sensíveis usam para se manterem inteiras. Tornar-se homossexual ou escolher mulheres com pouca chance de consolidar a relação, seja por doença, seja por morte ou outros fatores é um meio de escapar ao casamento, com sua prosaica realidade. Como vimos em *O pequeno príncipe,* a problemática do *puer aeternus* está sempre ligada ao problema da figura de *anima* fraca e ao igualmente fraco aspecto de Eros, o que torna a relação com o sexo oposto muito difícil.

Então chegamos a um estranho paradoxo: a garota Henriette, a única figura de *anima* que ele encontra antes da esposa, tenta aconselhá-lo a não seguir seu impulso romântico que o levaria para o Além, e depois ela mesma morre. Como vocês interpretam isso? Pensando bem, ela faz o que é certo, pois ela o avisa e tenta puxá-lo para a vida. Mas então ela morre.

Comentário: Ele projetou nela uma anima doentia.

Sim, e quando ela protesta, a projeção da *anima* desaparece. Se ela tivesse aceitado e participado de seus planos românticos, ela teria levado em frente a representação do papel da *anima*. Mas, aconselhando-o a não se envolver, ela recusa-se a aceitar aquele papel. A razão não é explicada na história, mas, naquele momento, a projeção da *anima* desaparece por falta da cooperação da moça de compactuar com a morte. Contudo, Melchior a tinha escolhido porque era pessoa que estava fadada a morrer breve, algo que ela própria não sabia e não estava conscientemente atraída pela morte.

Isso também mostra uma tendência típica dos jovens que indica uma certa fraqueza: ele é do tipo de pessoa que, quando uma projeção desaparece, não continua a relação — um outro sinal de sua fraqueza em Eros. Algumas pessoas, quando notam que a outra pessoa não é o que eles supunham, sentem curiosidade de saber mais sobre essa pessoa para saber por que se enganaram. Eles acham estranho não se sentirem mais atraídos pela mulher que tanto os cativava, só porque ela era diferente do que imaginavam, e querem encontrar explicações para isso. Desse modo, eles têm a chance de compreender que houve uma projeção. Porém, as pessoas que assim que se sentem decepcionadas terminam a relação e permanecem sempre na projeção. Se uma pessoa se sente decepcionada, deve continuar a relação para encontrar a causa dessa decepção. Foi assim que Jung descobriu a *anima* em si mesmo. Encontrando-se decepcionado mais uma vez com uma mulher, ele perguntou-se por que havia esperado algo diferente. Fazendo-se tais perguntas e descobrindo uma expectativa que não tinha nada a ver com a realidade, ele descobriu a imagem interior. Portanto, é sempre útil no caso de uma relação — não apenas uma relação heterossexual — ser decepcionante fazer tais perguntas: Por que não vi isso antes? O que eu esperava? Por que motivo tinha uma imagem diferente dessa pessoa? Como eu me enganei? Pois o engano é algo real, também. Se você consegue fazer isso, significa que tem o desejo de viver uma relação real e não uma ilusão. Quando uma pessoa vive um relacionamento dentro da realidade, as ilusões sobre ele podem ser investigadas por curiosidade. Mas as pessoas frágeis tendem a sair da relação quando se sentem decepcionadas com o parceiro. Elas perdem o interesse no relacionamento e não se perguntam por que criaram falsas expectativas e por que se sentiram tão magoadas.

Pergunta: Mas não há nada na outra pessoa que induza à projeção?

Sim, mas você só conseguirá descobrir o que é se investigar as causas da decepção. A princípio, você julga conhecer a outra pessoa, pois quando está projetando, tem uma sensação de intimidade. No primeiro encontro não há necessidade de palavras: vocês sabem tudo um do outro — o que representa uma projeção total — um maravilhoso sentimento de fusão com o outro. Então, subitamente, o outro comporta-se de modo inesperado e dá-se a decepção: você cai das nuvens e sente que não era bem isso que estava procurando. Se continuar se relacionando com essa pessoa, deve fazer duas coisas, pois agora a guerra é dupla: descobrir a causa da ilusão anterior e como a pessoa é de verdade, já que você estava enganado sobre ela. Quem é ela na realidade? Este é um longo trabalho e, quando você o terminar — isto é, tiver encontrado a causa de sua ilusão e descoberto como a pessoa é quando você não está projetando nela — então pode perguntar por que escolheu aquela determinada pessoa para viver tal ilusão. Isso é difícil, porque às vezes o laço é grande e às vezes muito pequeno, porque a pessoa pode ter apenas algumas poucas características que preencham a projeção, de modo que ela pode ser mais, ou menos, uma ilusão. Existem muitos graus.

Obviamente, Melchior é do tipo que não suporta uma decepção. Chega a chamar Henriette de covarde; ele a insulta e a abandona. Subjetivamente, isso mostra a fraqueza de sua função de Eros, que está agonizante. Sequer é dito que ele sentiu ou sofreu por amor e desilusão. Prescreve tudo o que aconteceu, do mesmo jeito que o pequeno príncipe fez, só que de uma forma diferente, pois este último abandona seu lar e a rosa, embora ela tenha ficado triste e dito: "Sim, sim, vá, vá!" Apenas por orgulho, ela manda-o partir. Se alguém sai tão facilmente de uma relação, você pode ter certeza de que pode sair da vida com a mesma facilidade. É o tipo suicida. Aqui vemos a fraqueza da *anima*, típica da tendência suicida inconsciente.

É assim que podemos detectar precocemente tendências suicidas. Já encontrei dois tipos de pessoas com essas tendências: um que não é realmente suicida, mas que pode acabar consigo mesmo em um impulso violento — mas isso é quase como um acidente. Há as pessoas irascíveis (mais ou menos do tipo assassino) que têm ataques de raiva que podem voltar contra si mesmos, e assim acabam se matando "por engano". Eles perdem a cabeça — e se tivessem sobrevivido teriam se arrependido imensamente. Essa é a tendência genuinamente suicida; é a agressão que volta contra a própria pessoa. A agressividade não é integrada e pode de repente voltar-se contra a própria pessoa, como o ferrão do escorpião. Mas Melchior é do tipo suicida autêntico, e tais pessoas fria, secreta e racionalmente desfazem seus vínculos com os outros assim como acabam com a própria vida. Elas nunca confiam realmente em si mesmas nem nos que as cercam, e nem estabelecem vínculos fortes com os outros. Isso está presente em todo o livro: não há vínculos. Este é o elemento fatal desde o início.

A discussão entre Melchior e seu pai ocorre a seguir, o que é muito importante, pois Melchior está ainda lutando para provar sua teoria de transformação. Seu pai é astrólogo, mago e interessado em ciências ocultas, mas sem o mesmo objetivo de Melchior e sim apenas como curiosidade pseudocientífica e *hobby*. Pai e filho entram em conflito e param de falar um com o outro. Isso é importante, porque indica o problema principal: o ódio de Fo, o garoto, e Ulrich von Spät, seu adversário. No início, Von Spät fingia ser o tutor de Fo, ele queria agarrá-lo de algum modo e livrar Melchior de sua influência. O garoto, por outro lado, tem medo de Von Spät e sempre foge dele. Ele tenta aliar-se a Melchior e a batalha continua. Por um instante, Melchior sente-se apaixonado por Von Spät — quando ele tira a luva e dá-lhe um aperto de mão — enquanto em outros momentos sente ódio e o evita. Vamos examinar esse fato mais tarde. Ulrich, "Tardio", é uma alusão ao fato de que ele é mais velho e teria uma relação de pai para filho com Melchior. Ele quer ser o mentor espiritual, tutor ou pai, portanto, tal conflito de amor-ódio repete-se aqui. Se o filho acredita na transformação da personalidade — de um modo muito irrealista e fantástico, é verdade, mas com profunda convicção — e o pai está também interessado em magia e ocultismo, mas não pelas mesmas razões, quais são as duas palavras que exprimiriam o conflito entre eles?

Resposta: As duas gerações.

Sim. O pai se recusa a acreditar na transformação e quer manter tudo como está, enquanto o filho quer revolucionar. Se você remete isso à ideia da transformação da personalidade na alquimia, o que teremos?

Resposta: O material e o espiritual estão separados. Ao cortar relações com o pai, ele cortou o lado material. Melchior está conscientemente buscando o nível espiritual, mas o lado material torna-se a sombra.

Sim, mas isso é muito sutil. De certa maneira, o pai é o lado material — ou qual vocês diriam que ele é?

Resposta: Ele é ambos, pois é um velho sábio e é mágico!

Vocês veem, ele, de certa forma, representa os dois lados. Por estudar o livro, ele é o lado espiritual — ele está investigando o mundo mentalmente — mas com um secreto materialismo. Por outro lado, você pode dizer que o arquétipo de Fo é o arquétipo espiritual, é o *élan vital,* o elemento espiritual. Ao mesmo tempo, é também materialista, porque o rapaz quer transformar a personalidade com veneno verdadeiro. Isso é materialismo. Assim, em ambas as figuras, espírito e matéria se separam. Quando um toma um caminho materialista, o outro toma uma atitude espiritualista, mas quando o outro toma um caminho materialista, Fo toma a atitude espiritualista. Portanto, concordo que espírito e matéria se separaram do modo que não deviam — mas em ambos! E o que está faltando?

Resposta: A anima.

Sim, a psique, aquilo que está entre os dois. É por isso que em ambas as posições contrárias há uma separação de mente e matéria. Não há *vinculum amoris* (vínculo amoroso) para uni-los, pois a *anima* está ausente. Assim, o pai tem interesses espirituais de secreto fundo materialista, e o filho tem interesses de fundo espiritual. Eles entram em conflito e não conseguem se entender. Atualmente temos o mesmo problema. Penso em movimentos como a antroposofia. Por exemplo, em Los Angeles há uma nova seita, fundada por Manley Hall, cujos membros se consideram algo como os Novos Rosacruzes. Há um renascimento do interesse em magia, no simbolismo dos livres Maçons e Rosacruzes, na astrologia e no ocultismo, e os seguidores desses movimentos rejeitam a psicologia. Eles querem que o além seja chamado de mundo espiritual, e afirmam que toda manifestação da *anima* é uma manifestação de um anjo do além e dão a esses fatos, aos quais aplicamos a terminologia psicológica, nomes antigos tirados dos livros tradicionais. Em *Basel*, há um homem chamado Julius Schwabe, que é fundador do Congresso anual sobre simbolismo. Ele convida as pessoas para falar sobre simbolismo e mestres de todas as linhas e tendências dão palestras. Por exemplo, alguns falam sobre medicina no Tibete. Ele já me convidou para falar sobre psicologia junguiana. Como coordenador, ele reclassifica tudo usando a terminologia ocultista e redefine tudo, dizendo, por exemplo, que isto e aquilo representaria a figura X do além, enquanto o inconsciente é chamado de "mundo transcendental espiritual", e assim por diante.

Esse é realmente o Sr. Von Spät (Sr. Tardio) porque todas as suas explicações são um impulso para a regressão. As explicações regridem aos conceitos de magia medievais e até sumérios ou babilônicos. Ou então as pessoas no livro usam conceitos do século XVI ou de Paracelso sem o menor critério, fazendo uma bela mistura de conceitos do passado, pinçados de seu contexto e usados para descrever o que chamamos de inconsciente. Parece que tudo fica muito bem explicado e que apenas temos que usar as palavras antigas para os fenômenos. Mas, por trás disso, há um tremendo desejo de poder. Por exemplo, Schwabe diz no livro: "Bem, Fo é, por exemplo, o *Hermes infans, Mercurius infans,* o jovem Mercúrio". E então sente-se que uma declaração foi feita. Isso é Von Spät! O reino interior e exterior separam-se desse modo, assim como espírito e matéria, e qualquer outro fator. Se um homem, por exemplo, tem uma obrigação para com a *anima*, e para com a mulher que é sua amiga ou companheira, então ele se vê em uma situação ambígua, onde sempre a pessoa fica em conflito, pois tem um compromisso duplo que sempre acarreta uma divisão da pessoa em relação ao lado interior e exterior de sua vida. Isto seria a tomada de consciência da crucificação, ou da verdade básica da vida! A vida é dupla — é um compromisso duplo, é um conflito em si mesmo — porque sempre significa confronto, conflito e tendências duplas. Mas é isso o que a vida faz! Isso escapa totalmente a Von Spät, ou ele foge dessa verdade! Isso nem mesmo lhe ocorre, e este é mais um dos pequenos, porém fatais pontos da história, que antecipa o final trágico.

Capítulo 10

Na última palestra tentei dar uma ideia de quem era Ulrich von Spät, que é o grande enigma do livro, e mostrar que o conflito entre ele e os rapazes espelha, em nível suprapessoal, o conflito que já havia começado no nível pessoal entre Melchior e seu pai. Agora o conflito aparece em escala muito maior entre o protetor paternal e o garoto fugitivo que dá o anel a Melchior, pois Von Spät explica que ele o está perseguindo pois ele é seu discípulo. Mas, antes de examinarmos cuidadosamente estas figuras, apresentarei mais alguns capítulos do livro.

Vocês se lembram que quando Melchior voltou para sua casa de repente o rapaz apareceu para avisá-lo a respeito de Von Spät, dizendo: "Você nos pertence, fique conosco e não caia nas armadilhas de Von Spät. Ele tem um segredo com o qual poderá nos petrificar". Melchior pergunta qual é esse segredo e os garotos dizem que se o soubessem, eles estariam livres. Ele leva consigo o anel que havia dado a Melchior, dizendo que ele só serviria para tornar Melchior totalmente confuso. Aí ele desaparece pela janela em um raio de luz.

O capítulo seguinte começa com alguém batendo na porta, mas Melchior não atende. A porta abre-se lentamente e sua esposa Sofia olha pela fresta. Ela é pequena e de aparência delicada, tem cabelos pretos e seus olhos verdes olham para Melchior, e seus lábios sensuais e não muito bem delineados tremem um pouco.

— "Aqui está você de novo", diz ela, "sozinho em seu quarto frio. Não quer descer? A festa está tão interessante!..."

— "Você sabe que não quero nada com essa gente", responde ele com amargura. "Por que você não mandou aquecer meu quarto?"

— "Sinto muito. Esqueci."

— "Você sempre esquece quando tem visitas. Sempre quer que eu me relacione com pessoas que só servem para atrapalhar minha vida. Eu não tenho tempo para elas."

— "Você também não tem tempo para mim. Com essa gente posso conversar, mas isso o entedia."

— "Sim, conversar sempre sobre os mesmos assuntos me entedia, principalmente dessa maneira superficial."

Uma expressão de raiva estampa-se na fisionomia da mulher, mas ela se controla e responde calmamente:

— "Gosto de me sentir entre coisas familiares, mas você não as suporta. Sempre quer que eu e todo mundo sinta-se inseguro e tenta puxar nosso tapete. Você faz as pessoas se sentirem tolas, e não dá para conversar com elas quando você está por perto".

— "Sim, você não consegue me compreender. É tão dona da verdade. Só posso lhe dizer que esta segurança é uma completa ilusão, assim a de seus amigos. Qualquer coisinha os perturba, pois não há nada consistente neles. Só as pessoas que passaram por completa dissolução e pelo caos podem falar sobre segurança. Não acredito em nenhuma consistência, forma, permanência ou segurança".

Impaciente, Sofia diz:

— "Bem, nossos convidados estão esperando! Venha! Hoje está um caos total, pois surgiu uma pessoa que está causando mais transtorno que você, um desconhecido que fala esquisito e pretende que a uma ordem sua um exército de fantasmas aparecerá para prestar-lhe obediência."

Melchior sorriu e disse:

— "Ele fala sobre fantasmas? Você prefere acreditar em fantasmas do que na espiritualidade do mundo. Quem é esse conjurador de fantasmas?"

— "Um velho amigo meu, de minha cidade natal. Brincamos juntos quando crianças. Mas todos nós sempre tivemos que obedecer-lhe e nunca podíamos brincar do que queríamos. Ele era pequeno e fraco, mas ninguém nunca ousou contrariá-lo. Saí de casa muito cedo e nunca mais ouvi falar dele. Agora, quinze anos depois, ele apareceu inesperadamente e, portanto, convidei-o para o chá."

— "Qual o nome dele?"

— "Ulrich von Spät!"

(Deste modo descobrimos que Von Spät era amigo da mulher de Melchior quando esta era criança.)

Melchior diz:

— "Oh, sim, ele está hospedado no Grande Hotel, não é?"

— "Como você sabia disso? Você o conhece?"

— "Oh, eu o fiquei conhecendo por acaso há umas duas horas atrás e agora ele conseguiu entrar na festa com a desculpa de conhecer você."

E Melchior ficou muito excitado.

Sofia diz ironicamente:

— "Ah, agora você ficou muito *anima*do. Agora está interessado. Vejo que tenho que convidar loucos aqui para que você se interesse".

Melchior a interrompe:

— "Venha, vamos para a festa".

Quando se aproximam da sala, ele ouve Von Spät dizer:

— "Senhoras e senhores, vocês riem do que digo, mas eu lhes asseguro que posso mostrar-lhes coisas que parecem saídas de um conto de fadas. Posso prendê-los todos nesta garrafa que está em minhas mãos".

Quando Melchior abre a porta e entra com a esposa, todos estão rindo. Os convidados o cercam e ele percebe que todos estão excitados e febris e pergunta se Von Spät é responsável por isso.

— "Olá, velho!" Grita o gordo e vulgar crítico de arte Heinrich Trumpelsteg, dando-lhe tapinhas nos ombros.

— "Você chegou na hora certa; seu famoso amigo vai nos mostrar alguns truques".

Mas o patrão de Melchior, prof. Cux, com seus óculos de aro de ouro, aparece com a mulher, a dançarina, uma jovem que parece um rapazinho, usando pó de arroz verde e baton violeta. Melchior está perplexo com tantas visitas e o prof. Cux muito sem tato, diz:

— "Olhe para minha esposa!" Veja como é bonita, e dê uma olhada nessas pernas!" Ele levanta-lhe as saias acima dos joelhos e diz:

— "A vista mais além é ainda mais atraente!"

Todos riem da piada e a sra. Cux mais que todos, e as mulheres começam a levantar as saias e mostrar as coxas, cada uma dizendo que suas pernas são as mais bonitas. Trumpelsteg diz:

— "Muito bem, sugiro que façamos um concurso de beleza. Tirem as roupas e mostrem-se em toda sua beleza, e escolheremos a mais bela. Como os gregos, queremos a beleza e nada além da beleza!"

Há gritos e aplausos e uma confusão de braços, pernas e peças de roupa voando para todos os lados. Em poucos minutos, todas as mulheres estão nuas. Melchior olha para a esposa e vê que ela também despiu-se e está olhando para ele ironicamente.

— "O que está acontecendo aqui?" ele se pergunta. "Parece um hospício. O sr. Von Spät causa um estranho efeito".

— "Será que minhas ideias parecem assim tão estranhas para os outros?"

A sra. Cux dança nua pela sala, abraçando a todos. Todas as outras a seguem, agarrando, batendo, arranhando e beijando uma a outra, enquanto os homens aplaudem entusiasticamente. Melchior vira-se e aborda Von Spät, que lhe estende a mão.

— "Encontramo-nos mais cedo que pensávamos" diz ele. "Que coincidência estranha você ser marido de minha amiga de infância!"

— "Não acredito no acaso!" responde Melchior, devolvendo-lhe o olhar. "De uma maneira ou de outra, somos responsáveis pelo destino".

Ocorre-lhe que embora essa seja uma conversa banal, nesse momento ela tem um significado determinado e verdadeiro apenas para ele e Von Spät.

Nesse momento, Trumpelsteg entra na conversa, dizendo:
— "Viva a filosofia!" Ele fala tão alto que todos silenciam e escutam.
— "Acaso! Acaso!" continua ele. "Naturalmente isso não existe para um mágico como você. A pessoa faz o acaso! O sr. Von Spät dirige uma orquestra inteira de fantasmas!" E ri de novo.

Então o sr. Silverharness, o pastor de olhos protuberantes que vinha estudar a decadência dos costumes modernos, diz:
— "Bem, o sr. Von Spät nos convenceu de tudo que falou. Não fale apenas. Somos pessoas atualizadas e sábias que só acreditam em fatos! Fatos, sr. Von Spät!"

Em coro, todos os outros gritavam:
— "Sim, fatos!"
— "Fatos!" diz Schulze, o professor da escola. "Somente fatos nos convencem, como a grande época em que vivemos nos ensina!"
— "Bravo!" gritou o coro.

Trumpelsteg, não conseguindo mais se conter, pula sobre a mesa e, agitando os braços de gorila, grita:
— "Mas as artes, senhores e senhoras. Não se esqueçam das artes!" Desenvolve então uma longa argumentação e termina dizendo que eles não querem fatos. "Fatos não prestam. Queremos ilusão! Vamos ser Cavalheiros do Espírito!"

Todos apoiam:
— "Vamos ser Cavalheiros da Ilusão!" batendo palmas para acompanhar. Até Sofia, que estava silenciosamente de pé em um canto, começa a se entusiasmar, batendo nas coxas nuas e rindo junto com os outros.

Melchior e Von Spät olham um para o outro, sorrindo. Melchior sente-se separado da cena por um fino véu. Os gritos e o barulho não parecem tão altos; tudo parece distante, mais estranho e esquisito. Somente a Von Spät ele se sente intimamente relacionado.

No capítulo seguinte as coisas começam a se acalmar e as pessoas ficam um pouco mais sóbrias, mas a atmosfera torna-se mais tensa e as pessoas começam a sussurrar uma para a outra. Ulrich deixa o quarto para logo voltar, abrindo a porta e entrando vagarosamente com os olhos meio cerrados. Ele fica cercado de fumaça azulada, acima da qual aparece sua cabeça branca. Em uma mão, segura uma garrafinha e na outra, uma faca brilhante. Parece não notar ninguém. Com passos duros de dança, sobe os dois degraus que levam ao canto oposto e os olhares hostis, que antes eram dirigidos a Melchior, voltam-se para ele.

Assim que passa por eles, Trumpelsteg, o crítico de arte, e a sra. Cux, a dançarina, que tinham feito sinais um para o outro, saem do grupo, e, segurando algo nas mãos, seguem-no cautelosamente. Enquanto isso, Von Spät chega à janela, coloca a garrafa sobre uma pequena mesa ao lado dele, e vira-se, com o rosto pálido, parecendo o de um sonâmbulo.

De repente um revólver aparece na mão de Trumpelsteg. Rouco de raiva ele grita:

— "Pare, pare! Você quer nos matar! Já não é brincadeira!"

Com um gesto rápido, Von Spät põe o indicador sobre a garrafa e deixa uma gota de sangue cair dentro dela. No mesmo instante, Trumpelsteg, do tamanho do dedo polegar, aparece dentro da garrafa.

A sra. Cux, horrorizada, pula em frente de Von Spät e tenta esfaqueá-lo. Mas Von Spät, mais rápido que ela, repete seu gesto anterior e coloca-a, junto com o marido, na prisão de vidro.

No primeiro momento, todos ficam mudos de espanto, mas depois todos começam a rir, exceto o prof. Cux que, como um *animal* ferido, grita:

— "Devolva a minha mulher ou chamarei a polícia!" Mas não ousa se aproximar de Von Spät.

— "Polícia! Polícia!" gritam os outros. "Onde está o telefone?"

Mas o prof. Schulze, o mestre-escola, vai de um grupo para o outro, exortando, em voz baixa:

— "Pelo amor de Deus, não o irritem. Ele poderá nos colocar a todos na garrafa, até a polícia. E o que poderíamos fazer? Estaríamos perdidos! Fiquem quietos!"

Petrificados de horror, ninguém sabia o que fazer, mas Sofia vai até o marido, e tomando-lhe a mão, implora-lhe que peça

a Von Spät para libertar os prisioneiros. Ela tenta segurar as lágrimas, e diz:
— "Eu mereço isso? O que você quer de mim, Melchior?"
Melchior nem olha para ela, e responde:
— "O que eu quero de você? Nada! Você já tomou sua decisão há muito tempo. Não existe mais nada entre nós".
Sofia cai no chão, torcendo as mãos.
Então o pastor, Mr. Silverharness, começa a fazer um sermão:
— "Queridos irmãos em Cristo, este é o julgamento de Deus. Nós, em nosso orgulho, duvidamos de seu poder e agora somos punidos. Vamos cair de joelhos e, talvez, em sua inescrutável bondade, ele nos livrará das armadilhas do demônio! Vamos rezar!"
Todos se ajoelham, mas Von Spät pega a pequena garrafa e levanta-a. Vindo olhar, todos vêm como Trumpelsteg, completamente nu, começa a se recuperar do susto e a ficar *anima*do com a sra. Cux na garrafa, e os dois começam a dançar girando, cada vez mais próximos até que caem juntos em um abraço apaixonado.

Quando o pastor vê isso, a oração fica presa em sua garganta e seus olhos quase saem das órbitas. Todos se amontoam em volta de Von Spät para ver o que está acontecendo na garrafa. Então alguns começam a rir discretamente, e logo todos estão rindo desvairadamente e caindo nos braços uns dos outros, beijando e dançando. Exaustos de tanto rir, eles olham de novo para o casal de amantes que, alheios a tudo, continuam a se amar, o que lhes dá um novo ânimo.

Somente o prof. Cux está furioso e quer atacar Von Spät, mas os outros o seguram, amarrando-o em uma poltrona, de modo que ele não consegue se mexer. Von Spät coloca a garrafa na mesa e bate palmas. Uma nova fumaça branca toma conta da sala e sete moças vestidas de branco surgem diante dele e fazem uma reverência. Do subsolo vem uma música para dançar. Von Spät segura a mão de uma das moças e abre os olhos pela primeira vez. Eles têm um brilho prateado, e ele se multiplica em sete cópias idênticas e dança com cada uma das moças. Quando a dança termina, fecha os olhos e torna-se de novo uma só pessoa.

Depois disso, uma grande porta em uma das paredes da sala abre-se silenciosamente. Na sala ao lado há uma grande mesa coberta de comida e bebida, e uma voz, que Melchior parece reconhecer, convida a todos para se servir. No patamar está a velha vendedora de maçãs da estação jogando maçãs para os convidados.

Rindo e conversando, as mulheres nuas ficam ao lado dos homens. Sofia acerca-se de Melchior, Von Spät faz par com uma das moças de branco e o prof. Cux fica esquecido. Finíssimas iguarias e vinhos cobrem a mesa, e a velha vendedora anda de um lado para o outro, servindo a todos. Quando põe vinho no copo de Melchior, ela sussurra:

— "Você foi muito esperto reconhecendo-me imediatamente, mas não é esperto o bastante. Tenha cuidado! Desejo-lhe felicidades, mas você deve ser obediente!"

— "Com quem devo ter cuidado?" pergunta Melchior delicadamente.

— "Você mesmo deve saber. Não posso dizer mais nada!"

Melchior a segura pelo pulso, diz que não vai deixá-la ir-se, e que ela tem de lhe contar tudo. Porém a velha se liberta com uma força inesperada e diz:

Anel no dedo,
Rostos na janela,
Caminhos cruzados,
Ventos que sopram para o Sul.
Breve chegará a hora.
Eles esperam! Eles esperam!

Melchior repete isso silenciosamente para si mesmo. Grande inquietação e ansiedade apossam-se dele, e sente um nó na garganta como se estivesse segurando o choro. Consegue se controlar e olha para os convidados e para ela tristemente, pensando que vai abandoná-lo.

As sete moças sentam-se de olhos fechados, como se tivessem caído em um sono prazeiroso. Von Spät também está de olhos fechados, sua cabeça parece sem vida como se fosse feita de pedra. Melchior olha em volta com excitação e pensa:

— "Por que o amo e o odeio? Por que os garotos fogem dele? Qual é seu poder? Por que ele fez tal demonstração de poder

para essas pessoas? Ele queria me dizer o que eu já sabia? Há muito tempo eu venci essas pessoas. Outros me chamam. Por que hesito? O estranho me prende. O que ele quer de mim?"
Então seu olhar encontra o de Fo, que olha atrás da vidraça. No minuto seguinte ele não está mais lá.

Os outros convidados ainda estão comendo. Von Spät abre os olhos e imediatamente se multiplica em sete, de novo, sentando-se ao lado das sete moças. O mestre-escola Schulze afasta sua cadeira e, batendo no copo, começa a falar:

— "Senhoras e senhores, até o mais impressionante milagre parece natural quando nos acostumamos. Hoje, por alguns momentos ficamos perturbados por coisas excepcionais que nos pareceram milagrosas. Mas agora, pensem bem, há comida, bebida e pessoas imaginárias aqui e nos sentimos bem à vontade com elas! Não há milagres. Há fatos, e os fatos em si próprios são razoáveis, e por isso não precisamos mais de nos preocupar. Senhoras e senhores, podemos permanecer nós mesmos, como sempre fomos. Vamos fazer um brinde..."

Um terrível grito o interrompe. As sete formas de Von Spät gemem e fecham os olhos. As sete moças se dissolvem na névoa. Em sua forma costumeira, Von Spät jaz inconsciente no chão.

Fo aparece rindo à janela. Torcendo-se de dor, Von Spät tem os olhos esgazeados. Seu corpo inteiro parece sofrer uma agonia intolerável.

— "Está sentindo agora? Está sentindo?" Grita Fo. "Você abusou. Você quis descansar por um minuto e brincar, não é? Por um minuto, seu poder adormeceu. Vê agora que não pode dormir jamais? Agora somos os vencedores!"

Ele dança em volta dele com grande alegria. Seu corpo se levanta. Seu cabelo é uma chama escura. Cada vez mais rápido, grita e gira ao redor de Von Spät.

Melchior olha para o rosto do homem caído no chão. Ódio e amor lutam dentro dele. Quase inconscientemente, quer se atirar contra Fo e fazê-lo parar, mas Fo gira, brilhando até chegar à janela.

— "Tire-o daí Melchior!" grita ele. "Ele é seu! Nós o estamos dando a você!"

Fo ri de novo incontrolavelmente, e então, olhando para Melchior, diz ternamente, exortando-o:

— "Melchior, estamos esperando por você!"

Fo desaparece. Gradualmente a dor de Von Spät diminui. Ele começa a respirar melhor e parece dormir. A névoa azul some, e ele jaz sobre o assoalho. Melchior olha para seu bonito corpo por um minuto. Antes que os outros se aproximem, Melchior agarra a toalha da mesa e joga-a sobre ele. Então o carrega e o deita no sofá de seu escritório. Põe uma cadeira ao lado do sofá e senta-se, observando o corpo imóvel. O sono apaga a tensão de seu rosto e Melchior consegue ver as feições verdadeiras que se haviam ocultado atrás das expressões faciais eternamente mutantes. É o rosto de um belo deus, apenas levemente distorcido. Mas, depois de alguns minutos, as feições endurecem de novo e o corpo se convulsiona. Von Spät, fazendo um esforço imenso, consegue abrir os olhos que estão quase sem cor e parecem cegos. Após alguns instantes, ele senta-se e, ao notar Melchior, deixa-se cair nas almofadas e diz roucamente:

— "Cheguei tarde demais. Fo está livre de novo. Você pensa que sou seu pior inimigo. Vim para sua casa para pegar o anel, mas o sono me venceu. Por que você me protegeu?"

— "O homem adormecido não era meu inimigo" responde Melchior. "Compreendi que você era meu irmão."

Von Spät levanta-se e grita:

— "Nunca mais vou dormir!"

— "Nunca mais você vai dormir? O que quer dizer? Você não pode estar dizendo isto literalmente."

— "Nunca mais vou dormir"; responde Von Spät, e seus olhos tornam-se maiores e mais escuros.

— "Quando durmo, meus inimigos me despedaçam. Em todo lugar o sono me tenta. Eu brinquei por um momento, e pela última vez ele me derrotou. Mas eu sou o senhor deles. Nosso corpo não é barro. Nosso corpo é música, um espelho para as estrelas."

Melchior, de cabeça baixa, diz lentamente:

— "Eu amo a terra. Não quero ser senhor. Quero me dar".

Von Spät se movimenta impacientemente.

— "Você fala como os garotos", diz com raiva.

— "Quem são os garotos? Quem é Fo?" pergunta Melchior no ato.

Von Spät hesita e, finalmente, quase de má vontade, diz:

— "Ninguém sabe, ninguém conhece sua verdadeira forma. Eles chegam até você como rapazes errantes, garotas etéreas, ou *anima*is. Eles levam você para o caos e para a escuridão. Em algum lugar eles têm um reino, cuja entrada não consigo descobrir (o título do livro é *O Reino sem espaço),* mas eles nunca estão lá. Sempre estão aqui. Talvez estejam aqui e lá ao mesmo tempo. Eles fazem com que todos entrem em transe, dançando. Tenho que encontrar seu reino e destruí-lo. As pessoas libertas têm que ficar a meu serviço. Todos têm que pertencer a mim. Fo me escapou. Ele é o mais livre, corajoso e forte de todos. Eles não podem encontrar a noite, o sono, o refúgio e o descanso. Nunca mais deverão dormir!"

Ele está de pé. Seu corpo parece transparente, pode-se ver seu contorno brilhante. Quando levanta o rosto, o teto desaparece, e da escuridão surge um rosto parecido com o dele, olhando para baixo e fracamente iluminado.

— "Quem é você? Quem é você?" pergunta Melchior, tremendo. A forma de Von Spät sobe até uma altura imensa, tornando-se cada vez mais difusa. O sangue de Melchior parece ter virado gelo, mas ele não consegue se mover.

— "Escolha, Melchior!" grita Von Spät, e sua voz parece o soar distante dos sinos de vidro.

— "Se você quer juntar-se aos rapazes, só tem de chamá-los, e eles esquecerão tudo — o que você foi e quem é. Se quiser vir para nós, só precisa bater na parede de seu quarto e uma porta se abrirá para você e seu caminho será iluminado. Pense bem. Para chegar até nós correrá perigos e terá de enfrentar os horrores do mundo. Você ainda é livre. Quando escolher, terá que tomar a decisão sozinho. Mas não poderá voltar atrás, pois a volta significará sua destruição. Não o protegeremos!"

Enquanto fala, Von Spät dissolve-se completamente. O teto fecha-se, as lâmpadas acendem-se de novo e o sofá fica vazio. Melchior encontra-se sozinho no escritório.

A discussão entre Melchior e sua esposa Sofia mostra que o casamento deles acabou: há uma desunião total entre eles, que não mais se amam nem se compreendem. Sem dúvida Sofia sente-se amargamente decepcionada, achando que Melchior nunca a amou e nunca participou de seu mundo. Como muitas mulheres que se sentem não amadas, ela, em sua amargura, entrega-se completamente ao *animus*. Ao invés de relacionar-se com Melchior, ela prega peças nele. Por exemplo, para obrigá-lo a participar das festas, ela deixa o seu escritório sem aquecimento. Ela tenta agarrá-lo e vencê-lo com esses truques, portanto o amor virou uma luta pelo poder. Eros desapareceu dessa relação. Ela também odeia o marido por causa de sua busca espiritual e por ele não viver apenas sua vida pequeno-burguesa e sofrer incessantemente por seus conflitos. Ele procura alguma outra coisa, o que vai de encontro ao desejo dela de paz e segurança. Ela quer ser a mulher do professor, ter um círculo interessante de amizade e ser respeitada por ele, mas Melchior, como ela reclama, destrói a segurança desse mundo que ela quer construir. Portanto, eles discutem sobre segurança e insegurança. Ela o acusa de transtornar e de acabar com tudo. E ele, ao contrário, tenta mostrar-lhe que a segurança burguesa não é segurança de verdade, que só aquelas que se entregam à aventura da vida, sem racionalizações, encontram a verdadeira segurança. Mas a conversa não leva a lugar nenhum, e assim eles desistem e vão à festa.

Então acontece que Von Spät está presente e Melchior fica sabendo que ele foi amigo de infância de Sofia, e que depois os dois haviam perdido contato. Da última vez, como se lembram, tentamos descrever Von Spät como o espírito do pai, o espírito da tradição, que sempre vem do mundo paterno. Para o homem, a figura paterna representa a tradição cultural. Que sempre vem tardiamente, e que é representada por Von Spät. É aquilo que se opõe ao novo, é, como tentei mostrar-lhes, a sabedoria com seu venenoso "sabemos tudo". Todo fator cultural contém um veneno secreto que consiste na pretensão de saber todas as respostas. Em um nível primitivo, vê-se isso na iniciação dos jovens quando os velhos da tribo contam-lhes a história do universo: como o mundo foi feito, a origem do mal, a vida depois da morte, o objetivo da vida e assim por diante. Nesse nível, por exemplo, todas as perguntas são respondidas pela tradição mitológica tribal ou religiosa passada dos mais velhos para os mais novos, e que é absorvida da forma que é contada, a não ser, naturalmente, por umas poucas personalidades criativas. Daí por diante, os jovens também dominam todo o conhecimento. Quando um missionário, por exemplo, chega a uma tribo, não a encontra aberta para novas ideias, pois seus membros acreditam que tudo já é conhecido. Fazemos exatamente o mesmo, só que com maior complexidade.

Ulrich von Spät representa o princípio arquetípico do conhecimento tradicional que passa de uma geração à outra. Isso vai de encontro ao princípio do *puer aeternus* — o princípio de recriar e renovar todas as coisas incessantemente. Sofia Lindenhuis está secretamente ligada a Von Spät que como se fica sabendo é o seu companheiro de juventude. Do ponto de vista psicológico, ele representaria, portanto, o *animus* do pai. A pretensão de conhecer todas as respostas é exatamente o que o *animus* do pai produz na mulher: a suposição de que tudo é evidente por si mesmo — a ilusão de tudo saber. É essa atitude que Jung questiona quando fala de maneira negativa sobre o *animus*: "todos fazem isso" e "todos sabem disso" — a convicção absoluta com a qual as mulheres distribuem "sabedoria". Quando se examina isso mais de perto, contudo, pode-se ver que elas só estão repetindo o que o pai (ou outra pessoa) disse, sem que tenham assimilado o assunto. A filha tende a reproduzir o conhecimento do passado que lhe foi transmitido pelo pai. Veicular conhecimento tradicional — sem que tenha sido trabalhado e assimilado pela consciência individual da mulher é perigoso e chega a ser diabólico.

Fica também claro que a característica principal de Spät é um tremendo complexo de poder. Sofia diz que, mesmo quando eram crianças, ele sufocava a criatividade de todos e obrigava-os a submeter-se à *sua* vontade. A base de Von Spät é o poder, e poder, no sentido exato, corresponde ao instinto de autopreservação do indivíduo.

No nível dos *animai*s, há duas tendências básicas naturais que até certo ponto se contradizem: o instinto sexual com todas as suas funções, incluindo, para a mulher, a geração e criação dos filhos, e o instinto de autopreservação. Esses dois impulsos se opõem, pois procriar, parir e criar a nova geração geralmente significa a morte da velha. Há muitos *animais* que morrem após deixar sua semente, como a aranha macho que é devorada pela fêmea após o acasalamento. Sua única serventia é servir de alimento para a mãe depois de ter cumprido sua função. Este é um caso extremo, mas muitas vezes os *animais* mais velhos se esgotam cuidando dos mais novos, e chegam até ao ponto da autodestruição. Como os caçadores sabem, o instinto sexual faz com que os *animais* esqueçam completamente a autopreservação. Ficam cegos ao perigo. O sexo significa a preservação da espécie, e por isso a preservação do indivíduo deve ser sacrificada. É a espécie que importa — a continuação da vida. Normalmente, quando a sexualidade não está em questão, o instinto de autopreservação prevalece sobre tudo. O *animal* ocupa-se em comer e fugir da morte, isto é, em manter-se vivo como indivíduo.

Esses dois impulsos, sexo e autopreservação, são tendências básicas na vida *animal*; no homem eles aparecem como dois poderes divinos e contraditórios: amor e poder. Amor, incluindo a sexualidade, e poder, a autopreservação. Eros e poder, portanto, como Jung sempre ressaltou, são opostos um ao outro. Você não pode ter os dois juntos, pois eles se excluem. O casamento de Melchior e Sofia, por exemplo, tornou-se um jogo de poder onde cada um tenta salvar seu mundo contra o perigoso mundo do outro. A possibilidade de dar-se, a generosidade de deixar que o mundo do outro penetre em seu próprio mundo não existe. Os dois parceiros lutam por sua vida. Por ter perdido sua capacidade de amar, a mulher cede ao desejo do poder e a Von Spät. Esta é a porta dos fundos pela qual ele penetra na casa, mas Von Spät é o próprio desejo de poder de Melchior. E como o impulso de poder reage em relação a Eros, o outro impulso?

Resposta: Expondo-o e ridicularizando-o.

Sim, na garrafa! E o que é a garrafa? Ele o coloca na garrafa e o ridiculariza, uma ilustração clássica do modo pelo qual o impulso de poder lida com o outro impulso: ele o aprisiona! As pessoas aprisionam o amor e o sexo, comportando-se como se fossem donos deles, tal como a mulher que usa a sua beleza para conseguir seus objetivos, por exemplo, para conquistar um milionário. Isso quer dizer que ela não o ama, usa o amor, ou o que pensa ser amor, para ter sucesso na vida. Comporta-se como se tivesse o total controle da situação. A mulher que se ligasse a Von Spät reprimiria todo sentimento espontâneo de amor. Se ela notasse que estava se apaixonando por um limpador de chaminés, por exemplo, cortaria tal sentimento *in statu nascendi* (pela raiz), porque não se adequaria a seus planos de amar uma nulidade social. Por outro lado, enganaria a si mesma, pretendendo amar o grande sr. *X*, que tem muito dinheiro. Tentaria se convencer de que ama o homem que combina com seu ego e seus planos de poder. Portanto o amor degeneraria em sua base, isto é, a sexualidade. Ficaria reduzido à sua *prima materia*, isto é, à sexualidade física que é aprisionada pelo intelecto. A sexualidade é usada como um anzol para fisgar um parceiro por motivos práticos e racionais, e o amor verdadeiro que geralmente é imprevisível, renovador e criativo, é ansiosamente reprimido.

Pergunta: É importante que seja uma garrafa em vez de caixa servindo como prisão?

Sim. O que é uma garrafa de vidro?

Resposta: Poderia ser usada como frasco para experiências químicas, por exemplo.

Sim, tudo isto me lembra frascos de laboratório, mas usados para outros fins. Aqui temos um caso de emprego cínico do mistério da alquimia.

Comentário: É a atitude prosaica.

Sim. É o uso de uma ideia, ou sistema intelectual, com uma nuança prosaica: "não é nada demais, trata-se apenas de liberdade sexual, ou trata-se apenas do corpo, ou de mim e do sr. fulano de tal", e assim por diante, excluindo, portanto, todo o mistério. Em geral, o vidro é transparente, mas péssimo condutor de calor. Pode-se dizer que isso tem a ver com a racionalidade; que representa um sistema intelectual que permite ver algo com total clareza, mas que isola o afeto e o sentimento. Por exemplo, quando Branca de Neve foi aprisionada em um caixão de vidro ela ficou fora da vida no que se refere ao sentimento, mas não à percepção consciente do que estava acontecendo. Se você se encontrar em uma casa de vidro, pode ver e perceber tudo que acontece lá fora, mas fica isolado dos cheiros, da temperatura, do vento e assim por diante. Todas estas percepções ficam excluídas e, portanto, também a relação emocional com o mundo exterior e interior. É interessante lembrar que colocamos alguns *animais* do zoológico em gaiolas de vidro, evitando todo contato e perigo, e assim podemos estudar seu comportamento, mantendo a distância. Na alquimia, como sabemos, o tubo de ensaio é visto como sendo idêntico à pedra filosofal. O frasco é o aspecto feminino da pedra filosofal, que é o aspecto masculino do *Self*, mas ambos são a mesma coisa. Em nossa história, o vidro é um fator místico que agora está nas mãos de Von Spät. O que isso poderia significar? Qual a diferença, psicologicamente, entre o vidro como um símbolo alquimista e esse frasco alquimista falso? A sutil diferença pode ser descoberta primeiramente considerando o que o frasco é em sua forma positiva. O que significa colocar tudo em um frasco?

Resposta: Aceitar o sofrimento.

Isso é uma parte, mas o que o frasco representa psicologicamente? A maioria de vocês já leu *Psicologia e Alquimia*.[30] O que significa colocar tudo em um só frasco?

Resposta: Uma transformação ocorrerá.

Sim, um tubo de ensaio é um lugar de transformação. Qual é a pré-condição para qualquer tipo de transformação psicológica? É olhar profundamente para dentro de si mesmo. Isto significa que ao invés de olhar para os fatores externos — para as outras pessoas — eu olharei apenas para meu próprio psiquismo. Isto seria colocá-lo em uma retorta. Suponhamos que eu sinta raiva de alguém; se eu me afastar dessa pessoa e disser: "Agora, deixe-me examinar minha raiva, o que significa e o que está por trás dela", isso seria colocar minha raiva em uma retorta. Portanto a retorta representa uma atitude cujo

---

30. Carl Gustav Jung, *Psychology and Alchemy,* vol. 11, *Collected Works.* Princeton: Princeton University Press, 1958; 2ª ed., 1969.

objetivo é o autoconhecimento — uma tentativa de tornar-se consciente de si mesmo ao invés de examinar as outras pessoas. No que diz respeito à vontade, requer determinação; no que diz respeito ao intelecto, significa introversão, a procura pelo autoconhecimento interior a todo custo, e objetivamente, não subjetivamente examinar os próprios problemas, fazendo um esforço de ver-se com objetividade. Só se consegue atingir tais fins com muito esforço. Por exemplo, se alguém está loucamente apaixonado, ou louco de raiva por algum motivo, talvez por problemas financeiros, o terapeuta tenta fazer com que ele tire a atenção daquele problema, qualquer que seja, e tente ser objetivo. O terapeuta tenta fazer com que ele analise o sonho — ver como as coisas se passam dentro do psiquismo — usando o onírico como um espelho da situação psicológica. Muitas vezes as pessoas falham em conseguir isso. Elas dizem:

— "Sim, mas você compreende, amanhã tenho que resolver isso no banco, ou vendo ou não o estoque".

Sim, mas vamos olhar por um minuto o lado objetivo, o que o psiquismo objetivo nos diz disso!

— "Não, não dá, tenho que tomar a decisão!" E então parece um milagre: aquela pessoa torna-se de repente quieta e objetiva. É preciso dar a virada, olhar para dentro de si e dizer:

— "Vou tentar me abster de olhar para as emoções que estão ligadas ao meu problema e tentar ser objetivo". Isso é um milagre, e precisa da intervenção do *Self*; algo deve acontecer na pessoa para torná-la capaz de fazer isso. A pessoa sabe, mas às vezes tenta encontrar essa disposição de novo e não consegue; afasta-se do autoconhecimento, e, subitamente, encontra essa estranha paz, geralmente quando já sofreu bastante. Então fica quieta e silenciosa, e o ego torna-se objetivo, volta-se para dentro e examina os fatos de dentro para fora, objetivamente, e a agitação cessa. A agitação nervosa da tentativa de dar autoconfiança ao ego cessa, e um tipo de objetividade é alcançado. Então é possível olhar para si mesmo e abrir-se ao inconsciente.

Pode, portanto, dizer-se que de algum modo, o frasco alquimista é um evento misterioso do psiquismo; é uma ocorrência; algo que acontece subitamente e que permite às pessoas olharem-se para si mesmas com objetividade, usando os sonhos e outros produtos do inconsciente como um espelho onde podem se examinar. De outra maneira, a pessoa fica sem um ponto de Arquimedes fora do ego, no qual possa se apoiar para alcançar esse objetivo. É por isso que certa consciência do ego é necessária antes que a pessoa possa olhar para si mesma, e é por isso que as pessoas muitas vezes vivenciam experiências com o *Self* no início da análise. É apenas essa vivência que as capacita a lutar para conseguir olhar para si mesmas de modo objetivo. É esse o significado que os alquimistas davam ao frasco. Pode-se também dizer que o frasco simboliza uma atitude que é, por exemplo, o pré-requisito para dar asas à imaginação, pois você não consegue fazer isso sem o frasco. É como colocar a imaginação dentro de um tubo de ensaio onde pode ser observada à luz da psicologia. Para isso é necessário uma atitude ética de distância, sinceridade e objetividade, pois só assim você consegue olhar para dentro de si mesmo. Esta seria a forma positiva do frasco.

Através do julgamento do ego, eu rapidamente julgo o inconsciente, colocando-o no frasco também. E aí então temos a prisão de vidro, a atitude inconsequente que dá ao frasco seu aspecto negativo. Então temos o sistema das racionalizações, que aprisiona o fenômeno vivo do psiquismo. Isso visa o poder. É muito sutil. Há pessoas dispostas a olhar para si mesmas, mas apenas a fim de ficarem mais fortes do que as outras e dominarem a situação; elas mantêm o objetivo de dar poder ao ego e até usam as técnicas da psicologia junguiana — imaginação ativa, por exemplo — mas com olhos fixos no poder, no domínio e no controle. Isso não leva a nada. Há também outras que se analisam honestamente durante um determinado período de tempo — mas com a finalidade de se tornarem analistas e ter poder sobre as outras. Dessa maneira, o poder se infiltra em tudo repetidamente, e transforma o que deveria ser uma manifestação espiritual em um truque, um truque técnico em posse do ego. Von Spät é o demônio que faz mau uso de tudo, que faz com que tudo — até os mais altos poderes espirituais — degenerem em tal truque técnico.

Já me fizeram várias perguntas. Uma delas é a seguinte: supondo que Von Spät represente o mau uso da razão para justificar atitudes inconsequentes, qual o significado do milagre que fez? Como vocês interpretariam isso? Como tal atitude pode produzir milagres?

Pergunta: A palavra "truque" não seria melhor que "milagre"?

Sim, poder-se-ia também chamá-la de truque de alucinação coletiva. Alguém entra em transe e então se dá a alucinação coletiva, que desaparece quando de repente todos acordam e a ceia e tudo o mais desaparece. Foi ilusionismo, mas como isso pode acontecer?

Se olharmos para Von Spät como *animus* de Sofia, então ele seria uma imagem de *animus*-pai. E como o *animus*-pai em uma mulher produz não apenas opiniões mas também truques de magia? Lembro-me do caso de uma mulher cujo pai era esquizofrênico, um homem frio e sarcástico que eternamente criticava os filhos, eternamente dizendo-lhes que não eram nada e que jamais chegariam a ser alguma coisa. Se estavam na escola, ele dizia que nunca seriam bem-sucedidos; se queriam aprender arte, dizia-lhes que não tinham nenhum talento e que nunca conseguiriam. Sempre tinha atitudes negativas. Também tinha o hábito, que deixava as filhas loucas, de arrancar todas as flores de seu caule com a bengala quando caminhavam no campo. Era um *tic nerveux* (tique nervoso) e era feito para se vingar da tristeza de sua vida de sentimentos arruinada e destruída. A esquizofrenia parecia ser hereditária nessa família há muitas gerações, e o pai arrancava a cabeça dos filhos com seus comentários desencorajadores, na tentativa de fazer com que eles não crescessem.

Atualmente, essa filha tem muitos amantes-velhos, jovens, artistas, homens de negócio — aparentemente muito diversos entre si, mas que depois de um curto tempo revelam um ponto em comum: todos a torturam sadicamente dizendo-lhe que ela não é nada, que é péssima e nunca vai ter sucesso na vida. É o mesmo tipo de gravação que o pai fazia. Nunca descobri se ela os levava a fazer isso ou se tinha o dom de descobrir homens assim. Nunca cheguei a conhecer a maioria deles, exceto pelo que ela dizia, mas parecia magia negra. Em linguagem primitiva, eu diria que havia uma maldição sobre ela, pois sempre tinha que se envolver com homens críticos, sádicos, que a desprezavam e não tinham o menor respeito pelos seus sentimentos, que já estavam mesmo destruídos. Nos sonhos, parecia que era mesmo o pai. Por exemplo, uma noite, após uma discussão típica com um dos homens, ela sonhou que seu pai sempre esperava por ela para bater-lhe com uma vara e jogá-la no chão. É conhecido o fato que o *animus*-pai, ou a mãe-demônio no homem não age apenas como um destino interior cruel, uma distorção dos instintos na escolha do parceiro, mas sim como um destino exterior e que pode aparecer nas sincronicidades — em milagres sincrônicos fora da vida pessoal, em eventos para os quais não há respostas individuais possíveis. Penso que seria uma nuança de sentimento equivocada dizer a tal moça que ela sempre tinha amantes sádicos por não haver superado o *animus*-pai sádico dentro de si. Isso está bastante correto, mas não esgota a questão. Mais tarde, quando ela estiver mais adiantada na análise, o terapeuta poderá tentar fazê-la ver que ela tem tal pai sádico e demoníaco dentro de si e que isso atrai homens sádicos. Às vezes, contudo, quando se tenta lidar com um destino assim cruel, sente-se estar diante de um poder divino destrutivo, de maneira que não se pode tornar o indivíduo responsável por ele.

Pergunta: Você não poderia dizer que ela sempre tinha este pensamento na cabeça até que ele tornou-se uma parte dela? Para colocar as pessoas na garrafa, Von Spät sempre tinha que dar uma gota de sangue, e parece-me que o animus *na mulher — isto é, o pensamento na cabeça dela — vai direto para o sangue e realmente torna-se uma parte dela. Von Spät deu tudo de si ao fazer esses truques.*

Sim, Von Spät é naturalmente o demônio secretamente pensado na mulher.

Comentário: Mas ele também deu seu sangue.

Está certo, mas aí temos que examinar um outro fator, isto é, que quando Von Spät faz sua mágica, ele torna-se desleal a si mesmo, e é por isso que Fo o pega. É muito importante lembrar que se Von Spät não tivesse representado esse papel de mágico, Fo não o teria vencido. "Nunca dormirei de novo", disse Von Spät, depois de ter sido vencido por Fo. "Quando durmo, meus inimigos se aproveitam. Nunca mais cederei ao sono. Eu brinquei." Assim, como vocês veem, ele torna-se desleal consigo mesmo, pois, por alguns momentos, brincou: esqueceu seu desejo de poder; entreteve-se na apresentação de magia. Por alguns momentos comportou-se como Fo e seu bando. Ele brincou: "e aí ele me venceu pela última vez, mas eu sou seu senhor. Nosso corpo não é terra, nosso corpo é música, um espelho das estrelas". É a verdadeira enantiodromia, e devemos ver Von Spät como o espírito da racionalização — o poder do pensamento — tendo que se guiar pela razão e não pelo lúdico. Quando começa a fazer mágicas ele cede ao lúdico. Se você aplicar a isso a teoria dos dois polos, um deles seria Fo e o outro Von Spät. Quando esse último está muito bem e tem autocontrole, ele está desperto, sem brincar nem fazer mágicas. Mas o poder o embriagou e ele não conseguiu parar de exibi-lo. E aí sobreveio a derrota. Foi dominado pelo poder de Fo. Esses dois poderes sempre dominam um ao outro através de uma enantiodromia, como acontece com todos os contrários inconscientes, assim denominados por serem deuses, quer dizer, representam pulsões arquetípicas básicas no psiquismo. É um jogo de contrários no meio do qual o sofredor Melchior se vê, tendo sua alma disputada. Quando Von Spät, deixando-se levar pelo prazer, passa para o lado de Fo, percebe-se que eles estão secretamente ligados um ao outro. Pode-se dizer que representam dois aspectos da vida, pois ambos fazem parte dela e não se pode viver sem os dois. Mas ambos afirmam ser o único. Eles pressionam Melchior, cada um puxando-o para seu lado. Melchior fica confuso e, como veremos no final do livro, a tragédia é que ele não consegue tomar uma decisão definitiva. Visto pelo ângulo pessoal, isto é, a fraqueza do ego que fica dividido entre os dois contrários, com o qual eles brincam como se fosse uma bola de pingue-pongue. Ele está entre os dois deuses ou demônios que afirmam ser seu único senhor, e não consegue dizer: "Não obedecerei a nenhum dos dois, e viverei minha vida como qualquer ser humano". É por isso que fica preso nesse eterno jogo diabólico.

A senhorita Ramp descobriu algo interessante sobre a palavra "Fo": seu principal significado é "Buda". Isso faz sentido, porque sabemos que Melchior viajou pela Índia e pela China, e Fo é o rei de um reino invisível que poderia ser o nirvana, como veremos depois. A ilustração da capa do livro parece um torii japonês, que tem um significado místico no Oriente — a porta do além — e na contracapa há uma estrela de oito pontas. Esses dois desenhos foram provavelmente escolhidos deliberadamente. Obviamente o autor conhecia e era fascinado pelas coisas do Oriente, como ficará muito mais claro depois. Ele projeta o *puer aeternus* — o Eros demônio e o Eros criativo — no Oriente. Von Spät, por outro lado, representa o cristianismo em sua fase mais avançada. A civilização cristã está agora velha e gasta para nós, ela perdeu o poderoso *élan vital* que possuía em seus primórdios. Nós, a cansada civilização ocidental, achamos que temos todas as respostas mas, na realidade, ansiamos por experiências interiores reveladoras, e, por isso voltamo-nos para o Oriente esperando uma renovação que venha de lá (mas isso é obviamente uma projeção). Isso representaria um outro aspecto de Von Spät, cujo rosto levemente mórbido sugere uma bela imagem divina, levemente oblonga e doentia. Que deus é representado desse modo em muitas pinturas? Cristo. Mas Von Spät não é Cristo, é apenas uma imagem que fazemos dele — um deus mórbido e sofredor — divino, porém incapaz de evitar a morte.

Neste ponto, a maior parte do livro dispensa comentários. Temos o jornalista que diz qualquer coisa que julga adequada ao momento, e o pastor que diz estudar a decadência dos tempos modernos e interrompe a oração para assistir à relação sexual. A ironia dessas coisas é transparente e surge da camada consciente do autor, não necessitando, portanto, de interpretação psicológica. Mas o problema ainda não resolvido é o papel do feminino. As mulheres são descritas como os seres mais desprezíveis, e não há uma só figura feminina positiva no livro. O autor ridiculariza-as totalmente. Não há Eros no livro, e a única mulher positiva nos capítulos vistos é a vendedora de maçãs que é a figura materna positiva. Ela traz uma mensagem para Melchior no momento que o poder de Von Spät reina supremo. A mensagem diz: "Anel no dedo (o anel significando o pacto com o menino), rostos na janela, caminhos que se cruzam, ventos que sopram para o sul, logo chegará a hora, eles esperam, eles esperam". Ela quer dizer a Melchior para não se tornar traidor e desleal para com os rapazes. Ela é a única figura feminina que está ao lado deles, e que significa que o grupo sofre a influência da mãe que em última instância é a mãe-natureza arquetípica representada aqui pela gorda vendedora de maçãs.

É típico da mentalidade alemã não haver figura jovem de *anima*. Como ressalta Jung, do outro lado do Reno a *anima* não é diferenciada e permanece completamente dentro do complexo materno. Um homem do Serviço Secreto disse-me que quando queria enfraquecer os jovens prisioneiros nazistas para tirar deles informações militares, a pergunta que lhes faziam — e que era quase sempre eficaz — quando eles se recusavam a falar era: (com a voz trêmula de emoção) "Sua mãe ainda está viva?" Eles geralmente começavam então a chorar e soltavam a língua. Esta era a pergunta-chave para penetrar na armadura hostil dos jovens nazistas. Naturalmente não se devem aceitar completamente tais generalizações, elas são apenas meias verdades em casos individuais, mas se formos caracterizar traços nacionais, vemos que realmente há uma falta de diferenciação na *anima* dos alemães, comparando com os povos latinos. Na própria Alemanha há diferenças regionais a esse respeito, pois no sul existem ainda resquícios da ocupação romana. Lá, a atitude é um pouco diferente da do norte. Neste romance, contudo, vemos claramente o estado de completa indiferenciação da *anima*, pois a única figura positiva de mulher é a tal vendedora de maçãs.

Sofia significa "sabedoria". É intrigante o fato de a mulher de Melchior ter esse nome, pois é caracterizada como uma mulher amarga, possuída pelo *animus*, socialmente ambiciosa, teimosa e incapaz de amar — a típica mulher que perdeu as ilusões. No entanto, seu nome significa sabedoria, o que mostra como a atitude de desamor do homem alterou o princípio feminino. Sofia pode significar a sabedoria, ela podia representar o amor pelo ser humano — poderia ser tudo que seu nome significa — ao invés disso, ela se torna uma figura insignificante e destrutiva, porque Melchior não soube como dar-lhe amor e fazê-la florescer. Ela é a sabedoria negativa, e é amarga porque ele não consegue amar. Ela gosta do contato com as pessoas e ele odeia. Ela quer forçá-lo a se relacionar com as pessoas e ele quer evitar isso a todo custo. É por isso que brigam. Como você sabe, Sofia é chamada de "philanthropos" — "aquela que ama os homens". Esta é a forma superior de Eros. Como Jung explica em seu trabalho sobre transferência, Sofia-sabedoria é ainda maior do que o amor superior simbolizado pela Virgem Maria, porque, como diz com profundidade "um pouco menos é ainda menos". Isto significa que se eu tenho um amor idealista pela humanidade, querendo fazer somente o bem, isso é menos do que simplesmente ficar entre os seres humanos, convivendo com eles. Mas o que está faltando nessa festa na qual a *anima*lidade totalmente bárbara domina com seu egoísmo, sua vulgaridade e sua deslealdade é o amor ao próximo e a si mesmo. Também vemos o que acontece quando o lado de Eros é negligenciado: forma-se no alto uma camada convencional da assim chamada civilização espiritual, e abaixo dela os instintos *anima*lescos que podem vir à tona a qualquer momento. Assim que as convenções são eliminadas e as mulheres se despem, temos instalado o domínio desses instintos que em nada lembram as atitudes do ser humano socializado. É assim que são as pessoas quando não desenvolveram a função do sentimento, exceto que, em regra, elas não têm a coragem de revelar sua verdadeira face. É necessário haver uma revolução, um movimento nazista ou algo parecido e então ficamos espantados de ver as coisas que aparecem.

Von Spät odeia dormir. Como vocês interpretariam isso? Ele é inimigo do sono e diz que enquanto não vencer completamente seus inimigos não dormirá.

Resposta: No sono não há ambição pelo poder.

Sim. No sono, essa ambição desaparece e ficamos completamente indefesos. É um estado em que o poder é derrotado e o inconsciente emerge. Portanto, você pode achar a princípio que ele deve representar a consciência, e Fo, o princípio da inconsciência. Mas, se olharmos de perto, é um pouco diferente. Von Spät é algo inconsciente, também; quer dizer, o aspecto demoníaco inconsciente da consciência quando ela "conhece todas as respostas". A consciência consiste em algo que julgamos conhecer, é um conhecimento disponível de imediato. Também se não sabemos bem o que é, temos a sensação subjetiva que tudo o que está na consciência é bem nosso conhecido. Mas, além da consciência jaz o inconsciente, quer dizer, além do eu e de todo o fenômeno da consciência jaz a sombra, a pulsão do poder e algo demoníaco. Não devemos esquecer nunca que a consciência tem um aspecto demoníaco. Estamos começando a tomar conhecimento que as realizações de nossa consciência — nossas realizações técnicas, por exemplo — têm aspectos destrutivos. Estamos despertando para o fato que a consciência pode ser uma desvantagem, e que é baseada no inconsciente. Aquilo que me faz tão ardentemente desejar que a consciência domine a vida é algo inconsciente. E não sabemos o que é. A necessidade, a urgência e a paixão pela consciência é algo inconsciente, assim como aquilo que conhecemos como tradição de consciência. Por exemplo, para uma tribo primitiva sua própria tradição aparece como consciência. Em uma tribo africana, para um noviço, ser torturado, ter seus dentes arrancados, ou qualquer coisa assim, tem seus significados, como, por exemplo, pode representar a criação do mundo, a origem do mal, o casamento entre determinados clãs — tudo que para eles é consciência. Para nós, contudo, que temos uma tradição diferente, os ensinamentos mitológicos que as tribos primitivas absorvem parecem puramente inconscientes. Podemos até interpretar tais ensinamentos como fazemos com os sonhos, e tal possibilidade mostra que o que significa consciência coletiva para uma tribo primitiva está na realidade plena de simbolismo inconsciente.

Refiro-me a outras civilizações para ilustrar o meu ponto de vista, porque pode-se observar outra sociedade *sine ira et studio;* isto é, imparcialmente. Mas o mesmo ocorre em nossa tradição religiosa. Poderíamos dizer que os ensinamentos cristãos consistem em um conteúdo da nossa consciência coletiva. Se examinarmos mais de perto, contudo, veremos que ela está baseada em símbolos tais como o deus crucificado, a Virgem Maria e outros, e se nos aprofundarmos em seu significado e em sua associação com a vida moderna, descobriremos que não os conhecemos porque são inconscientes. Descobrimos que precisamente aqueles aspectos conhecidos de nossa tradição espiritual são totalmente misteriosos para nós em muitos aspectos, e que podemos dizer muito pouco a respeito deles. Portanto, a consciência tem um lado do avesso secreto, que é inconsciente.

É isso que é demoníaco em Von Spät, quer dizer, a percepção consciente sempre é tomada como a perfeita resposta. Pode-se dizer que talvez seja a atual tarefa da psicologia revelar esse aspecto secreto e destrutivo da consciência.

Espero que cheguemos ao ponto em que a consciência possa funcionar sem a pretensão de tudo saber e de dar a última palavra. Se a consciência pudesse ser reduzida a uma *função,* uma função descritiva, então as pessoas não fariam mais afirmações definitivas; ao invés disso, diriam que, "pelos fatos conhecidos, parece que no momento poderíamos tirar as seguintes conclusões". Isto significaria abrir mão da premissa do poder secreto que pretende esgotar todo o conhecimento sobre determinado assunto. Seria um grande passo se pudéssemos eliminar toda essa falsa pretensão. Mas isto pressupõe a integração da consciência pela nossa compreensão de seu relativismo e sua relação específica com o indivíduo (devo saber que sei e que tenho tal ponto de vista específico). Não é suficiente ter um ponto de vista consciente, deve-se saber por que se chegou a formar essa opinião. A pessoa comum está ainda possuída pela consciência coletiva e, sob sua influência, fala como se soubesse todas as respostas. Por exemplo, as pessoas tendem a olhar o comportamento dos seres humanos como sendo próprio delas mesmas, esquecendo que ele deriva da cosmovisão que não mais aceitam, falhando portanto em compreender que se trata de algo coletivo e não de uma escolha pessoal. O poder é a motivação oculta atrás de tal atitude. O conhecimento é um dos melhores jeitos de afirmar o poder. O homem conseguiu dominar a natureza e os outros seres humanos através da força bruta, mas também usando sua sabedoria e inteligência. Não se sabe o que funciona melhor, se a força bruta ou a inteligência, pois os dois são dois aspectos da pulsão de poder. A validade da inteligência é demonstrada em muitas histórias do folclore sobre *animais*, nas quais os espertos e inteligentes vencem os mais fortes, como a hiena vence o leão e, na América do Sul, o anão vence o tigre. Em compensação, o marido vence a mulher pela força, embora muitas vezes ela consiga levar a melhor com sua inteligência e esperteza.

Nossa consciência está ainda secretamente ligada a essas duas atitudes de dominação, e a sabedoria está geralmente combinada com elas. Você vê essa luta pelo poder no mundo acadêmico. É um fato raro um professor universitário interessar-se pela verdade em si mesma; na maioria das vezes ele está mais interessado em sua posição e prestígio, querendo ser o primeiro a afirmar alguma coisa científica.

Observação: "Les savants ne son pas curieux", como dizem os franceses.

Sim, exatamente! O que mostra que o poder contido no conhecimento, a pulsão demoníaca de dominar através do conhecimento, é mais forte do que o interesse objetivo de descobrir a verdade. Ulrich von Spät simboliza todos esses aspectos positivos e negativos da tradição consciente congelada.

Capítulo 11

Interrompemos a narrativa na parte em que Von Spät despertava subitamente. Ele havia perdido seus poderes mágicos por haver adormecido e se divertido. Não permanecendo alerta, tornou-se uma presa fácil para os rapazes maquiavélicos que conseguiram assim derrotá-lo. Vocês se lembram que no jantar festivo que sua magia promoveu, ele tinha feito sete moças aparecerem e ele próprio havia se multiplicado de maneira que pudesse namorar cada uma delas. Ele então era sete homens com sete garotas, e depois virou uma só pessoa de novo. No momento que acordou, ficou chocado com a presença de Fo, que o tirou do transe. As sete garotas e o jantar mágico desaparecem. Como vocês interpretariam isso: um mágico e sete garotas?

Comentário: Com ele próprio eram oito.

Sim, mas quando há um com as sete? Vocês devem se lembrar que o autor interessava-se por alquimia e tinha realizado o pseudomilagre alquimista de colocar Trumpelsteg e a senhora Cux na garrafa como uma espécie de caricatura do *mysterium coniunctionis* alquimista.

Na alquimia, especialmente nos textos mais recentes, que são os que o autor provavelmente conhece, há frequentes representações de sete mulheres sentadas em uma caverna e que são os sete planetas e os sete metais, ambos representantes da mesma coisa. A ideia era que cada metal correspondia a um planeta: ouro-Sol, prata-Lua, cobre-Vênus, chumbo-Saturno, ferro-Marte, estanho-Júpiter, azougue (mercúrio)-Mercúrio.

A oitava figura entre as sete mulheres representava o senhor de tudo e seria ou o deus sol ou Saturno, porque Saturno era também representado como a forma antiga do sol. De seu nome ("tardio") pode-se também concluir que Von Spät provavelmente representava o velho deus sol cercado dos sete planetas. Interpretamos Von Spät como se ele representasse os princípios do cristianismo porque ele aparece como um deus aristocrata mas de aparência mórbida. Agora ele aparece como o velho deus sol, o que significa que já não é mais o cristianismo por si só — mas a gasta *Weltanschauung* do cristianismo — aquela que foi assimilada e tornou-se uma maneira comum de pensar, mas que não é mais vital — um tipo de princípio que está na base de nossas instituições sociais e religiosas. Nos contos de fada isso corresponde ao velho rei que perdeu o fluido da vida e que precisa ser renovado, ou que tem de ser destronado a fim de que um novo assuma; em outras palavras, a *Weltanschauung* que, mais uma vez tornando-se ultrapassada, equivale ao velho governante que fica estéril e precisa ser substituído.

Há um pequeno incidente que tem muitas consequências, pois no final do capítulo que li para vocês, Melchior pergunta a Von Spät quem são os rapazes, e este responde: "Ninguém sabe sua verdadeira essência. Eles se aproximam de você como vagabundos, *anima*is, garotas. Exercem sua sedução sobre você para levá-lo ao caos e à escuridão. Em algum lugar possuem um reino mas não consigo encontrá-lo. Nunca ficam lá. Estão sempre aqui. Estão em vários lugares ao mesmo tempo. Tenho que encontrar o caminho. Tenho que destruir o reino. Esse povo livre tem que ser dominado, principalmente o mais forte e audaz entre eles, que é Fo. Seu amor selvagem tem que terminar. Cortá-los-ei da sua fonte de sono. Ninguém dormirá jamais". Nesse momento Von Spät levanta-se e parece transparente. Ele levanta a cabeça e o teto se abre; de repente uma imagem espelhada dele, seu duplo, olha de cima para baixo, brilhando. Melchior sente medo quando vê uma pessoa idêntica a Von Spät olhando para ele e grita: "Quem é você?" Mas Von Spät desaparece em uma espécie de névoa fria e então grita lá de cima: "Você tem que escolher, Melchior! Se quer juntar-se aos rapazes, tudo o que tem de fazer é chamar por eles e eles o levarão até a doce escuridão, e se decidir acompanhá-los você esquecerá quem é e quem foi. Mas, se quiser vir conosco, simplesmente bata na parede desta sala e uma porta se abrirá e seu caminho para o reino da luz se estenderá à sua frente. Agora pense bem. O caminho que leva até nós é cheio de perigos mas você continuará livre. Quando você tiver escolhido, não poderá voltar atrás. Se você quiser fazer isso, seremos implacáveis".

Depois de dizer isso, a figura de Von Spät desaparece e Melchior fica sozinho, vendo a lâmpada ardendo e o sofá vazio.

Como vocês interpretariam essa duplicação de Von Spät? O resto de sua fala é mais ou menos o que vimos antes, mas como vocês interpretariam o fato de ele se duplicar e depois desaparecer no céu, no firmamento, como uma névoa?

Resposta: Ele não viveu como mortal? Ele vivia a vida dos mortais, e agora eleva-se até deus.

Sim, pode-se dizer que Von Spät seria a encarnação do princípio divino que agora está se juntando à sua forma eterna. O que isto significaria para Melchior na prática, se ele pudesse tirar conclusões de tais experiências? O que significa se uma figura inconsciente duplica-se em um sonho?

Resposta: Que algo está no limite da consciência.

Sim, e uma condição indispensável de compreender conscientemente o que determinado conteúdo significa é a compreensão de seu contrário interior, isto é, ir por eliminações. Isto é uma mesa, o que significa que não é uma cadeira e nenhuma outra coisa. Você não pode fazer uma afirmação consciente sem excluir todos os outros aspectos. É por isso que, se uma figura se duplica em um sonho, isso sempre significa que ela quer tornar-se consciente — que ela toca a consciência e por isso revela seu aspecto duplo. Interpretamos Von Spät como sendo a cosmovisão. O que significa se isso é duplo?

Comentário: O lado escuro de Deus é constelado ao mesmo tempo.

Não necessariamente. Isso não aparece neste ponto e sim mais tarde. Aqui, o duplo é tão claro como Von Spät. Ele é uma espécie de espírito mágico.

Pergunta: Seria ele um deus pagão?

Sim, é mais ou menos isso! Sabemos nós, que fazemos parte da civilização cristã, o que ela no fundo significa? Que arquétipo está por trás da civilização cristã? Podemos conscientemente supor que sabemos o que dizemos quando afirmamos nossa fé em Deus e na Santíssima Trindade? Nem mesmo o maior dos teólogos pode afirmar que sabe. Os teólogos católicos, por exemplo, falam dos mistérios de cada dogma. Alguns aspectos podem ser colocados em palavras, mas o núcleo é totalmente desconhecido para nós. Diríamos que há um conteúdo arquetípico ou um arquétipo atrás dessa religião, mas não o conhecemos. Pode-se dizer portanto que Von Spät é aquela parte que entrou na consciência humana, que não nos parece estranho e que nos dá uma esquisita sensação de conhecer o que significa, de compreender e ter consciência dela. E então há a outra parte que nos é totalmente desconhecida; isto seria sua outra parte. Pode-se dizer que apenas depois de ter compreendido o polo pagão oposto — que seria o mundo de Fo e da deusa-mãe pagã — poderíamos compreender o aspecto duplo do cristianismo, de seus aspectos conscientes e inconscientes. Quando estamos muito envolvidos neles, não conseguimos tomar distância para julgá-los com objetividade. Precisamos do ponto de Arquimedes para observar de fora, a fim de poder compreender a natureza específica da nossa própria civilização. O papel pagão é projetado no Oriente, pois o garoto Fo tem o nome que significa Buda, o que significa que a capacidade de examinar nossa própria base cultural e religiosa só será possível para nós quando conseguirmos entrar em contato íntimo com outras civilizações e suas outras religiões. Se, com uma certa equanimidade, você consegue aceitar o fato que a religião de outra pessoa contém também um fundo de verdade, você consegue compreender, objetivamente, o caráter específico da nossa civilização. A tentativa de relativizar valores e conceitos culturais é algo novo. Naturalmente é muito fácil acreditar no velho preconceito medieval que a nossa é a única religião verdadeira. Agora que o mundo virou uma "aldeia global" e somos confrontados com um número infinito de outras culturas e civilizações, temos que nos perguntar em que a nossa se assemelha e no que difere das outras. Essa questão introduz uma certa relatividade que nos faz compreender o quanto Von Spät, de alguns modos, representa algo que conhecemos conscientemente e que tentamos explicar aos outros (por exemplo, através dos missionários que vão para terras distantes) e o quanto existe de uma base arquetípica desconhecida, isto é, o aspecto eterno de Von Spät, que é a imagem de algo divino dentro de qualquer forma que tome.

Você encontra considerações sobre esse tema nos escritos de Toynbee, que tenta, com um tipo de abordagem abrangente, dizer que é natural que atualmente, quando ficamos conhecendo de perto o Oriente e outras civilizações, adotemos uma espécie de religião mista. E até sugere que mudemos o início das tradicionais orações para: "Pai nosso, que é Buda, Cristo, Dionísio..." Ele acha que devemos rezar a um salvador que poderíamos chamar por qualquer um desses nomes e fazer um belo coquetel de todas as religiões, deixando de lado as diferenças não muito importantes para criar uma espécie de religião geral universal, onde os budistas, os negros sul-americanos e todas as pessoas pudessem adotar e pensar o que quisessem sobre seu conteúdo. Essa é a mesma reação que as pessoas tiveram, em escala menor, no Império Romano. Elas também entraram em contato com todas as pequenas nações, com seus credos, folclore e ensinamentos religiosos — como os celtas, os sírios e os israelitas e muitos outros. Quando todos passaram a fazer parte do Império Romano, os dominadores tentaram fazer o mesmo. Diziam que bastava rezar para Júpiter — Zeus — Amon, que era o deus superior, e que o deus inferior seria Hades — Osíris (no Egito, Serapis) e aí eles tinham uma fusão de religiões onde até mesmo os atributos dos deuses estavam misturados. Seria como se tivéssemos Jesus representado na posição sentada de Buda, com a cruz atrás de si como elemento decorativo. Tudo é possível, pois a crendice humana não tem limites!

Essa tentativa de relativizar — a solução típica de Von Spät, a solução de uma civilização cansada, de uma gasta e decadente cosmovisão — não tem chance de ser bem-sucedida porque a própria essência da experiência religiosa é o seu caráter *absoluto*. Se eu disser que a minha religião pode expressar-se de uma forma ou de outra que dá na mesma, ou que eu acredito nisso ou naquilo mas posso compreender e aceitar muito bem que outros tenham crença diferente, isso indica que minha religião não é assim tão autêntica. Podemos dizer que o critério da experiência religiosa é seu caráter absoluto. Pensem nas pessoas que relatam sua conversão à religião como algo que mudou radicalmente suas personalidades e suas vidas. Se a religião de fato representar algo que norteia toda a vida do indivíduo, todos os seus campos de atividade, você pode ter certeza de que, qualquer que seja ela, se trata de uma verdadeira experiência religiosa. De outro modo, trata-se meramente de uma experiência intelectual, ou uma inclinação que vai passar ou que vai aparecer somente aos domingos.

Assim nos encontramos em uma situação terrivelmente contraditória: para viver uma experiência religiosa, precisa-se acreditar que ela é total, absoluta e que tem respostas para tudo, o que é inconciliável com o fato de que há muitas religiões e muitas experiências religiosas, e que a intolerância é uma barbárie ultrapassada. A solução possível seria que cada indivíduo mantivesse sua crença como se fosse a única, aceitando o fato de os outros terem outras diferentes da dela, portanto, afirmando seu absolutismo apenas para si mesmo — para ele é absoluta (não havendo outra possibilidade e nem sendo ela relativa), mas não posso ampliar suas fronteiras até o campo da outra pessoa. E é isso que tentamos fazer. De fato, sempre tentamos converter os outros. Pensamos que o que é certo e bom para nós é também para eles. Veremos como essa atitude se torna um ponto crucial em nossa história. Nela, contudo, vemos que o surgimento de uma nova experiência religiosa, representada por Fo, torna possível compreender as duas camadas da tardia cosmovisão de Von Spät, que diz: "Se você quiser nos seguir, (isto é, a Von Spät) em direção ao reino da luz, simplesmente bata nesta parede e uma porta se abrirá".

O próximo capítulo do livro é "A porta aberta" e, portanto, podemos concluir (o que é verdade como logo veremos) que Melchior decide escolher o caminho de Von Spät ao invés do de Fo.

No início desse capítulo Melchior pensa sobre tudo o que aconteceu e fica muito agitado, como se houvesse um sino tocando dentro dele. De repente ele diz: "Tenho que verificar para ter certeza". Então bate na parede com o punho. Neste momento ele ouve uma linda música e vê colunas aparecendo; um grande portão se abre e ele vê o mar e as ondas calmas. Um grande pássaro branco abre as asas e se aproxima dele, e avista um barco a vela vindo em sua direção. Aí tudo se torna estranhamente quieto e morto. Ele estremece, depois fica paralisado e é invadido por uma sensação de prazer. Depois de algum tempo, o relógio de seu escritório bate as horas e sua paralisia desaparece. Lágrimas correm de seus olhos. De braços abertos, ele cruza o portão e vai ao encontro da noite. Depois de alguns passos, ouve vozes que parecem ser de sua mulher, de Trumpelsteg e de Cux. Figuras escuras surgem de todos os lados. Vozes veladas e tristes gritam: "Agarrem-no, agarrem-no!" Alguém o segura por trás, e uma venda preta é colocada sobre seus olhos. Ele desmaia. Depois de algum tempo, ele volta a si e descobre que está deitado no convés de um pequeno navio e que há figuras imóveis sentadas a seu lado. Uma tempestade se anuncia, e o barco sobe e desce com as ondas. As horas passam e ninguém fala. Então uma tocha é acesa, e na proa do navio um homem grande faz sinais, movendo-a de um lado para o outro. Em resposta começam a surgir sinais de resposta da margem oposta e Melchior fica aliviado de estar chegando a terra firme. Antes de atracar, ele é encapuçado e suas mãos são amarradas. Ele tenta gritar, mas não consegue, e desmaia. Volta a si em terra firme e é obrigado a caminhar na escuridão, lado a lado com as outras pessoas. Depois de algum tempo eles chegam a infinitas passagens, e às vezes ele ouve o som de uma porta. Fica perplexo de encontrar o chão debaixo dos pés, pois tinha a sensação de estar caminhando no ar. Ouve-se o soar de um gongo. Então tudo se torna parado e escuro como antes. Naquele momento, Melchior volta à vida. Ele tenta lutar mas não encontra nada a não ser o vácuo. Está sozinho. De repente a escuridão desaparece e um brilho ofuscante de luz fere seus olhos. Ele se encontra em um grande salão, forrado com veludo vermelho. Atrás de uma mesa há três tronos ocupados por três pessoas cobertas por véus e vestidas de vermelho. Ao longo das paredes sentam-se todos os homens e mulheres que ele havia conhecido em sua vida. Eles o olham severamente, e cochicham entre si.

O próximo capítulo é "O julgamento". Melchior pergunta quem o amarrou e o trouxe ali, mas não recebe nenhuma resposta. "Quero uma resposta", exige, batendo na mesa. Mas uma voz autoritária lhe diz: "Você se encontra diante de seus juízes, Melchior!" Alguém então diz que os acusadores devem dar um passo à frente, e ouve-se murmúrios e agitação no salão. Melchior olha a seu redor e reconhece amigos e inimigos, parentes e vizinhos, compadres e criados. Todos os rostos são cinzentos e cobertos de poeira; suas bocas estão bem abertas e seus lábios roxos. Obviamente estão todos mortos e levantaram-se do túmulo. Ele procura a esposa e a encontra de pé na primeira fila, olhando-o fixamente com olhos onde brilham a loucura e a cobrança. Ela diz: "Você nunca usou os chinelos que passei um ano inteiro bordando para você. Você nunca me amou". Cux diz: "Você nunca se interessou por minhas descobertas químicas, e só se preocupou com as suas". Trumpelsteg diz: "Sempre que eu tinha uma ideia, você pegava meu cérebro e a tomava como se fosse sua, e me deixava vazio". E a senhora Cux disse: "Você nunca admirou minhas lindas pernas e agora elas viraram dois palitos. Você não tem coração".

Assim, um após outro, eles o acusaram. Depois fantasmas apareceram em volta de Melchior. Ele viu o rosto sofredor da mãe, viu o pai e também uma tia-avó que lhe disse: "Você sempre ria quando eu lia meus versos para você. Eu só os mostrava a você, e você ria deles. Assim, tudo que eu amava desapareceu comigo". Amigos da escola apareceram, e entre eles, Otto von Lobe (o que suicidou-se no início do livro) Heinrich Wunderlich (o que se tornou cínico) e Henriette Karlsen. Ele queria aproximar-se dela e perguntar: "Você também está aqui?" Mas outros se interpuseram entre eles. Então a velha vendedora de maçãs apareceu e o acusou, dizendo: "Ele sempre partia. Eu ficava na estação. Eu vi. Eu sei, eu sei!" Então todos começaram a cochichar de modo hostil e o juiz disse: "Você ouviu as acusações. Você admite sua culpa?" Melchior responde: "Sim, sou culpado. Todo passo que dei foi errado. Nós matamos enquanto vivemos, mas quem quer ser o juiz?"

Faz-se silêncio e o juiz diz: "Você merece a pena de morte. Você deve morrer". As três múmias levantam-se dos tronos. Mas Melchior diz calmamente que não existe ninguém que possa julgá-lo. Ele pergunta quem são seus acusadores e ele mesmo responde que eles não passam de sombras loucas. As pessoas ficam furiosas e gritam que ele deve morrer. Eles chamam duas figuras de madeira que ficam na entrada e elas o agarram. Ele passa por uma espécie de pesadelo infernal: há fogo e portas que se fecham e se abrem, caindo em cima dele. No final, eles pegam um manto preto e o pregam nele, causando-lhe muita dor. Eles o levam para um grande mercado em uma cidadezinha cujas casas e pessoas são as mesmas de sua cidade natal. Sua cabeça vai ser cortada pela guilhotina, fato que vai ser assistido pela multidão enfurecida. Quando a lâmina está prestes a descer ele olha para cima e vê o grande pássaro branco se aproximando. Isso lhe dá coragem e ele agarra a espada e mata o carrasco. Todos gritam e, ao mesmo tempo, uma grande onda se quebra, trazendo um cavalo que para diante dele. Ele só tem tempo de montar e sair dali em disparada antes que todos sejam cobertos pelo mar. Ele ouve seus gritos quando afogam.

O capítulo seguinte intitula-se "O Chamado". Os gritos dos afogados ainda ecoam nos ouvidos de Melchior. Ele sobe em uma montanha onde encontra um pequeno rio. Bebe a água fria e se sente mais calmo, como se estivesse livre do pesadelo. O cavalo desaparece, mas ele vê novamente o pássaro branco e o segue. Ele ainda sente que está à beira de um abismo. A noite está fria. De repente, um lobo começa a uivar.

Como vocês interpretariam à luz da psicologia o problema do juízo final? Vocês podem ver claramente que, de uma perspectiva literária, trata-se do julgamento após a morte. Pelo menos é o que imaginamos a respeito desse julgamento. As pessoas que apareceram ainda eram vivas, como sua esposa e a sra. Cux. Mas há também muitas pessoas mortas e, portanto, os vivos e os mortos estão juntos e têm a aparência de cadáveres em decomposição. O que isto significa? O que vai acontecer? Qual é a acusação? Este é um ponto crucial na história, e por isso é muito importante que seja bem compreendido.

Resposta: Que ele não tinha vínculos com ninguém.

Sim, exatamente. Agora seu inconsciente vem à tona e a acusação geral é de falta de vínculos. Ele não usou os chinelos que a esposa bordou, não leu o trabalho de seu colega. É o narcisismo, frio e total, que desde o início é a doença da qual Melchior sofre. Dissemos anteriormente que com a falta de diferenciação da *anima* e sem nenhuma relação com o princípio feminino, não poderia haver Eros nem estabelecimento de vínculos. Essa incapacidade é a essência da acusação, mas por que estão todos mortos?

Resposta: Ele não os manteve vivos?

Sim, exatamente. É o vínculo que dá vida às coisas. Se não me relaciono com ninguém é para mim absolutamente irrelevante se as pessoas estão mortas ou vivas. Todas as pessoas de seu círculo estavam mortas. É um mundo totalmente morto, o que também pode representar sua vida não vivida, pois, tendo sempre usado racionalizações como fuga, ele não chegou a sofrer em vida. Ele não viveu uma vida normal, comum, e, por isso, a vida não vivida o persegue. Passar por aquele portão é como abrir as portas do inconsciente, e a primeira coisa que lhe é revelada é sua falta de envolvimento com a vida e com as pessoas, devido à sua frieza emocional. Como vocês interpretariam, portanto, o fato de ele escapar de seus carrascos?

Resposta: É um momento de tomada de consciência e a determinação de agir imediatamente.

Vocês avaliariam isso positivamente?
Resposta: Bem, ele mata o carrasco, não mata?

Sim, e você acha isso positivo? Qual o significado simbólico da guilhotina?
Resposta: Ele não poderia mais pensar.

Sim, significaria o fim das racionalizações. Vocês acham que isso seria um bem para ele?

Resposta: Ele teria outra oportunidade.

Resposta: (de outra pessoa): Não, ele deve passar por isso!

Sim, ele precisava passar por essa provação. Qual seria, portanto, o significado do pássaro branco?

Resposta: O espírito.

Sim, uma atitude espiritual. Esse é o típico truque do intelectual, a quem toda a vida não vivida e todos os sentimentos traídos perseguem, dando-lhe um terrível sentimento de culpa; então ele faz um inteligente *tour de passe-passe* através de uma explicação espiritual ou intelectual, e foge de novo. Por exemplo, ele pode dizer que estes são meros sentimentos de culpa ou inferioridade que devem ser superados. De fato, esta é a explicação que Von Spät dá. Melchior cai nas garras de Von Spät, que diz: "Graças a Deus você não cedeu diante desses juízes! Graças a Deus você se libertou desses tolos sentimentos de culpa!" É assim que o intelecto os classifica. Sabemos que existem sentimentos patológicos ou mórbidos de culpa e que a pessoa tem que livrar-se deles. Eles podem torturar a pessoa até à morte. Nas mulheres são causados pelo *animus*, e nos homens pela *anima* da mãe, que dão origem a esses sentimentos. Portanto, essa é uma questão complexa, porque havendo a vendedora de maçãs na história, podemos pensar que todos esses sentimentos de culpa colocariam um pouco do veneno da mãe-*anima* nelas. O que isto significaria? O que aconteceria na prática se a pessoa subitamente se desse conta de sua incapacidade de construir vínculos e da culpa que sente por isso, e a vendedora de maçãs aparecesse e tudo assumisse uma proporção tão dramática?

Resposta: A anima *não quer ir mais além. Ela quer mantê-lo onde está.*

Sim, e ela faz isso através das crises de consciência provocadas pela culpa. Isso é ilustrado pela decoração da sala de julgamento e da representação infantil que aconteceu lá, onde ele é acusado sabe-se lá do quê. Isso é o tipo equivocado de *mea culpa* combinado com a verdadeira culpa. O tipo equivocado de culpa é aquela histérica, exagerada, que dá uma enorme

dimensão ao "mal" praticado: "Sou o maior pecador. Ninguém é tão abjeto quanto eu. Cometi todos os erros possíveis em minha vida" — e assim por diante. Desse modo, a pessoa passa de pecador a penitente. Na história, essa penitência é representada pelo manto que é pregado nele. Do que isso lembra vocês?
Resposta: Da cruz.

Sim. Antes de Cristo ser crucificado, um manto de rei foi posto nele pois o acusavam de ser o rei dos judeus. Além do manto colocaram também uma coroa de espinhos em sua cabeça para ridicularizá-lo. Em nosso livro o mesmo acontece. Mas, neste caso, o manto é negro e ele é condenado a morrer na guilhotina, o que é simbólico pois, como vimos, ele tem de perder a cabeça para parar de racionalizar. O manto negro não é a expressão de sua realeza mas sim de sua "alma negra". É uma espécie de crucificação ao inverso. Mas o aspecto destrutivo está no exagero, isto é, na ideia de sentir-se como um Cristo em negativo. "Sou o maior pecador do mundo e estou sofrendo pelos meus pecados". O manto real do pecador! E a respeito dos pregos na carne? Eles pregaram o manto preto nele, o que lhe causou muita dor.
Resposta: É como ser pregado na cruz, não é?

Sim, é uma alusão à crucificação de Cristo, mas com uma variação, pois é uma espécie de identificação errônea. Posso fazer uma interessante comparação entre esse fato e o sonho de uma mulher que estava tendo visões terrivelmente impressionantes e por isso estava, naturalmente, muito fora da realidade. Ela sentia muita necessidade de exteriorizar esses conteúdos inconscientes, falando sobre eles, mas depois que fazia isso tinha uma horrível sensação de vazio. Esse tipo de reação é muito comum. Isso acontece porque, ao falar sobre tais vivências internas, a pessoa se desindentifica e em seu lugar resta apenas um mísero ser humano que diz: "Bem, falei tudo, e agora?" Enquanto esses conteúdos permanecem em segredo, a pessoa sente-se preenchida por eles. De acordo com o sonho da mulher à qual me referi, estava certo contar e separar-se de suas visões mas, em um segundo sonho, ela viu um monumento — a figura de um homem nu com um enorme prego atravessando-o do ombro ao quadril e ouviu uma voz que dizia: "Lázaro estava morto e voltou à vida". Ela perguntou-me o significado desse prego e eu não soube dizer-lhe. Lembrei-me vagamente algo sobre os espinhos rasgando a carne de são Paulo mas meu conhecimento da Bíblia não foi suficiente para ajudar-me a compreender. Disse-lhe apenas que na epístola de são Paulo havia algo a respeito disso. Como achei este tema estranho, consultei a Bíblia e, em 2 Coríntios 12,7, são Paulo diz: "Por ter revelações tão grandes a fazer, tenho este espinho na carne, para que eu não tenha o orgulho arrogante (estou colocando em linguagem comum) de me gabar. Deus colocou este espinho em minha carne e o anjo de Satã está de pé diante de mim para me vencer". Assim, como você vê, o espinho na carne é um recurso contra a grandiosidade. Se tenho grandes visões, se tenho revelações importantes a fazer, o espinho lembrar-me-á de minha inferioridade, minha insignificância e imperfeição como ser humano que sou. É como são Paulo coloca as coisas. Com essa mulher foi a mesma coisa. Através de sua experiência interior, ela se tornou extremamente grandiosa e o último sonho foi um esforço para mostrar-lhe que suas vivências eram também uma ferida, uma tortura constante — algo que não a completava absolutamente. Pode-se dizer que as próprias revelações *são* um espinho na carne.

Temos aqui o mesmo tema, o que mostra novamente que há um aumento incrível do sentimento de culpa. Quando as pessoas entram em surto elas dizem que são Cristo ou que provocaram a primeira Guerra Mundial. Não há muita diferença entre as duas! Trata-se de megalomania nos dois casos, e às vezes elas trocam: ora são culpadas pela guerra ora são as salvadoras do mundo. Uma vez atravessado o limiar, essas duas inflações tornam-se uma e mesma coisa, e isso é apenas o caso extremo de algo que vocês sempre encontram em escala menor quando as pessoas cometeram algum pecado. Ora elas rechaçam racionalmente tais sentimentos de culpa, ora mergulham neles de maneira emotiva e infantil, batendo no peito e sentindo-se tão mal que todos têm que consolá-los. Essa é uma reação patológica que constitui apenas uma fuga da verdadeira culpa. Outro aspecto da fraqueza da função do sentimento no autor (ou em Melchior) é a típica reação do intelectual quando ele atinge sua função inferior de sentimento e isso é para ele tão insuportável e doloroso que aparece neste momento o pássaro branco, uma espécie de elação espiritual que de súbito o leva para fora de si mesmo como num passe de mágica.

Comentário: Acho que é intrigante o fato de Von Spät ter dito a ele que para encontrá-lo bastava bater na parede, o que Melchior faz, mas ao invés de encontrá-lo...

Ele acaba encontrando Von Spät. Veremos mais tarde que Melchior circula entre dois mundos: o espiritual de Von Spät e o de Fo — que é o da mãe e dos garotos. Isso não dá uma ilustração de mandala mas de uma elipse, porque é desequilibrado, e a *anima*, que a tornaria redonda, não está presente. A mãe seria uma figura velha como Von Spät e a *anima* seria uma figura jovem como Fo, e esses dois fariam o círculo completo. Mas estes dois polos não estão lá. Às vezes a vendedora de maçãs aparece em um polo masculino e às vezes em outro, e a *anima* não está presente de maneira alguma. Junto com sua incapacidade de estabelecer vínculos com as pessoas, isso mostra a total deficiência do princípio feminino.

Von Spät diz: "Bata na parede!" Ele está sempre ligado à ideia de estrelas, firmamento, música, espiritualidade, fantasmas, poder e ordem. E a Fo pertencem: mãe, árvores, *anima*is e os garotos.

Melchior bate na parede e encontra o polo de Von Spät. Ele é primeiramente atacado por alguma coisa e sempre escapa com o pássaro branco. Quando encontra Von Spät, este lhe diz: "Você fez muito bem. Superou os sentimentos de culpa". Assim, como você vê, o pássaro branco é o mensageiro de Von Spät e este seria o passe de mágica: libertar-se do sentimento de culpa através de uma falsa espiritualidade. Você tem simplesmente que fazer alguns exercícios de yoga, ou encenar a experiência do nascimento para conseguir isso. Von Spät apóia totalmente isso e elogia Melchior por sua libertação.

Comentário: Não vejo a importância dos chinelos. Penso que a relação deveria estar debaixo dos chinelos da esposa!

Certamente, os chinelos têm uma implicação fatal, mas por outro lado Sofia diz: "Levei um ano inteiro para bordá-los", o que implica muita libido. Imagine bordar um ano inteiro! Deve ter sido com um *petit point* atrás do outro, e ela colocou muito amor nisso. Não acho que Melchior estivesse debaixo dos chinelos dela, mas simplesmente os ignorou, depois de eles terem dado à sua mulher um ano de trabalho; significa que ele também a ignorava. Se tivesse considerado o trabalho dela, veria que teria que dar algo em retorno, o que não significa ser submisso. Isso teria criado um conflito, porque é isso que as mulheres procuram sempre fazer: dão amor autêntico e acrescentam um pequeno truque de poder. Isso é exatamente o que o problema feminino representa para o homem: geralmente existe uma mistura de amor verdadeiro e devoção na mulher, e uma armadilha de poder com a qual ela o coloca em uma caixa. Seu erro é que ele simplesmente ignora tudo isso, como todo *puer aeternus* faz. Por causa desse poder pelo qual as mulheres lutam, ele se sente justificado em dispensar todo o resto, dizendo que todas as mulheres não prestam — que elas querem apenas dominar os homens.

Afirmações superficiais e genéricas como essas poupam o homem de ficar se perguntando: "Isto é amor ou apenas um truque para me dominar?" Isso mostra que o homem não compreende sua problemática com a mulher. Se ele não tiver consciência de sua *anima* e de seu próprio Eros ele sempre cairá nas armadilhas. Por exemplo, se ele quer sair e sua mulher acha que é para encontrar alguém, ela diz: "Vamos ficar em casa. Estou com dor de cabeça". Se ele tiver uma função diferenciada de sentimento, perceberá que nesse dia trata-se de um truque, e então responderá: "*Você* pode ficar em casa, *eu* vou sair". Em outra ocasião, quando ela tiver uma verdadeira dor de cabeça, sair sem ela seria mostrar falta de consideração. Somente se o homem tiver um desenvolvimento diferenciado de Eros ele poderá descobrir se a mulher está fingindo ou não. Os homens não gostam de fazer isso. Se um homem levar um problema sentimental muito a sério, ele tem que ficar atento o tempo todo para identificar o que é desejo de poder e o que é sentimento verdadeiro, e essas duas coisas estão muito próximas na mulher inconsciente.

Se você for analista, o problema é o mesmo: um analisando pode trazer uma grande quantidade de sentimentos, mas, como Virgil diz: "Sempre há uma serpente na grama", o que significa que você nunca pode saber com certeza onde ele quer chegar. Mas se rejeitar a transferência total por causa disso, você destrói o sentimento do paciente. Se não consegue aceitar o sentimento verdadeiro em uma transferência, você se torna destrutivo para o analisando. Por outro lado, se você deixar-se dominar pela transferência, ela ou ele o colocará no bolso e fará de você um tolo. Portanto, toda vez que um homem enfrenta o problema de se relacionar com uma mulher, ele tem de perceber a diferença entre os truques da cobra-na-grama e o amor genuíno, e não conseguirá descobrir essa diferença sem ter sentimento diferenciado. Se ele tiver isso, ele perceberá pelas nuanças no tom de voz da mulher que ela está planejando algo, ou pelo seu olhar ele verá que é um sentimento autêntico ao qual deve responder. Mas um homem só consegue aprender isso diferenciando sua *anima* por muito tempo, lidando com a mulher e com os problemas do relacionamento. Se ele for extremamente radical, não será capaz de relacionar-se com uma mulher ou de ser um analista.

No livro, temos uma atitude de excluir a outra possibilidade. Melchior rejeita toda a relação com a mulher. Ele não cai sob seu domínio. Ele luta contra isso e vocês se lembram do truque dela de não aquecer o quarto dele para forçá-lo a juntar-se a ela na festa. Este é um truque tipicamente feminino, e ele o percebe, mas não vê que Sofia também o ama; não compreende que, para uma mulher, uma coisa não exclui a outra. Para ela amar um homem não exclui a tentativa de usar alguns truques para dominá-lo, e compete ao homem discriminar entre uma coisa e outra.

Vocês se lembram de que Melchior, com a ajuda do pássaro branco, escapa das grandes ondas que varrem seus acusadores e carrascos. Então ele sobe em uma montanha e aos poucos fica acima das árvores. A noite chega, e ele ouve os uivos dos lobos. À luz das estrelas vê sombras e logo se encontra cercado por um bando de lobos. Aterrorizado, fica imóvel no meio deles, pois esse é único jeito de não ser atacado. Fica sentado até não sabe se durante horas ou minutos. Certo momento, ao olhar para o horizonte, onde o sol está se levantando, seus olhos se enchem de lágrimas. Ele vê a luz do alvorecer e abre os braços para ela. Os lobos se dissolvem no ar como nuvens.

Por volta do meio-dia, ele caminha na névoa. Não consegue enxergar muito bem, mas chega a uma cerca de madeira. Ele entra em um pátio coberto de grama, no meio do qual há uma cabana caindo aos pedaços, cheia de pessoas que tinham narizes em forma de bicos e que vendiam grandes cogumelos amarelos com pintas verdes. O sol brilhava mas eles emanavam uma névoa amarela e um estranho cheiro. A gente pequena dizia: "Por favor, comprem estes cogumelos. São os últimos. A terra está se dissolvendo na névoa e o sol se deteriorando. Comprem cogumelos enquanto eles existem. As florestas estão morrendo e o mundo está explodindo. Pechinchas! Grandes pechinchas!" Ele fica tonto com a névoa e sente-se cada vez mais pesado. Ainda sentindo os ferimentos do manto em seus ombros, ele caminha no meio deles. Parecia que a terra inteira estava coberta de sujeira e lama. Ele ouve um riso incontrolável de mulher e, virando-se, vê a velha vendedora de maçãs no meio das criaturas, dançando totalmente nua e fazendo gestos obscenos. Ela também grita: "Comprem cogumelos! Comprem cogumelos! São os últimos! Comprem antes que acabem! A terra e o sol estão acabando! As florestas estão morrendo! O mundo está explodindo! Pechinchas! Grandes pechinchas!" Então uma mulher linda, jovem e sensual, que também faz gestos obscenos e está quase nua, entra no local. Cercam Melchior e vão fechando o círculo, e ele, sentindo um medo terrível, pega uma faca e tenta matá-los. Mas o sangue deles vira névoa vermelha, suas feridas se fecham, eles ressuscitam e riem dele ainda mais. Eles o agarram, ele fecha os olhos e vê uma luz azul dentro de si mesmo como se fosse do frio céu com suas estrelas e nele um enorme corpo tomando a forma de uma mulher que o envolve. Tenta libertar-se dela e começa a cantar. Sua canção ecoa mil vezes antes de morrer. Tudo fica claro com o súbito início do dia. Ele vê à distância uma construção cristalina e Von Spät de pé diante dele. O sonho infernal dos cogumelos acabou.

Von Spät lhe diz: "Você achou o caminho. Agora você é um de nós. Você escapou do julgamento dos mortais. Você derrotou a fome dos *animai*s e não permitiu que a terra apodrecida consumasse sua vingança. Agora você serve às estrelas e é o senhor dos seres humanos (o princípio do poder) dos *animai*s e da terra. Venha, e o coroaremos como um de nossos irmãos".

Ao invés de ficar feliz, Melchior sente como se algo mortalmente gelado estivesse tomando conta dele, mas Von Spät pega-o pela mão e o leva dali. "A noite e o caos foram derrotados. O sono já não tem mais poder. Será dia para sempre, exceto quando você descer à terra para aparecer como fantasma para as pessoas adormecidas".

Então Melchior chega no castelo de cristal, que é construído como uma mandala com um teto redondo, e o frio lá é terrível. Von Spät lhe diz que ele deve esperar até ser chamado e que seu talismã estava na mesa a seu lado. (O talismã é como uma varinha de condão de um feiticeiro e as letras são formadas por pérolas.) Melchior encosta-se em uma coluna e percebe que ela é feita de gelo. A sala está vazia. Ele pega seu talismã nas mãos e suas roupas caem no chão. Os ferimentos em seus ombros saram imediatamente, e ele não sente mais o frio. Uma porta se abre vagarosamente e ele entra em um grande pátio cheio de figuras brilhantes cujos corpos parecem de vidro e os olhos de pedra azul; sobre um alto pedestal encontra-se uma coroa. Os sinos tocam e tudo vibra ao som de uma música melodiosa.

À sua direita ele vê um grupo de rapazes imóveis, petrificados, de cabeça baixa. Uma das pessoas de vidro ordena a dois deles que se aproximem e com movimentos duros eles sobem e pegam a coroa brilhante, levando-a até a luz. Melchior caminha em direção deles. O som dos sinos desaparece. Ele se sente sozinho e perdido. Então os olhos de um dos meninos encontra os dele e ele tem um terrível choque, pois os olhos são de Fo. Eles foram capturados pelo inimigo Ulrich von Spät e encontram-se imobilizados e petrificados. Ele pensa: "Vou tornar-me rígido como eles! O que foi que eu fiz? Traí aqueles que me amavam e por quem havia ansiado e esperado em toda a minha vida. Eles vieram para levar-me com eles e eu os traí, ficando do lado inimigo. Eu estou (e esta é a frase mais importante) perturbando a vida. Estou acabando com a minha vida!" Com horror olha ao redor de si, enquanto os rapazes se aproximam com a coroa. Começa a tremer e ouve Fo dizer em voz baixa: "Você não quer fugir daqui?" Neste momento, Melchior sente-se vivo de novo e pensa: "Ele está aqui! Fo está aqui!" Por um momento hesita, pois vê que Von Spät o olha ameaçadoramente. Mas então joga os braços e diz: "Quero sair daqui! Quero sair daqui!" No mesmo instante, sente os braços dos meninos agarrando-o, alguém o beija nos lábios, e tudo desaparece. Uma brisa fresca sopra. Ele sente como se estivesse afundando no ar quente. Abre os olhos e volta a si em um campo. A lua brilha e inúmeros vagalumes dançam no ar de verão. Vê o rosto de Fo curvado sobre si e, sorrindo, cai em um sono profundo.

Tendo mergulhado em sentimentos de culpa até certo ponto justificáveis, e então se livrado deles com um tipo errado de espiritualidade, ele cai nas garras dos lobos. Como vocês interpretariam isso à luz da psicologia? Primeiramente, o sentimento de culpa por ter perdido a oportunidade de amar as mulheres e ter desperdiçado a vida, e agora, os lobos.

Resposta: O lobo é um atributo da bruxa e, em seu aspecto negativo, representa a mãe devoradora.

Sim. Em algumas variações dos contos de fadas, mamãe Holle tem uma cabeça de lobo feita de ferro, e às vezes estes realmente representam a mãe devoradora e, o que é pior, ele faz com que todas as mulheres que estão por perto virem mães devoradoras também. O que mais pode acontecer? Se ele não se relaciona com os outros, só lhe resta ser devorado! Esta é uma reação infeliz, mas que parece ser involuntária e automática na mulher. Quanto mais o homem se recusa a envolver-se, mais ela acha que deve prendê-lo, agarrá-lo, comê-lo e proibi-lo de ir e vir. Assim ele desperta a mãe devoradora em toda mulher. Como se vê, é um círculo vicioso. Ele fica decepcionado porque toda mulher vira um lobo devorador. Então ele diz: "Aí está! Isso é o que eu sempre disse!". E abandona a mulher. Na realidade, sua recusa a envolver-se despertou o lado devorador dela e, por isso, ele fica preso em tal círculo vicioso e destrutivo. Porque ele não se relaciona, ela vem com sua armadilha e uma caixa para prendê-lo. Por ser incapaz de amar, ele traz à tona o complexo de poder dela.

Portanto, podemos dizer que um homem assim encontra a mãe devoradora fora de si e dentro de si. Isto seria o lobo. Mas, além disso, o lobo não tem só qualidades femininas na mitologia. Há outros aspectos: por exemplo, nos túmulos etruscos, o deus da morte era representado com cabeça de lobo ou com um gorro de lobo. O Hades grego era muitas vezes representado com uma cabeça de lobo e, portanto, ele é também o abismo da morte, que devora as pessoas com suas triturantes mandíbulas. O lobo representa para os homens e mulheres o desejo de posse. Jung diz que, quando abrimos as portas do inconsciente, nos deparamos, naturalmente, com os desejos sexuais e de poder e, além desses, com um tipo de fome devoradora de assimilar tudo sem qualquer razão ou significado aparente; apenas pelo nunca satisfeito desejo de possuir coisas e retê-las. Se, por exemplo, você convidar tais pessoas para jantar, elas ficarão furiosas se você não repetir o convite na semana seguinte. Se lhes der uma gorjeta, não ficam agradecidos; dizem: "O quê? Só isso?" As piores são aquelas que crescem com fome de amor. Elas sempre se apresentam pálidas e amarguradas, com uma expressão que diz: "ninguém me ama", mas, se alguém faz um gesto gentil, este não é apreciado e apenas desperta o desejo de receber mais e, se você não atende esse desejo, ficam furiosas. Você pode pôr o mundo inteiro nessa boca insaciável e de nada adiantaria. Você pode fazer tudo, dedicar-se a ela noite e dia, entregar todo seu dinheiro, e nada disso seria o bastante. É como o abismo da morte, é um saco sem fundo, existe apenas o desejo de receber mais. É uma espécie de compulsão de comer e comer, e geralmente resulta de privações das necessidades básicas e de afeto sofridas na primeira infância. Podemos apenas dizer não quando a satisfação desse desejo insaciável é exigida de nós, porque na verdade não há nada que possamos fazer para atendê-lo. É uma característica divino-demoníaca. É aquela coisa que diz: "Mais! Mais ainda! Mais e mais ainda!".

O lobo pertence também a Wotan na mitologia germânica. Um de seus nomes é "Isengrim" o que significa cabeça de ferro, mas também foi interpretado no folclore como "ódio selvagem", e o lobo muitas vezes simboliza ressentimento oculto. A maioria das pessoas que teve uma infância infeliz sente algo assim, que permanece latente, no fundo do coração. É algo totalmente congelado, uma forma de raiva petrificada, e que está por trás do apetite insaciável: "os outros devem-me tudo". Se alguém tem que lidar com órfãos ou crianças abandonadas que cresceram em orfanatos e sofreram muito, pode facilmente perceber o lobo latente dentro delas. Mas, naturalmente, isso não é privilégio delas; muitos outros são assim também. Melchior experimentou frustrações desde criança. Sabemos que sua mãe foi sempre doente e fraca, e não cuidou dele, sendo que em sua infância ele era tão solitário que via seu duplo na janela, e não tinha ninguém com quem brincar. Sabemos que ele não cresceu em um meio afetuoso e saudável. Portanto, esse é um caso típico de tal situação, e há nele uma voracidade e um desejo constante de receber cada vez mais.

Depois de ter ultrapassado seu sentimento de culpa parcialmente justificado, ele agora cai em uma nova armadilha e novamente consegue escapar, ansiando pela luz. Quando abre os braços para a luz, os lobos desaparecem, portanto ele realmente não chega a lidar com o problema; envolve-se com o problema e então, através de uma enantiodromia, quando o dia chega, vê-se livre do problema. Ele entra na situação sem compreender o que ela significa e, pela graça de Deus, consegue sair dela. Naturalmente, nada é conscientizado e trabalhado dessa maneira. Ele mergulha na noite de novo, e em seguida vê-se às voltas com outros problemas. Algumas pessoas que têm este problema de lobo têm alguma consciência de que essa voracidade é doentia e tentam controlá-la. Elas se comportam muito bem e nunca pedem demais, mas você percebe sua voracidade latente. Às vezes essas pessoas têm crises de voracidade e fazem exigências absurdas, impossíveis de serem satisfeitas. Quando o analista tenta abordar este assunto, elas começam a falar de outra coisa, como de um sonho muito interessante que tiveram, e o lobo fica trancado na jaula de novo. Eu posso dizer: "Ouça, tenho certeza de que você está furioso porque não pude fazer o que me pediu, e acho que temos de conversar sobre isso". Mas elas respondem que não tem importância, que compreenderam meus motivos.

E trancam-se novamente, embora você saiba que o assunto não foi resolvido. Seria bem melhor que fizessem uma cena terrível, porque aí haveria jeito de lidar com a situação e talvez resolvê-la. É o que acontece na história. Melchior se afasta e, em seguida, vê-se às voltas com os cogumelos e com as dançarinas sensuais que dizem que o mundo havia acabado. Como vocês interpretariam esse tema?

Resposta: A Grande Mãe e seus dáctilos ou Cabiras.

Sim, a Grande Mãe com suas adeptas Cabiri, mas como vocês interpretariam os cogumelos? Eles dizem que a floresta está degradada. A floresta é o símbolo da mãe, mas o que significa isso? Você percebe que se trata da Grande Mãe Natureza, mas e daí?

Resposta: Ela não é sadia.

Sim, ela é uma natureza sem saúde, uma natureza doente. Ela é mórbida, e há também uma sensualidade mórbida.

Resposta: É muito provável que a última coisa que veremos na terra seja um cogumelo!

É bem possível. Os cogumelos estão invadindo nosso mundo; isto é, existe atualmente uma droga derivada desses fungos. Os psiquiatras acreditam que ela possa vir a curar a esquizofrenia. Sem dúvida, é bem possível que isso aconteça, pois todo tipo de estado emocional intenso provoca intoxicação. Acreditamos que haja na esquizofrenia um certo estado de intoxicação e, portanto, é possível que isso possa ser corrigido pelas drogas químicas. O problema é que, quando você analisa a pessoa depois de ela ter sido tratada com essas drogas, você descobre que o conflito que levou à esquizofrenia não foi solucionado. Todos os terríveis sintomas da esquizofrenia, como as alucinações e os delírios, desaparecem com o uso de drogas, mas o conflito permanece. Se você não entrar com o tratamento analítico, a pessoa entrará em surto novamente e terá que ser medicada. Este processo pode continuar indefinidamente. Depois da cura parcial proporcionada pelas drogas, os sonhos revelam o perigo de o paciente adotar uma postura de continuar fazendo tudo o que de errado fazia antes, pois conta com a medicação, caso tenha uma recaída. O pior efeito das drogas é que elas frequentemente têm um efeito desmoralizante nas pessoas de caráter fraco. Tais pessoas não querem mudar de atitude, porque é muito mais fácil continuar com ela; se um surto psicótico ocorre e elas caem no inconsciente, podem ter uma droga para tomar de novo — e tudo fica bem! Elas não querem voltar à psicoterapia porque o outro caminho é mais fácil, mas isso resulta em constantes recaídas e mais drogas.

Pode ser rápido eliminar certas condições muito perigosas, mas a pessoa paga caro pela rapidez, porque isso mina a confiança do paciente em sua aptidão para superar o problema através do seu próprio esforço moral. Isso mina sua credibilidade em si próprio e naturalmente torna-o para sempre dependente dos médicos, que sempre lhe darão a droga no momento certo. São esses os prós e os contras no uso de tais remédios.

Observação: Em minhas observações, percebi que alguma coisa morre dentro do indivíduo. É como se ele perdesse a alma.

Isso acontece somente quando a droga é usada por longos períodos. Nos outros casos, somente a fé e a confiança são perdidos, não a alma. Esta morre quando o surto dura muito tempo e há abuso da medicação. A confiança morre, contudo, e este é o perigo.

Comentário: Nós realmente não sabemos se em alguns casos não seria melhor deixar a pessoa permanecer em surto.

Essa é, naturalmente, uma questão de cosmovisão, e então você tem que tomar a decisão de ajudar a pessoa a sarar ou deixar que permaneça louca.

Observação: A natureza torna-as assim.

Sim, pensamos que é uma atitude perigosa dizer: "Oh, há pessoas que deviam mesmo ficar loucas; portanto, deixe-as! É assim que a natureza elimina indivíduos inúteis". Temos na medicina a questão da eutanásia. Pode-se dizer "Muito Bem, vamos eliminar os velhos e os deficientes mentais", e assim por diante.

Observação: Eu não quis dar esta conotação negativa, mas já vi um ou dois casos nos quais as pessoas eram forçadas a sair da loucura e alcançar uma sanidade que é pior que o estado anterior.

Sim, certamente, mas não se pode dizer que é sanidade. É um limbo da existência que permite à pessoa uma melhor adaptação social. Elas ficam mais suportáveis socialmente mas, na verdade, não mudaram e continuam tão loucas quanto antes. Uma pessoa que foi transformada pelas drogas em uma persona branca, confidenciou-me quando sua loucura voltou e, com ela, sua melhor parte: "Eu estava louca o tempo todo. A loucura estava apenas encoberta. Eu tinha um comportamento pseudoadaptado". Isso não é cura. Essa pseudoadaptação é útil para o médico. Na verdade, é um mecanismo de autodefesa do médico.

Observação: Penso que se as drogas não forem usadas por muito tempo o efeito é reversível. Mas, na verdade, o que parece ser a morte da alma é uma diminuição da intensidade das emoções. Os esquizofrênicos dizem que as alucinações e delírios continuam, apenas eles não os afetam como antes.

Sim. Em um caso onde foi feita uma lobotomia, a pessoa disse-me que ela sentia que a loucura continuava. Ela usou a seguinte metáfora para descrevê-la: "Ela estava no porão, mas não conseguia subir as escadas". Ela estava cuidadosamente vivendo no andar de cima e a loucura estava um andar abaixo, o que seria exatamente o que você está descrevendo. O problema emocional não foi resolvido; foi apenas removido. Há uma certa distância entre ele e a pessoa afetada e, neste caso, a operação teve o mesmo efeito. Quando as pessoas recuperam-se da loucura, elas às vezes sentem falta das experiências de plenitude de vida que esta lhes proporcionava. Quando a pessoa está louca, ela se sente completamente viva, como se estivesse no ápice da vida. Se você nunca foi louco para saber disso basta lembrar-se quando esteve loucamente apaixonado ou louco de raiva. Que maravilha é isso! Ao invés de ser um ser humano dividido entre a razão e a emoção, você pelo menos uma vez sente-se inteiro. Por exemplo, se você solta sua raiva, que prazer sente! "Eu disse tudo para aquela pessoa! Não guardei nada!" Você se sente tão autêntico e inteiro, pois não foi educado; você disse tudo! Esta é uma sensação divina, absolutamente divina, e é uma sensação divina amar tão completamente, sem dúvidas ou desconfiança! Não precisar ficar se defendendo nem se protegendo do outro. Ele (ou ela) é tudo! Somos um só! E as estrelas dançam à nossa volta! É um estado de totalidade. E, na manhã seguinte, ela aparece com uma espinha no nariz e tudo vai por água abaixo! Você sai da totalidade. Mas a emoção, qualquer que seja, cria a experiência da integração total do indivíduo. Se as pessoas são forçadas a se tornarem normais, adaptadas, elas se sentem fragmentadas e secretamente desejam voltar ao estado anterior em que se sentiam inteiras. Os opostos devem se encontrar como os opostos em nosso livro, que eram a pura emoção representada por Fo e a ordem e a razão representadas por Von Spät. O autor do livro fica dividido entre esses dois. Num dos polos tudo está em ordem, porém rigidamente; é o tipo de superadaptação proporcionada pela medicação. Essa adaptação é uma forma de loucura, dada a sua frieza e racionalidade, assim como seu extremo oposto também o é. Se você não consegue achar um meio termo entre os dois, você está perdido, o que constitui exatamente a tragédia no livro. Se você examinar isso de uma perspectiva política, verá a mesma coisa em todo lugar: movimentos psicóticos de massa, onde as pessoas portam uma cruz céltica ou uma suástica, tomadas pela emoção e sentindo-se inteiras. É maravilhoso sentir-se parte de uma multidão de milhares de pessoas que gritam em uníssono; isso faz com que a pessoa sinta-se inteira e humana. Mas, na realidade, existem a polícia, a ordem instituída, a lei, e todo o resto (que é Von Spät) que são restaurados depois das revoluções. As pessoas ficam entediadas e pensam como seria bom voltar ao caos novamente, quando pelo menos a vida fluía. Você pode observar como as nações passam de um polo a outro, assim como fazem os indivíduos. Grupos fazem o mesmo em todo lugar, e é por isso que temos que lidar com o problema que é predominante atualmente. Por exemplo, as pessoas nas barricadas da Argélia[31] com sua cruz céltica em forma de mandala, praticamente não têm objetivos! Estou certa que a maioria daqueles jovens

---

31. Palestra de 17 de fevereiro, 1960.

estão apenas desfrutando a plenitude da vida, sentindo-se inteiros, heroicos e a si mesmos, sem nenhuma outra ideia. Parece que são movidos pela emoção total, e depois tudo isso cai no extremo oposto, que é o tédio. A ordem de Von Spät é fria!

Capítulo 12

Vocês se lembram que Von Spät quase venceu da última vez e que Melchior já estava em seu reino de vidro a ponto de ser coroado quando de repente deu-se conta que estava entrando em uma prisão. Dizendo que queria partir, ele quebrou o encanto, portanto libertando Fo, que o levou consigo.

Eles chegam a um campo iluminado pelo luar. Dançam, cantam e um dos rapazes joga um dardo em Fo, atingindo-o no coração. Fo arranca-o e da ferida jorra um grande fluxo de água — ao invés de sangue — do qual todos os rapazes bebem. Quando o fluxo diminui, Fo torna-se menor e mais magro, até que desmaia. Seu corpo inteiro vira uma espécie de névoa que se transforma em ondas sonoras. O fluxo seca, os rapazes exaustos afundam na grama e dormem de olhos abertos. De suas testas sai uma névoa brilhante. A névoa começa a formar círculos que flutuam cada vez mais alto até formar uma grande bola de névoa que circunda a lua na forma de anéis que terminam se fundindo com ela. A lua aumenta de tamanho e, depois de uma pausa, cai na terra, desmembrando-se em raios etéreos de luz. Fo aparece, saindo dos raios e toca todos os garotos adormecidos que se levantam, vivos e risonhos de novo. Eles cercam Melchior e dão-lhe as boas-vindas, porém lhe dizem que terá de ser crucificado. Sem medo ele aceita a ordem. Uma coroa de espinhos é colocada em sua cabeça, mas ele não sente dor, apenas uma leve tonteira. Então eles o crucificam. "Os pregos em suas mãos e pés", diz o texto, "parecem sombras frias e seu corpo inteiro uma sombra leve. Ele fica na cruz... uma sombra na sombra de uma cruz, pairando alto entre o céu e a terra, seu rosto voltado para o sol nascente". Mas ele não vê nada, pois o céu e a terra desaparecem. Os primeiros raios de sol batem em seu peito e abrem seu corpo, do qual o sangue sai como uma poderosa torrente, dividindo-se em inúmeros riachos que se perdem na terra. Percebe que não está mais pendurado na cruz, que ele e ela formaram um só e que viraram uma enorme árvore. De seus braços abertos crescem muitos galhos, seu cabelo esvoaça ao vento, sua cabeça torna-se maior e suas raízes penetram profundamente na terra, fazendo jorrar fontes de água. Ele ouve o som de uma flauta e vê Fo brincando na sombra da árvore. O grupo inteiro dança em volta da árvore e desaparece, e aparece novamente, todos voando como grandes pássaros na luz do sol e fazem ninhos em seus cabelos. Muitos *animai*s o cercam e muitos mais chegam: leopardos, lobos, ursos e raposas, vindos de toda parte da floresta.

Um grito sai de Melchior, que se torna um rapaz como os outros. Fo ainda toca a flauta e juntos cantam: "Todos os *animai*s retornam ao Jardim do Éden". Quando a música termina Fo põe a flauta de lado e toma a mão de Melchior, dizendo: "Você tinha um nome. Ainda se lembra dele?" Melchior tenta, mas não consegue se lembrar. Pergunta se esteve dormindo e pensa que esqueceu do que sonhou. Fo diz que todos tinham outros nomes antes de serem crucificados, mas que agora o levarão para seu grupo e lhe darão um novo nome; não será seu verdadeiro nome, pois este ele só ouvirá novamente quando chegar ao reino.

"Qual reino?" pergunta Melchior. Fo responde: "Nosso reino! Nosso lar. Lá brincamos em volta das antigas fontes e bebemos as águas sagradas, e lá, nos espelhos negros, vemos tudo o que vivemos. Da superfície negra do espelho levantam-se as milhares de formas que deixamos para trás quando entramos no reino, formas que temos que reassumir quando começamos a vagar novamente". (Uma observação muito importante!)

Melchior pergunta: "E por que temos que vagar?" (Notem que esta pergunta recebe resposta.)

"Você não quer estar em todo lugar? Ser a chuva e o vento, as árvores e a grama? Não quer ser parte do crepúsculo e se derreter na lua? Não quer ser cada *animal*, e cada ser humano? E que suas palavras saiam de todas as bocas e seus olhos vejam através de todos os olhos? Nós saímos e entramos em todo mundo. Quando aparecemos, tudo se transforma em um redemoinho, e nada dura".

"Mas quando chegaremos ao reino?"

"Hoje ou amanhã, ou em muitos anos. O que importa o tempo? Podemos de repente nos encontrar em uma encruzilhada e uma das estradas ser a que leva ao reino, ou podemos vê-lo em praias douradas além do mar. Ou podemos abrir uma porta de uma casa estranha — e entrar nela. Em todo lugar, podemos nos encontrar em suas fronteiras, mas até lá devemos vagar. Se pararmos, nunca chegaremos lá."

"E para onde vamos agora?"

"Seguiremos em frente", disse Fo, com os olhos brilhando, "e logo estaremos em uma grande cidade, e quando a deixarmos, nosso grupo terá ficado maior. Mas você precisa de um nome. Quando devo dá-lo a você? Aquele do qual receber um nome será seu parceiro se o grupo se dispersar."

Melchior olha Fo por longo tempo e diz: "Quer vir comigo?"

E Fo diz: "Sim, nós nos salvamos, por isso ficaremos juntos".

Ele então chama os rapazes que fazem um círculo em volta deles e diz solenemente:

"Seu nome será Li!."

"Li! Li! Li!" gritam os rapazes.

Este é o anticlímax. No capítulo anterior, Melchior foi quase completamente encerrado no reino de Von Spät mas, com uma tremenda enantiodromia, transformou-se no oposto. Agora está no reino dos inimigos de Von Spät. A primeira parte do capítulo revela quem é Fo. Sabemos que ele é o líder dos rapazes e que seu nome significa Buda; que Fo advoga o eterno vagar em reencarnações cármicas, enquanto Buda ensina a escapar do carma da reencarnação, do carrossel do renascimento. Fo, por outro lado, considera as reencarnações eternas um prazer. Além disso, por ter virado lua e voltar à terra depois de ter sido ferido, ele é também um deus — da lua e da água corrente. Quando seu peito é aberto, uma fonte de vida jorra, e não sangue; o autor diz claramente que uma torrente jorra e sua água faz reviver todos os que dela bebem.

Anteriormente, vimos que Von Spät está associado com o velho sol — sol nigeriano, isto é, Saturno. Na velha mitologia do deus sol, ele corresponderia ao grego Cronos; na alquimia medieval a Saturno. Deduzimos isso do fato de ele dançar com sete moças, que representam os sete planetas que circundam o deus-sol. Fo, o princípio contrário ao sol, é logicamente o deus lua; o deus da noite, do sono, do irracional, da eterna mudança — naturalmente com um traço feminino latente. E não deve ser esquecido que na Alemanha, lua é masculino (der Mond), enquanto na mitologia romana era hermafrodita e adorada como figura ao mesmo tempo feminina e masculina. Esse aspecto hermafrodita da alma mostra que o símbolo do *Self* e o símbolo da *anima* não estão separados ainda. Fo representa o inconsciente em sua personificação masculina e feminina. Ele é o princípio da morte — o outro lado da luz da consciência.

Foi-me pedido que comparasse este livro com *O pequeno príncipe* para mostrar as diferenças entre a cultura francesa e a alemã. Infelizmente, só posso fazer isso de maneira sucinta, mas uma das características é que no outro lado do Reno — na Alemanha — o símbolo da *anima* não está claramente diferenciado. Praticamente as únicas figuras femininas desse livro são a vendedora de maçãs (a figura da mãe-natureza), Sofia, que é uma figura muito negativa mas também maternal, e a pálida garota-*anima* Henriette Karlsen, que morre antes de entrar em cena. A poderosa figura da alma é um ser hermafrodita, isto é, Fo, o deus da lua. Se você compará-la com a figura da *anima* do livro de Saint-Exupéry — o casal no asteroide, a rosa e o pequeno príncipe — o aspecto hermafrodita é ao menos diferenciado, pois aí temos um casal, e a *anima* é diferenciada ainda mais, embora ela seja ainda uma figura feminina negativa, difícil e histérica. Ela não progrediu muito, mas ao menos é separada do símbolo do *Self* e aparece como um ser independente. As diferenças entre os dois países ficam muito claras nos dois livros. O livro alemão dá a impressão de um simbolismo mais arcaico e poderoso e de um dinamismo muito maior. O leitor é arrebatado para uma atmosfera emocional e dinâmica, de cunho exagerado, histérico que não é muito agradável. Se examinarmos os fatores negativos, o livro francês é cheio de crueldade e sentimentalismo infantil, em contraste com o dinamismo e exagero histérico do segundo livro.

Duas suposições podem ser levantadas para explicar tais diferenças: primeiro, que a camada pagã e pré-cristã é mais celta; enquanto que na Alemanha ela é germânica (você pode se informar sobre as diferenças entre o caráter celta e germânico nos escritos de César e de Tácito) e que — e talvez isso seja até mesmo mais importante — a França foi completamente "romanizada" antes de se tornar cristã (como o foram o sul da Alemanha e da Áustria até certo ponto, e também a Suíça), enquanto as outras partes da Alemanha foram diretamente convertidas ao cristianismo ao longo do rio Main. No reino mediterrâneo, o cristianismo foi o produto final de um longo desenvolvimento civilizatório e, portanto, tornou-se uma forma de religião diferenciada. Era possível para as pessoas compreender uma religião cujos símbolos eram baseados na civilização romana, facilitando assim a transição. Usando uma metáfora, poder-se-ia dizer que, ao norte do rio Main as pessoas sentiam uma lacuna que a religião não preenchia com seus novos valores e símbolos. O mesmo está acontecendo na África, onde está havendo muita inquietação e tensão, devido à imposição da nova religião, além dos problemas econômicos e culturais.

O problema também existiu entre os pioneiros americanos que tiveram um choque cultural com uma civilização mais primitiva, isto é, a dos índios. A sobrevivência nesse ambiente primitivo poderia somente ser alcançada se eles se tornassem tão duros e primitivos como os nativos; por outro lado, os pioneiros tinham um passado cristão vitoriano, e isso explica por que os norte-americanos possuem a mesma lacuna que os alemães.

Tal lacuna não é apenas negativa, pois confere à personalidade um tremendo dinamismo e eficiência. A polaridade interna e a tensão interna que tal situação cultural provoca, torna as pessoas dinâmicas, eficientes e ativas. Pode-se dizer que quando os polos elétricos negativo e positivo estão muito separados e são muito fortes, a eletricidade é muito maior. No entanto, as pessoas que sofrem tal choque cultural têm uma certa tendência a dissociar-se histericamente e, assim, aderem cegamente a movimentos de massa, pois são mais influenciáveis. O núcleo de sua personalidade e seu equilíbrio são facilmente perturbados. É bem conhecido o fato de que na África, por exemplo, os negros convertidos ao cristianismo são comumente desconfiados, irresponsáveis e imprevisíveis. Há anos — não sei se continua assim — os brancos da África preferiam ter empregados negros não convertidos porque eram muito mais íntegros e confiáveis. Os outros tinham essa cisão: de um lado uma consciência cultural altamente desenvolvida e de outro um inconsciente muito arcaico, com todos os problemas causados por tal cisão.

Naturalmente, esta cisão — voltando agora à nossa comparação entre a mentalidade francesa e a alemã — é apenas relativa, pois os franceses têm o mesmo problema, só que em escala menor. Pode-se dizer que é apenas relativamente diferente, e, naturalmente, quando você fala das características do povo de um país, não pode generalizar devido às inúmeras exceções. Podemos apenas fazer uma tentativa de traçar umas linhas gerais.

Pergunta: O fato de o autor ser de Riga influencia as ideias que expõe no livro?

Logicamente, o fato dele ser do norte da Alemanha, que podemos dizer que é uma terra de ninguém pois tem uma cultura baseada em Roma e também sofre influências russas e eslavas, influenciou fortemente suas ideias. Essas diferenças culturais tornam a Alemanha do norte e a do sul diferentes, e desperta uma hostilidade secreta entre as duas regiões.

A crucificação de Melchior é reveladora. Pode-se constatar que Fo realmente representa o retorno da figura arquetípica, que é também a figura de Cristo, numa forma mais arcaica. Se compararmos Fo com outros deuses, podemos dizer que ele se parece com Dionísio, pois uma figura é sempre associada às uvas e às rosas. A crucificação, na qual o crucificado transforma-se em árvore, nos faz lembrar Átis, que virou uma árvore materna. Pode-se portanto dizer que entregando-se a Fo, Melchior torna-se um Átis. Tendo todos os outros passado pela mesma transformação, parecem formar um povo que viveu uma vida terrena e que depois da crucificação tornou-se um povo jovem que vaga eternamente. O mito de Átis repete-se em cada um deles. Como sabemos, Dionísio e Átis representavam um filho de Deus que morre jovem, o filho da mãe, o deus que morre na primavera da vida. A Páscoa é originada de festividades em honra de Átis, e na Roma antiga faziam-se mosaicos com o tema da cruz circundada por uvas e com uma inscrição que invocava Jesus Cristo ou Dionísio. Isso mostra que ao menos no início havia muitas dúvidas se o cristianismo não seria uma repetição do culto a Dionísio ou a Átis, só que de forma diferente. Os Padres da Igreja tentaram fazer um corte definitivo para estabelecer o cristianismo, esperando assim que seu novo símbolo não se misturasse aos do passado. (O que teria sido uma vitória de Von Spät.) Para assegurar seu *élan* criativo os cristãos que eram recentes convertidos eram radicais em afirmar que o cristianismo era totalmente diferente do culto a Dionísio, mas, como a figura arquetípica era tão similar, as pessoas duvidavam e se confundiam. Devido a essa confusão, muita ênfase foi dada a Jesus como figura histórica, contrastando-o, portanto, com a figura arquetípica do deus.

Voltando a nosso problema cultural: se, portanto, Fo retorna na forma de Átis ou Dionísio, pode-se dizer que ele representa uma tentativa feita pelo inconsciente de criar uma experiência arquetípica que seria uma ponte sobre o abismo criado pela súbita cristianização. Pode-se pensar que, tendo passado por essa experiência, o autor pode agora compreender realmente o que a figura de Cristo significa. Se você varrer toda a poeira acumulada pela história, você verá que isso é um retorno da experiência original do que significa carregar a cruz, carregá-la e ser crucificado com Cristo — há apenas uma forma diferente de algo que provoca mais êxtase e é mais dinâmico e, de uma maneira arcaica, vital. É uma tentativa do inconsciente de recriar o símbolo cristão e revivê-lo de uma forma na qual ele está ligado novamente com as camadas mais profundas da personalidade. Quão difundido e vital esse problema é pode ser avaliado pelo fato de uma pessoa encontrar a mesma tentativa do inconsciente em uma esfera completamente diferente. Aqueles que ouviram minha conferência sobre Niklaus von der Flue lembrar-se-ão que, neste caso, Cristo aparece com uma pele de urso — como um Bersek — e que se trata também de uma tentativa, não de abolir o símbolo de Cristo, mas de reinterpretá-lo, ligando-o às camadas arcaicas do psiquismo instintivo. Somente se compreendermos o símbolo cristão de uma forma mais completa ele poderá sobreviver, pois se não estiver ancorado nas profundezas da alma, será descartado e haverá um retorno ao ateísmo e ao neopaganismo.

O mesmo pode ser dito em relação aos *spirituals* negros, que resultam em fenômeno paralelo. Neles podemos encontrar uma camada pagã da psique, com suas expressões simbólicas e emoções religiosas. Sobre essa base a doutrina cristã é construída — apenas um verniz facilmente removível por qualquer movimento ou antipropaganda, a menos que esses símbolos arquetípicos sejam ligados aos seus similares daquela cultura específica. Assim ele poderá tornar-se uma fé viva, o que significa que as pessoas só podem compreendê-lo quando despertar reconhecimento e ressonância em seu íntimo. De outro modo, é puro intelecto, e os indivíduos rezam a Dionísio ou a Wotan.

Neste livro, o arquétipo é Wotan, que faz parte da cultura germânica. Na França e nos países de cultura celta, o arquétipo é Mercúrio-Keruno, um deus que é transformado e crucificado, o deus da primavera, do sol e da ressurreição. Na cultura celta, é o arquétipo de Keruno que sustenta a figura de Cristo. Nas lendas medievais — como a do Santo Graal e do material celta na Inglaterra, Irlanda e País de Gales — é o arquétipo de Mercúrio-Keruno, e em todos os casos existe uma tentativa de ligar essas figuras superpostas de Deus às velhas raízes das vivências arcaicas e originais daqueles povos.

Há outros temas na descrição do reino de Fo, pois ele diz: "Brincamos ao redor das velhas fontes (o que nos lembra a fonte germânica de Urd ao pé da árvore do mundo) e bebemos da água sagrada. (Quem beber dessa água tornar-se-á vidente. Os xamãs e pajés bebem da fonte de Urd.) Nos espelhos negros, vemos nosso passado". Aqui se faz sentir uma influência oriental que já havíamos notado antes: a ideia de que nesse reino você pode ver todas suas encarnações anteriores. Veremos mais tarde que o autor acredita em reencarnação, algo da cultura oriental que se infiltrou nesse livro alemão. Uma característica da raça germânica é a introversão, e assim era também a civilização alemã pré-cristã, que além disso tinha afinidades com a vida espiritual oriental, especialmente a chinesa. Os caracteres gráficos alemães (que eram o alfabeto alemão) eram originalmente usados como oráculos (como são as figuras do *I Ching*) e esse uso continuou por muito tempo. Por exemplo, quando os alemães faziam prisioneiros de guerra, um certo número deles era sacrificado a Wotan, e eram sorteados através desses caracteres, enquanto os outros ficavam como escravos ou servos. De acordo com o mito, essa técnica de adivinhação foi inventada por Wotan. Segundo a lenda, esse deus permaneceu nove dias e nove noites na árvore do mundo, *Yggdrasil,* quando descobriu os caracteres em seus pés, que lhe permitiram adivinhar o futuro. O oráculo chinês, o *I Ching,* é também uma maneira de explorar os caminhos do Tao, um método de adivinhação baseado no princípio da sincronicidade.

Mesmo hoje em dia, muitas pessoas da raça germânica mostram uma grande afinidade com o mundo oriental, e atualmente parece haver uma grande tendência para buscar a cura dos problemas — as feridas causadas pela guerra — na adoção da filosofia oriental. Isto significa encontrar uma atitude suficientemente introvertida com a qual trabalhar-se-ia o problema de dentro para fora, ao invés de fora para dentro. Naturalmente, o grande desenvolvimento econômico que está havendo hoje em dia não incentiva muito essa tendência, mas todos aqueles que tentam elaborar tais problemas adotam a introversão e para isso a filosofia oriental ajuda bastante.

Uma vez sugeri a um dos meus analisandos, um homem do norte da Alemanha que tinha o costume de consultar o *I Ching,* que tentasse meditar à maneira oriental para encontrar a solução de seus problemas. Então ele sonhou que estava no fronte da guerra, nas barracas do acampamento militar. Na entrada havia um cartaz escrito em caracteres chineses e germânicos arcaicos, o que mostra que o inconsciente aceitou a sugestão, achando-a importante. Na mitologia escandinava, os *trolls* são também vistos como uma manifestação do princípio da sincronicidade. Não posso aprofundar-me neste assunto, mas gostaria de comentar que, ao norte do rio Main, as pessoas, quando são criativas, são mais introvertidas e, como os orientais, estão mais interessadas nos fenômenos sincrônicos do que na causalidade racional, como o caso dos ocidentais. Ao norte da Alemanha, e especialmente na Rússia, há uma tendência de unir a cultura oriental e a ocidental. O movimento pan-eslavo, ao qual Dostoyevsky pertencia, pregava que a Rússia era o país escolhido para unir a introversão do Oriente com a extroversão do Ocidente. Na verdade, eles se tornaram extrovertidos.

O reino é descrito aqui de forma estranha, pois é em parte o jardim do Éden, ao qual todos os *animais* retornam, e em parte o velho paraíso dos alemães, a fonte de Urd sob a árvore do mundo, mas é também claramente influenciado pelas ideias orientais do nirvana, onde as pessoas finalmente terminam o eterno passar de uma reencarnação à outra. Fo e seus amigos, no entanto, ainda não chegaram lá e veem sentido em sua existência errante, o que é oposto à filosofia budista, que prega o fim das reencarnações. A glorificação do movimento e do dinamismo, mesmo sem objetivo, é uma característica ocidental por excelência. A exaltação do sentimento de estar vivo e criativo devido à constante atividade, mesmo sem objetivos, é algo perverso.

Vocês devem se lembrar que falei que Von Spät estava em um polo e Fo no outro, com Melchior no centro. No início, Von Spät foi vitorioso; então, depois de Fo e da crucificação, veio a enantiodromia que significou a vitória de Fo, seguida por outras. Von Spät é fatal, pois as coisas ficam absolutamente estáticas em seu polo, pois assim que você entra no castelo de vidro — no reino do espírito — nada mais acontece. Tudo se torna claro, transparente como o vidro e rígido. No polo de Fo, no entanto, há uma glorificação total do movimento criativo e do êxtase pelo êxtase, sem outros objetivos. O lema deles é fruir de um êxtase constante. Encontramos a mesma doutrina no *rock-and-roll*, por exemplo, que representa a atividade psíquica e física e ritmo musical sem visar outros objetivos. Quando a dança acaba, você fica cansado e na noite seguinte começa de novo, e isso é satisfatório por si mesmo. No lado de Von Spät visa-se apenas o resultado final sem o dinâmico movimento da vida, e no lado de Fo o movimento sem o resultado. São polos opostos sem ponto de união.

Von Spät	Melchior	Fo
Razão sem vida	(ego)	Movimento eterno sem resultado
gelo-norte	Li (consciência)	sul

A cura pode somente ocorrer se os dois outros polos femininos tiverem se desenvolvido, porque na psicologia do homem, o feminino, o princípio da *anima*, é o princípio da realidade e também a realização. Isso está faltando nessa constelação.

Passarei agora ao resumo da parte do meio do livro.

Fo, com os olhos brilhando, diz que agora eles estão indo em direção a uma cidade. O novo nome de Melchior, Li, significa padrão, ordem, princípios, consciência — as qualidades de Melchior. A parte seguinte é fácil de compreender e não muito simbólica. Fala sobre os atos maldosos de Fo e sua turma.

Havia uma velha cidade chamada Stuhlbrestenburg. *Bresten* é uma antiga palavra alemã que significa doença e *Stuhl* cadeira ou excremento, portanto o nome da cidade significa cidade doença-excremento. Nesta cidade houve um incêndio que quase a destruiu. O rei achou que as paredes queimadas não deveriam ser postas abaixo e sim niveladas para servir de base a novas construções de elegante estilo rococó. O rei, Walter II, achou sua ideia brilhante, mas o resultado não foi tão bom, pois nessa área subterrânea os criminosos construíram uma intricada rede de porões que servia de refúgio e esconderijo. De vez em quando saíam em expedições para assaltar e roubar. A polícia ficava impotente diante dessa poderosa organização, e os burgueses das classes superiores sentiam-se totalmente desprotegidos. A situação agravou-se quando a polícia prendeu um dos chefes da organização que revelou informações importantes sobre o mapa do mundo subterrâneo. O resultado foi que a polícia preparou um plano para acabar com a organização criminosa. Quanto ao povo da cidade, pode-se dizer que era muito trabalhador, mas também violento e ambicioso. Suas fábricas, igrejas e bordéis eram cheios de vida, mas a atmosfera era quente e suja; uma espécie de miasma perpetuamente emanava das paredes enegrecidas dos porões.

Enquanto isso, a cidade vizinha, Rattenhausen (Lar dos ratos) enfrentava problemas. Um professor de lá havia feito algum mal a um dos alunos, um rapaz romântico do tipo de Otto von Lobe, vinte anos atrás. De repente, na sala de aula, ele teve uma alucinação, achando que um dos alunos era o tal rapaz. Caiu, então, de joelhos na frente da turma pedindo perdão ao aluno. Acontece que o rapaz não tinha ido à aula naquele dia, pois estava de cama. Houve uma grande confusão e o professor foi despedido. Na manhã seguinte mais da metade dos alunos não compareceu à aula e não foram encontrados em lugar nenhum. O segundo fato que ocorreu, praticamente ao mesmo tempo, foi que um banqueiro muito respeitado, o sr. Rotbuch, teve uma ideia louca quando estava sozinho no banco no horário de almoço. Ele jogou pela janela todo o dinheiro do banco no mercado cheio de gente, o que resultou em um tremendo tumulto no qual duas pessoas morreram e várias ficaram feridas.

O banqueiro foi preso e mandado para o hospício. Quando recobrou a consciência, disse que não sabia o que deu nele, mas que havia visto dois rapazes usando golas viradas para cima e bonés de couro; eles lhe haviam dito que fizesse aquilo e ele agiu sob uma estranha compulsão. No mesmo dia, as portas da prisão foram encontradas abertas e os guardas amarrados no galinheiro e o diretor, usando o uniforme completo, estava batendo os braços como se fossem asas e grasnando como ganso. Todos os prisioneiros haviam desaparecido e supunha-se que eles tinham fugido para Stuhlbrestenburg e se juntado aos bandidos de lá.

No *Rattenhuser Bote* saiu um editorial explicando os acontecimentos como psicose coletiva e dizia também que um grupo de adolescentes delinquentes tinham lido muitas histórias de Sherlock Holmes, Karl Marx e Alexandre Dumas e saíam por aí, tentando arrumar seguidores para suas ideias malucas. Tudo era resultado do ritmo alucinante dos dias de hoje, da sede de emoções novas e de aventuras que chegava a contaminar as pessoas sérias, que não conseguiam mais discriminar entre o possível e o impossível. Em tais épocas tempestuosas, os valorosos cidadãos eram aconselhados a acreditar somente nas versões oficiais dos fatos — *Sigillum Signum veri* (o selo do Estado representa a verdade). A polícia pedia a colaboração da população para encontrar os malfeitores a fim de evitar que causassem mais mal e confusão, e também que não deixassem de seguir a orientação do governo. *Caveant consules*. Um psiquiatra, o Dr. Hinkeldey, escreveu outro artigo sobre psicose coletiva, avisando as pessoas sobre as consequências nefastas da introversão, excesso de trabalho e fantasias. Ele recomendava também a lavagem dos pés com água fria à noite e a massagem no corpo inteiro com pano molhado ao despertar!

No capítulo seguinte, os mesmos rapazes apareceram na catedral. As pessoas que por lá passavam ouviram uma linda música vinda lá de dentro, entraram e encontram a igreja lotada com as velas todas acesas. Uma música para dançar estava sendo tocada e causava tal efeito nas pessoas que elas, esquecidas de si mesmas, dançavam ensandecidamente. A música ficou cada vez mais selvagem, com bateria, violinos e trompetes. Quando o órgão entrou, com o som do mundo subterrâneo, as pessoas não conseguiram mais se conter. O professor, o juiz e o promotor pulavam como cabritos juntos com as feirantes. Quando a música parou, Pistorius, o velho sacerdote, apareceu, todo paramentado. As pessoas caíram de joelhos diante dele, pedindo perdão enquanto ele subia ao púlpito. Mas de lá veio o som de incontroláveis gargalhadas, e o rosto de Pistorius, redondo e vermelho, tornou-se menor e mais branco; por um minuto ele pareceu um menino não muito crescido. E em seu lugar surgiu um bode branco. Foi uma alucinação coletiva que afetou a todos, exceto Flamm, o professor, que começou a falar até que centenas de rapazes desceram do órgão até ele, dando-lhe tapas e rindo dele. Aí apareceu um jovem nu no altar tocando flauta. As pessoas, assustadas, tentavam fugir, mas as portas estavam fechadas, e então elas subiram nos bancos tentando sair pelas janelas. Quando a flauta parou, tudo desapareceu e as portas se abriram. O povo, sem ousar dizer uma palavra, deixou a igreja.

O juiz, que havia estado na catedral, foi para o tribunal onde havia um caso de estupro e assassinato para ser julgado. O promotor público levantou-se para falar e abriu e fechou a boca durante uma hora, mas não se ouviu som algum. Quando deixou-se cair na cadeira, pálido e exausto, uma mulher vestida de branco aplaudiu. O advogado do réu levantou-se para falar, mas antes que pudesse começar, uma cópia exata dele surgiu em sua frente, acusando-o de ser uma fraude. Ele ficou tão aterrorizado que conseguiu apenas gaguejar umas palavras. O falso advogado, depois que o tribunal foi silenciado com dificuldade, começou a defender o acusado, dizendo que, afinal de contas, ele estava apenas procurando seu prazer, assim como outros tinham prazer em julgar. Qual era a diferença? Alguns tinham prazer na moralidade e outros na imoralidade; alguns em assassinar, outros em condenar. Ele virou tudo de cabeça para baixo e fez tal confusão entre o justo e o injusto que todos se sentiram expostos em seu lado amoral e não civilizado. No lugar do promotor, apareceu o rapaz nu que tocara flauta na catedral, e também uma mulher de vestido branco que dizia que ela e o promotor haviam passado meia hora juntos na sala anexa e que este não havia resistido a seus encantos, mas que havia enterrado um cortador de papel em seu seio quando ele se transforma em rapaz e depois em uma porca. O cabo de marfim do cortador ainda estava visível em seu seio. O rapaz tomou a mão do promotor e disse: "Vejam: está suja de sangue" e enquanto este caía no chão, o acusado levantou-se pedindo um beijo ao promotor, dizendo que eram todos irmãos. O réu foi declarado inocente e a mulher de branco e o rapaz bateram palmas e gritaram: "Agora beijem-se!" Mais uma vez houve uma cena terrível onde todos se abraçaram e beijaram. Lá fora, os sinos começaram a tocar e todos começaram a se agredir, a gritar e brigar violentamente, até que a polícia chegou com as espadas.

Enquanto tudo isso acontecia no tribunal, o rei estava no teatro. (Ele era um homem romântico que estava cheio de governar. Na verdade, parecia-se muito com o rei Ludwig II da Baviera, o rei artista.) Estava mortalmente entediado com seus deveres de soberano e, sentado no camarote real, estava cheio de melancolia e de ideias românticas, achando a peça desinteressante. Na cena principal havia uma discussão entre a personagem principal, o diretor de uma usina de eletricidade e seu enteado. O diretor fez um longo discurso sobre as vantagens do materialismo, de si mesmo e de seus pares, dizendo que o ouro estava a salvo nas mãos de pessoas idealistas tão práticas. Mas novamente dois rapazes apareceram no palco, e tudo virou um caos. O diretor primeiro virou uma bola, que os rapazes jogaram um para o outro e depois para o rei, que a devolveu. A bola, em seu trajeto, explodiu com muito barulho. O rei bateu palmas alegremente. Os rapazes colocaram uma coroa em sua cabeça e deram-lhe um cetro e um manto de arminho, levando-o pela mão por uma escada de flores que tinha aparecido entre o camarote e o térreo do teatro. O público tinha os olhos arregalados de pavor. O secretário do rei tentou salvar a situação gritando: "Hurra!" e alguns começaram a cantar o hino nacional. A coroa caiu da cabeça do rei e viu-se que era de papel. Uma fumaça começou a sair dos cantos do teatro. O rei e os rapazes desapareceram, as portas foram escancaradas e figuras negras apareceram com espadas e pistolas. O público gritou aterrorizado pois eles eram os criminosos do mundo subterrâneo. Os invasores atiravam ou passavam as pessoas ao fio da espada. A fumaça aumentou e o prédio desmoronou, enterrando todos sob os escombros.

Por toda a cidade uma batalha terrível era travada e ninguém sabia quem estava lutando contra quem. Uma figura negra subiu nas vigas do mercado e, à luz do incêndio, gritou: "Amigos! Parem! Sejam razoáveis! Estão se matando apenas porque têm medo uns dos outros! A velha ordem fez com que se tornassem inimigos. Criem uma nova ordem! Não esqueçam quem são seus verdadeiros inimigos! São os rapazes! Eles se escondem em toda parte e sob todas as formas. Quem são eles? Quem os conhece? De onde vêm? Onde quer que apareçam eles levam o caos. Se os seguirem não terão paz. A terra tremerá sob seus pés. A vida e a ordem desaparecerão. Um ciclone os apanhará e a loucura os despedaçará!"

Por um minuto, as pessoas ficaram imóveis, mas sua inquietação cresceu. Gritos, imprecações e perguntas eram ouvidos: "Os rapazes! Os rapazes! Onde estão? Procurem! Matem! Não, matem esse homem, ele é um traidor!"

De novo, o homem estendeu as mãos. "Amigos", ele disse, "vocês estão procurando Deus, o novo Deus que será criado por sua vontade, seu desejo, seu labor. (O Deus criado pelo ego! Que coisa sem sentido!) Querem que sua vida tenha uma nova forma, querem uma ordem sagrada, a sagrada ordem do trabalho. Ela jaz dentro de vocês. Eu lhes mostrarei. Eu lhes darei leis que possam seguir. Nós (o mundo fantasmático de Von Spät) queremos curá-los e guiá-los!"

A luz da lua iluminou a figura e uma multidão a cercou, implorando-lhe que a guiasse e que ficasse com ela.

"Queremos ajudá-los", respondeu a figura, e sua voz tinha o som de um sino. "Não mergulhem de novo no poço escuro! Não peçam uma eternidade que não existe!"

De novo a multidão começou a gritar que ia matar os rapazes. A figura recomendou-lhes cuidado, pois eram perigosos, mas ninguém ouviu. No meio da praça uma chama surgiu e um grupo de rapazes nus apareceu, iluminado por ela. Em um segundo fez-se um silêncio sepulcral. Um rapaz adiantou-se e disse: "Venha para nós, aquele que for livre. Deixe que os outros construam as torres até o céu. Deixe-os se petrificarem em sua ordem, trabalho e felicidade. E deixe aqueles que amam a chama e a transformação eterna vir para nós — para nossa noite quando o dia for sufocante, e para nosso reino quando o deles estiver destruído!"

Uma música surgiu no grupo de rapazes e a multidão tremeu. E então uma nova canção começou, vinda da figura de preto. A multidão apontou seus rifles para os rapazes mas um sopro de vento trouxe um grande navio a vela que pegou o grupo de rapazes e levantou-os acima de todos. Ouviram-se gritos:

"Atirem! Não os deixem escapar!" Mas o navio fragmentou-se em inúmeras fagulhas. Milhões de rosas foram espalhadas na praça, enchendo o ar com seu perfume maravilhoso.

Do barco (naturalmente o barco de Dionísio) e das rosas deduzimos que este é um aparecimento da velha figura arquetípica de Dionísio em uma nova forma; dos dois discursos deduzimos quem é Von Spät e Fo, pois a polaridade é óbvia.

O conteúdo desse livro fala por si mesmo. É impressionante que tenha sido escrito há cinquenta anos e que passamos por tudo o que foi predito nele — o que mostra quão profética a arte pode ser. Até a queima do Reichstag foi predita e não há necessidade de maiores interpretações. Mas o que é estranho é o tema da cidade queimada sobre a qual outra, de arquitetura leve e moderna, é construída. Isso mostra que há um tremendo contraste entre as partes inferiores, emocionais e arquetípicas do psiquismo, com sua visão pagã de mundo, e as camadas superiores, que estão em sintonia com a civilização mais evoluída. Se o problema não for colocado e enfrentado, ele continuamente cria catástrofes enormes como guerras e revoluções, seguidas de uma espécie de reconstrução repressiva por cima dos escombros.

É assustador que isto esteja acontecendo agora na Alemanha, pois os alemães estão criando um grande desenvolvimento econômico, com grande *élan,* sobre as ruínas das guerras mundiais, e atualmente é impossível conversar com eles sobre o que realmente aconteceu. A maioria das pessoas lá não quer enfrentar os fatos que se passavam e discuti-los. Tomam a seguinte atitude: "Desaprovo o que se passou, mas vamos esquecer tudo. Vamos construir rapidamente uma outra forma de vida". Isto significa que o terreno não foi limpado. Agora que as coisas se acalmaram, eles não conseguem dizer: "Vamos olhar para trás e nos perguntar à luz da psicologia como essas coisas puderam acontecer".

Deveria haver um momento de reflexão. Ao invés disso, constrói-se sobre os entulhos do passado.

É como se as pessoas fragmentadas conseguissem juntar os pedaços com o uso da medicação, e continuar do jeitinho que eram antes, sem buscar no inconsciente as causas de sua fragmentação. Na fragmentação há sempre algo positivo que quer vir à luz e que acaba causando a fragmentação. Isso poderia ser muito útil para conhecer a estrutura da personalidade da pessoa através dos dados fornecidos pelo inconsciente. O mesmo se pode dizer sobre o Nacional Socialismo, que é um impulso distorcido em direção à renovação e à criatividade. Se essa figura arquetípica, Fo — que é claramente uma espécie de uma nova forma da figura arquetípica do redentor — tivesse sido compreendida pelos alemães, e não projetada na figura alucinada do Fuhrer, mas se fosse elaborada interiormente, seria o início de um grande e produtivo dinamismo. Ao invés disso, ela foi externalizada e misturada à propaganda política e com o desejo fatal pelo poder, culminando na catástrofe que causou tanto sofrimento.

Vemos aqui o desenvolvimento de uma neurose individual, só que em escala maior. Na neurose, algo muito criativo que o indivíduo possui, e não é canalizado adequadamente, floresce, causando o distúrbio. Se a pessoa tentar compreender seus conflitos e aprender com eles, verá que podem lhe ser úteis, ao invés de lhe causar dano. Neste livro fica claro que o *élan vital* romântico e religioso do Nacional Socialismo poderia desencadear uma era de muito desenvolvimento social, cultural e econômico, mas, do jeito que foi encaminhado, toda essa energia foi canalizada para objetivos políticos e resultou na tremenda catástrofe que conhecemos. Estou falando sobre a Alemanha porque o livro é ambientado lá, mas tal situação de caos existe também em todo lugar, como nos Estados Unidos, especialmente entre os adolescentes com a formação de grupos delinquentes juvenis.

Se essa necessidade de um novo Deus tivesse sido compreendida interiormente, levaria à descoberta do inconsciente e da necessidade de trabalhá-lo e integrá-lo à personalidade total. Mas Von Spät, que representa a eterna sedução de canalizar a vivência interior para uma ordem coletiva externa, colocou os alemães neste círculo vicioso fatal. O que é mais assustador é que esse povo está construindo uma bela arquitetura sobre as ruínas do passado. Estão, portanto, indo na direção de outra catástrofe, a menos que alguma coisa mude.

Pergunta: Há algum grupo grande em nossa sociedade que não apresenta esta lacuna entre duas culturas divergentes?

Eu diria que o problema existe menos na Itália e nos países mediterrâneos, mas eles também a possuem, pois esses ventos sopram em todo lugar, mesmo através dos Alpes. O livro diz, textualmente: "O vento sopra na direção do Sul".

Darei agora um breve resumo do resto do livro, mas primeiramente quero dizer-lhes o significado do nome Li, descoberto pela senhorita Rump. Fo significa claramente Buda, porém Li é um grande problema porque há inúmeros "Lis" no dicionário chinês, e não sabemos a qual deles o autor se refere. O mais provável seria "razão, raciocínio, ordem", porque, como lembram, Melchior representa a figura egoica dilacerada entre dois extremos e, portanto, Li — razão — se adequaria melhor ao ego. Além do mais, Melchior é químico, um cientista, e antes da clivagem do seu ego ele poderia ser qualificado de cientista sério e dedicado. Assim, ele é a razão, ou a consciência dividida entre dois extremos. A senhorita Rump também nos informa que o significado original é muito interessante: Li significa os riscos secretos encontrados nas pedras preciosas, os traços e padrões como os encontrados em uma opala ou ônix, nos quais muitas vezes existem padrões escuros internos. Mas como um padrão secreto torna-se a base da palavra "Li" — razão? Devemos pensar em termos chineses. Sabemos que os padrões culturais chineses foram obtidos, de acordo com as lendas, dos meandros dos grandes rios chineses. Eles traçaram os mapas, e estes padrões representam a superfície da terra cultivada. Portanto, na China, consciência seria a sabedoria a respeito do padrão secreto da natureza.

Os chineses e os outros povos orientais, e, por estranho que pareça, os germânicos, não se interessam pelo racionalismo causal; ao invés disso, a tendência natural é a conscientização dos padrões do Tao, uma conscientização criada pela adivinhação, e, através disso, uma consciência da sincronicidade e da analogia das imagens. Dentro desta mentalidade os padrões secretos em uma pedra correspondem à razão; no livro, contudo, há uma associação fatal porque se juntarmos Fo e Li obteremos "foli(e)" (loucura).

Desde que o surgimento da psicose coletiva é predito neste livro, é possível que o autor tenha pensado nessa associação.

O capítulo seguinte tem o título de "A transformação do amor". Melchior (que agora se chama Li) caminha sobre a terra calcinada. Os arbustos estão floridos e sob seus pés sente o solo escaldante. Sente-se em paz e em sintonia com a natureza, os arbustos estendem-lhe os galhos e se sente totalmente tranquilo. As ondas do rio rolam ao lado do seu caminho e o sol se põe lentamente no horizonte. Assim que a noite cai, as ondas tornam-se maiores e mais estrondosas, até que sobem até ele e o levantam em suas cristas. Subitamente ouve um grito vindo da terra e cai. Lábios procuram sua boca e ele toma consciência de estar abraçando um delicado ser humano. Sente a pressão dos lábios em sua boca e braços que o envolvem, e vê que se trata de uma mulher.

"Quem é você? De onde vem?"

Seus abraços tornam-se mais apaixonados. Ele sente como se um salão branco com colunas se levantasse a seu redor, mas as colunas se dissolvem em uma brisa de perfume e as paredes se tornam escuras.

Seu corpo muda e é transformado em um corpo de mulher que abraça uma outra, que por sua vez, torna-se gigante de bronze com um potente tórax e fortes braços, e cujos brancos dentes brilham entre os lábios pretos. As transformações se sucedem, e agora o gigante transformou-se em criatura de rosto marrom e risonhos e grossos lábios, cujos longos dedos o acariciam. Depois disso, torna-se uma negra, uma hindu, e uma garota morena. Em cada abraço transformador, ele percebe que está em diferentes salas, abraçando corpos diferentes. Às vezes é um escravo, beijado por um imperador, às vezes uma prostituta junto a soldados que cheiram a sangue, às vezes um pastor com uma delicada mulher em uma cama perfumada. Tudo se torna escuro, e ele não consegue distinguir mais nada. Então se encontra entre as paredes de um templo e ao seu lado estão alguns sacerdotes. Ele tem a forma de um camponês e está amarrado a uma camponesa no altar, olhando ao redor com olhos selvagens e torturados, e sangrando por vários ferimentos. Os sacerdotes o rodeiam e levantam suas espadas, Li dá um grito de pavor e as espadas o ferem. Vê seu sangue correr e tudo se torna uma névoa vermelha. Na distância vê uma floresta primitiva com árvores gigantescas ao sopé de uma montanha. O rugido dos tigres se fazem ouvir. Uma pantera enfia as garras em sua carne e ele próprio é um grande gato selvagem. Milhões de pássaros de várias cores gritam alegres, e Li se dissolve no vazio e não tem consciência de mais nada.

Ele cai e cai. Em um segundo, passa caindo por todas as salas anteriores. Ouve música. Através da infinita floresta de colunas movem-se multidões de dançarinos. Uma incrível luz surge e a luz do sol forma círculos azuis. Ele acorda sobre almofadas de nuvens e encontra Fo adormecido a seu lado, respirando calmamente. De seu rosto surge uma luz e seus lábios se contorcem como se estivesse sentindo uma leve dor. Seu corpo jaz claro e branco na luz da manhã e tem tanta graça e charme que lágrimas surgem nos olhos de Li ao contemplá-lo. Fo abre os olhos e o vê. Tomando seu rosto entre as mãos, beija-lhe a testa. Eles olham ao redor e veem seus companheiros despertando na luz da manhã.

Aqui podem-se ver que o reino e o poder de Fo tornou-se tão forte, dominador e absoluto como o de Von Spät, pois agora Li é arrastado à terra e ao poder da eterna transformação, cuja mola mestra é Eros, ou mesmo a sexualidade em todas as suas diferentes formas.

O capítulo seguinte se intitula "A queda". Os rapazes levantam as mãos para saudar a luz, mas há uma agitação no ar que prenuncia uma tempestade.

"A tempestade, a tempestade!" gritam eles. "O reino está chegando! Estamos em casa!"

"Estamos em casa!" grita Fo. "Estamos mergulhando nas escuras fontes para renascer no mundo!" Cantam um refrão que se repete muitas vezes no livro: "O tempo afunda, o espaço se dispersa, a forma é obnubilada".

Os rapazes, tremendo, cercam Fo. Este deixa os braços caírem e treme de dor. Os rostos deles subitamente parecem velhos e enrugados, os olhos cegos, os músculos flácidos e as mãos magras e em forma de garras. Todos olham para Fo, que parece estar curvado por uma tremenda carga. Como em um nevoeiro, figuras saem dele. Voam ao seu redor e desaparecem no vazio. De todos os outros, que estão também se torcendo de dor, saem várias figuras: garotas, velhos, fantasmas, anjos, asas, homens com todos os tipos de vestimentas e soldados uniformizados. Li vê centenas de rostos. Sente dores atrozes; grita e ouve os gritos dos outros, que se misturam aos sons das figuras no ar e ao da tempestade.

Cada figura que abandona o corpo deles deixa-os mais etéreos, com movimentos mais fracos e seus gritos ficam mais baixos. Começam a brilhar com uma luz interior, mas as figuras continuam saindo deles, pois só depois que todas as suas encarnações anteriores os abandonarem poderão entrar no reino. Ficam cada vez mais fracos mas submetem-se às dores alegremente, pois elas significam que o reino está próximo. Com os olhos fixos em Fo, eles não percebem que as luzes distantes de seu lar ficam cobertas de névoa e desaparecem, não sentem o ar hostil a seu redor. Estão paralisados por seu próprio peso. Quem os está dominando? Quem se aproximou para agarrar os cegos indefesos? O estrondo do trovão causa-lhes um tremendo choque. As nuvens nas quais flutuavam desaparecem e a terra surge a seus pés. Querem gritar e não conseguem. Fo consegue articular, muito baixinho: "Este... não... é... o... reino".

De todo modo tentam se refazer, antes que as últimas formas os abandonem. Porém o pântano se fecha à sua volta e acaba engolindo-os. As pálpebras de Fo se fecham. Li vê quando ele cai, mas está sem forças para ajudá-lo. Muitos pássaros coloridos voam em volta deles, batendo as asas, e estranhas figuras aparecem no meio do grupo. Silenciosamente elas se aproximam deles e, envolvendo-os em seus braços, os beijam.

Nos olhos dos rapazes surge um medo pavoroso. O medo dá nova força a seus membros e alguns deles conseguem expulsar os estranhos, porém outros deixam-se beijar. Quando um deles se aproxima de Fo, Li grita:

"Acorde! Acorde!"

Mas Fo não ouve e o estranho curva-se sobre ele. Quando estava para tocá-lo, Fo reage e grita: "Para trás! Para trás!" Os poucos que haviam resistido fazem um terrível esforço para se firmar. "Venham a mim!" grita Fo para eles, mas é tarde demais. Eles, tomados por uma completa paralisia, não conseguem ouvi-lo. Os estranhos sopram as figuras que saíram deles, dissolvendo-as no ar, e levam os rapazes, cujos corpos estão transparentes como vidros, como seus prisioneiros.

Li se encontra em uma superfície plana e gelada. "O que está acontecendo?" ele se pergunta. "Desde que o inimigo barrou nosso caminho para o reino, algo nos aconteceu. Estamos nos dissolvendo, virando névoa. Não nos conhecemos mais. Nosso grupo está se dispersando.

Um sol vermelho brilha. Um sopro de vento varre a neve. O gelo é como um espelho e Li sente um frio que o congela.

Aqui temos outra enantiodromia. Quando Li foi coroado e gritara que queria partir, e os garotos o haviam levado, e também agora, quando o reino estava tão perto e eles estavam se libertando de todas as suas formas anteriores — na visão de mundo oriental, livrando-se de suas projeções cármicas, do envolvimento com o mundo, e descobrindo o *Self* — o outro polo intervém novamente e voltam ao ponto de partida. Perderam o ponto da virada. Mais uma vez, é a enantiodromia sem sentido.

Na prática isso é mais bem descrito nos estados alternados das pessoas esquizofrênicas, pois há momentos que elas são completamente tomadas pelo inconsciente coletivo e sofrem contínuas transformações, e podem até dizer que são Deus, Jesus ou a árvore da vida, ou a ilha de ouro e prata. Mas há fragmentos de racionalidade no discurso esquizofrênico nos quais reconhecemos Von Spät. Dizer por exemplo: "Eu e Nápoles devemos prover macarrão para o mundo inteiro", é de uma falta total de sentido, mas dizer que se é Deus ou a árvore da vida tem muito sentido, porque temos uma fonte divina no *Self* e toda a mística cristã aceita isso. Se fosse possível separar um material do outro, a doença não seria fatal. Ao sair da crise, por meio da medicação, a pessoa cai no extremo da rigidez da normalidade e do racionalismo. Então condenam tudo o que fizeram quando estavam doentes, e nem querem mais tocar no assunto.

Nos dois casos, duas coisas estão faltando: primeiramente, a possibilidade de compreender a realidade da psique, pois o esquizofrênico pega os arquétipos do mundo interno como sendo totalmente reais. É muito difícil levá-lo a simbolizar pois ele insiste que seus delírios são reais e concretos. Desse modo introduz uma estranha racionalidade em sua loucura. Não consegue aceitar a hipótese da realidade psíquica como oposta à realidade exterior; ele as mistura. Quando tais pessoas caem no estado de Von Spät tornam-se racionais, mas não conseguem reconhecer a realidade da psique.

Outra coisa que falta é a função do sentimento, isto é, a possibilidade de estabelecer corretamente os valores das coisas. Jung conta a história de uma paciente esquizofrênica que parava para ouvir alguma coisa a intervalos regulares. Ele não sabia por que ela fazia isso, até que ela confessou que estava telefonando para a Virgem Maria — apenas para saber a opinião dela. Às vezes a paciente ficava inacessível, pois sua linha estava ocupada com outra pessoa! Mas se se tratasse de uma experiência mística, a pessoa ficaria em transe, e abalada depois por um longo tempo. Mas é típico do esquizofrênico dizer: "Alô, é a Virgem Maria? Tudo bem?" E se você ouvir isso pode achar engraçado ou ficar completamente chocado. Nesse caso o peso e a dimensão dos fatos estão confusos. Se as pessoas estão em surto, tudo é dito no mesmo tom. As maiores banalidades e o material religioso são indiferenciados.

Por essa razão, o tema do conto de "Psique", no conto de fada "Amor e Psique", que tem, como Cinderela, de selecionar os grãos de cereal, separando os bons dos maus, significa que é função da psique discriminar entre o bem e o mal. Se a *anima* está perdida, o sentimento também está, e isso acontece frequentemente na esquizofrenia. Assim que um homem perde o contato e o sentimento em relação à *anima*, tal situação ocorre, e muitos ficam em tal estado que propiciam a psicose coletiva, como vimos acontecer na última guerra e que provavelmente veremos outra vez.

Agora Li encontra-se preso no gelo entre os fantasmas. Vê o pai morto, Henriette Karlsen e Otto von Lobe novamente. Sente-se frio e perdido. Vaga e percebe que vai em direção ao norte e ao castelo de gelo. Sabemos que Von Spät está associado ao gelo e ao norte, e que quando o vento sopra em direção ao sul significa que Fo está chegando. Aqui, naturalmente, o frio pertence à terra dos mortos. (Tive que saltar uma parte do livro.) Ele vê um cavalo, um pássaro branco e Fo ao seu lado, e diz a ele: "Agora vamos". Montam em um cavalo preto e partem, mas em parte Li sente-se indeciso e enganado — algo está errado — mas Fo o apressa e sobem em um barco. No mesmo instante, sem que a alvorada o precedesse, o sol surge. Li olha nos olhos de Fo e vê Von Spät. Ele dá um grito e tudo fica escuro: Von Spät tinha tomado a forma de Fo e o tinha levado ao barco, enganando-o. De novo temos uma enantiodromia, mas, dessa vez, um fator chega perto da consciência, isto é, que Von Spät e Fo são duas faces ou aspectos da mesma coisa — um é, em segredo, o outro — que é algo que se encontra em extremos opostos psicológicos, pois, na hora da virada, os dois mostram que são um só. É o Tai-gi-tu da filosofia chinesa: o germe do contrário está sempre no preto ou no branco.

O capítulo seguinte é chamado de "A volta". Começa em um hospício onde as pessoas andam para baixo e para cima em um jardim. Uma das mulheres guarda a barba de seu finado marido em uma redoma de vidro e pede ao atendente para trazê-lo de volta à vida. Entre os loucos encontra-se um velho de aparência triste que podemos reconhecer como Melchior. Quando foi para o barco, Melchior provavelmente morreu, e em outra reencarnação, chegou a um hospício. O autor descreve como as pessoas lá cantam e lutam entre si, mas temos que saltar essa parte. Outro velho, um paranoico careca, vem até Melchior e diz: "Ouça-me em silêncio uma vez. Não devemos continuar a brigar. Por que você está sempre me espionando? Isso não se faz!"

— "Eu não faço isso", disse Melchior.

— "Sim, você faz. Posso senti-lo. Faz isto desde o dia que chegou, mas não vamos falar disso. Sou um imperador, como você sabe, mas não quero ser reconhecido. Vivo em mil formas, mas você logo me reconheceu. Também sei quem você é. Você é um grande homem, um grande mestre. Não mencionarei nomes, mas eu o conheço. Por que devemos ser inimigos? Podemos nos unir. Vamos nos separar: você vai para o Sul e eu vou para o Norte da terra. (Os dois polos.) Estou pronto a ceder-lhe parte dos meus bens, pois admito que no Sul as pessoas são menos inteligentes, mas no mais aquela região é mais fácil de governar. Vamos nos unir. Aceitarei suas condições. Se preferir pode ficar com o norte. Temos que destruir a humanidade antes que se multiplique demais e devemos fazê-lo antes que descubram nossos planos. Temos que trazer o paraíso de volta à terra novamente pois o mundo ficou feio demais. Salvaremos algumas mulheres para que possam gerar uma nova raça. Mas cuidado! Não conte a ninguém sobre a nossa missão!"

Ele estende a mão, mas Melchior lhe diz:

— "Não sei do que está falando!"

— "Você não quer? Mas não é o que sempre quis? Ah, já sei! Você quer me matar! Mas cuidado! Estou de olho em você! Sei de tudo!" Ele olha para todos os lados e vê uma figura de branco à distância, e foge gritando.

A figura de branco, que é o médico, aproxima-se de Melchior e pergunta como ele está. Melchior pede para sair do hospício. O médico responde que ele está completamente curado devido às maravilhosas drogas que lhe ministrou.

"E sei que não vou tirar de sua cabeça essa ideia fixa de ser o Dr. Melchior von Lindenhuis de Schimmelberg que desapareceu há cem anos atrás. No mais, as fantasias loucas que vivia há um ano atrás, quando foi encontrado em um barco vagando no mar alto, desapareceram. Contudo, como você não consegue lembrar-se de seu verdadeiro nome, para facilitar sua vida como cidadão, solicitei às autoridades que o autorizem a usar aquele nome, e assim você pode continuar a lecionar na universidade e viver uma vida normal".

Três dias mais tarde Melchior sai do hospício.

Esta é uma virada fatal, porque, embora velada pela loucura, a outra metade, a sombra — representada pelo velho calvo —, tentou unir os opostos Norte e Sul, Fo e Von Spät, para aceitar esses opostos como dois lados da mesma coisa. Porém isso foi misturado a ideias megalomaníacas de destruir o mundo inteiro e criar uma nova raça. Como sabemos, a Herrenrasse (a raça soberana) foi uma das fantasias do regime nazista e todos os que não pertenciam ao clã deveriam ser eliminados rapidamente por causa da superpopulação (um dos problemas que enfrentamos atualmente). A proposta do velho mostra uma estranha mistura de tendências construtivas (a união dos opostos) e de fantasias megalomaníacas de destruição. A união dos opostos não teve sucesso e Melchior recupera novamente a razão. Se ele tivesse conseguido, em sua loucura, resolver os conflitos inerentes à ambiguidade de sua personalidade, não teria voltado à monótona atividade que exercia no início do livro, à acomodação e à falta de prazer.

Quando estava voltando para casa, um dia ele viu um homem na rua que muito o atraiu com sua beleza típica de um efebo. Aproximou-se do jovem tirando o chapéu, e apresentou-se. O rapaz ficou surpreso mas respondeu e disse que se chamava Walter Mahr (mahr tanto significa *nightmare* (pesadelo) quanto *mare* (mula). Melchior explicou que teve a nítida impressão de conhecê-lo de algum lugar, mas o jovem disse que não se recordava dele. Eles estavam em frente da casa de Melchior e este insistiu com ele para entrar. Lá Mahr confessou que, quando menino, ele havia frequentemente sonhado com o rosto de Melchior, mas que isso teria acontecido há anos.

— "Sim, disse Melchior. Sonhamos muitas coisas e eu posso também ter sonhado com você".

— "Sonhei, continuou Mahr, que seu rosto aparecia na janela e que sua voz me chamava. E, uma vez, um outro sentou-se na beira de minha cama e disse que eu deveria segui-lo e deixar que me crucificassem".

A agitação de Melchior cresceu quando Mahr disse isso. Tudo ficou confuso para ele e fez um esforço para lembrar-se. Murmurou algo para si mesmo, falando sobre uma cruz e derramamento de sangue. Tentou convencer Mahr a segui-lo. Mahr tomou sua mão e a beijou, dizendo que fugiria com ele. Melchior disse-lhe que voltasse no dia seguinte pronto para vagar pelo mundo com ele.

Quando Mahr partiu, Melchior ficou muito tempo sentado pensando, depois despiu-se diante do espelho, admirando seu belo corpo jovem e imaginando o que aquela cabeça calva estaria fazendo em tal corpo. Então ele se veste e começa a trabalhar, porém não vê mais sentido em seu trabalho. Pela primeira vez vai a um bar onde encontra um amigo. Fala sobre uma festa que está havendo para comemorar os cem anos de uma revolução acontecida em Stuhlbrestenburg quando haviam matado o rei em um teatro. Mas Melchior recusa o convite alegando estar cansado.

Na rua, ele pensa ouvir passos. As ruas, as lâmpadas, o céu e as estrelas parecem estranhos e percebe que alguém acerta os passos com os dele. Sem perceber, começa a cantar uma música e é acompanhado por um coro invisível. A música fica mais alta; órgãos, bateria e címbalos tocam uma marcha, e ele se vê entrando em uma cidade iluminada, montado em um cavalo branco. Mulheres e garotas cobertas de véus o olham das janelas e balcões do palácio. Quando chega ao meio da praça, elas tiram os véus e ficam lá completamente nuas, jogando rosas. Uma porta se abre diante de Melchior, garotas seguram as rédeas de seu cavalo, ele apeia e encontra-se na rua vazia diante de sua própria porta.

Ele não consegue dar mais nenhum passo, seus joelhos bambeiam e cai. Deitado na neve, grita e chora até perder as forças. Levanta-se com muito esforço, mas, ao introduzir a chave na porta, encolhe-se de medo, como se a porta o estivesse prevenindo de alguma coisa. Ele pensa em voltar para o bar e passar a noite lá, mas quando se lembra das ruas vazias e de seu cansaço, desiste e esquece seu terror. Fica de pé, do lado de fora, no escuro, prestando atenção e quase foge novamente, pois tudo parece tão estranho e ameaçador. Entra e corre para seu quarto, risca um fósforo e deixa-o cair, sentindo que há um estranho lá. Ouve perfeitamente o ruído de uma respiração e acha que a reconhece. Finalmente, acende uma vela e vê um homem louro, de cabelo cacheado, dormindo em sua poltrona. Melchior olha para ele e reconhece Von Spät. No mesmo instante recupera a memória e lembra de tudo o que havia acontecido.

— "Agora", diz ele, "eu o tenho em meu poder e sou o mestre. Ele não sabe que estou desperto e poderoso. Chamarei os rapazes para amarrá-lo". Olha para Von Spät e vê o rosto mórbido e divino que o fascina novamente, mas resiste à tentação e grita:

— "Quero ir embora!"

Nada acontece. Levanta os braços e repete o grito. Mas ninguém responde e ninguém aparece. Ele grita, inutilmente, mais uma vez. Sabe, então, que está sozinho e que os rapazes estão sob o domínio do estranho.

"Está tudo acabado", pensa Melchior, e sente-se terrivelmente cansado. Olha de novo para Von Spät, que ainda dorme. Tem medo de olhá-lo nos olhos e ouvir sua voz. Cuidadosamente, sem se despir, deita-se em sua cama e adormece imediatamente.

Sonha que os homens de vidro dominaram tudo e que os rapazes foram destruídos. É um sonho longo, e no final ouve alguém chamá-lo e, abrindo os olhos, dá de cara com Von Spät. Pega a faca e o fere, como uma flecha, fazendo uma cruz em seu peito. Von Spät grita: "Melchior!" Melchior acorda e vê Von Spät de pé a seu lado, com uma vela na mão. É noite ainda.

"O mundo é meu", fala Von Spät. "É inútil chamar os rapazes. Eles não podem ouvi-lo. São apenas reflexos no espelho."

"Eu não pertenço a você!" grita Melchior. "Sou dono de mim mesmo!"

— "Eu o dominarei, como fiz com os outros. Siga-me e mostrar-lhe-ei o último ato."

— "O jogo nunca termina."

— "Siga-me, e olhe!"

Lá fora a tempestade de neve piorou. Eles caminham durante uma hora, com a neve soprando em seus rostos, mas finalmente chegam a uma velha e dilapidada casa onde brilham lamparinas. Von Spät para. Na porta há as seguintes palavras: "Palco Mundial Radium".

— "Chegamos", diz Von Spät que não havia dito nada no caminho. Ele bate três vezes na porta com sua bengala. Um anão aparece. "Você está atrasado", diz ele. "O público todo já saiu. Ninguém quis continuar a ver a peça, mas nós vamos terminar assim mesmo. O último ato já vai começar."

Ele os guia por velhos aposentos com as paredes rachadas, até chegarem a uma porta. Pede-lhes que entrem e que aproveitem a peça. Eles se sentam e olham para o auditório vazio. Está escuro, exceto por uma ou outra lanterna que ilumina algumas formas.

— "É um bom lugar", diz Von Spät. "Pode-se ver os atores de um ângulo que evita que eles sejam levados a sério demais na tragédia."

— "E o que isso nos interessa?" pergunta Melchior.

— "O que veremos aqui?"

"O último ato" responde Von Spät.

Uma campainha soa e a cortina é levantada. Melchior vê os rapazes e uma cópia de Melchior no palco. Ele vê as mesmas ruas que tinha visto no sonho que tivera duas horas atrás, seus habitantes transparentes e imóveis com seus rostos impassíveis. E então ele vê que eles são os rapazes.

Von Spät levanta-se e senta-se em uma cadeira mais alta, atrás de Melchior. Pega binóculos e fica vendo através deles, por cima da cabeça de Melchior, apoiando-se nos ombros dele. Os rapazes dançam em volta de Von Spät, cantando: "O tempo afunda, o espaço se dissolve, a forma desaparece". É a voz de Fo. Melchior quer pular, mas os cotovelos de Von Spät apertam seus ombros, segurando-o. Os rapazes, dançando, separam-se em pares. Um imenso portão aparece. O último sorriso se desvanece no rosto deles, seus olhos fecham-se em um sono mortal, e os olhos da cópia de Von Spät também se fecham vagarosamente.

Melchior sente a pressão em seus ombros afrouxar. Ele se vira e vê que ele adormecera. Então vê uma cópia de si mesmo no palco. Vê que ela corre para Fo e o balança, tentando despertá-lo: "Vamos aproveitar agora que o inimigo está dormindo!" Eles correm até a imagem de Von Spät com as facas em punho. No mesmo instante Von Spät cai sem vida no chão. Melchior vê ele mesmo e Fo saírem correndo.

O vento pega Melchior e o carrega. Flocos de neve caem sobre sua cabeça na luz pálida do amanhecer. Ele está sozinho nas ruas cobertas pela neve. Gradualmente a tempestade diminui e o sol tenta abrir caminho entre as nuvens. Melchior sente suas últimas forças o abandonarem. Está tão fraco que mal consegue mover-se. Deixa-se cair na neve.

"Os círculos estão se fechando", murmura. "Tudo se cumpriu. Minha sombra libertou sua sombra. O inimigo foi destruído. Onde está você? Além dos grandes mares que nos dividem ouço sua voz. Noite e dia, noite e dia você vaga pelas planícies e sobe nas mais altas montanhas. Navios dourados com velas vermelhas levam você por sobre o mar. Bandos de pássaros voam ao seu redor. Por caminhos selvagens você vem. Quando amanhecer você surgirá diante de mim nu e glorioso, com estrelas no cabelo e seus lábios frescos beijarão meu coração que bate. A terra despertará. Suas palavras chamarão todos de volta à vida, seu sopro *anima*rá os corpos e seu amor os corações. A cruz se levantará. Os despertados transferirão seu sangue para as veias do mundo e passarão por várias formas. A nova peça começará. As uvas estão maduras. Veja como descansamos, respirando felicidade. Tudo está certo. Venha a nós no manto da noite, e una-se a nós, chama jovem, chama cantante, Mestre e Discípulo."

No fim dessa oração em forma de hino, ele se levanta e estica os membros. Depois caminha, tropeçando na neve e pensa ver nela uma gota de sangue. Olha de perto e vê que é uma pétala de rosa. Poucos passos adiante encontra várias delas, e seu caminho vai ficando coberto por elas. Vê então pegadas de pés delicados e descalços. Segue-as e elas o levam para o alto. A neblina fica mais espessa; a terra desaparece. Tudo fica branco, só as pétalas de rosa brilham, de um vermelho sangue, mostrando-lhe o caminho. Mais além na neblina vê um vulto. Sua fraqueza desaparece. Não sente e não vê nada a não ser a figura em sua frente.

O sol surge e a neblina desaparece. Sobre um alto pico, Fo está de pé, brilhando como o sol coroado de rosas e abre seus braços chamejantes.

O cansado viajante cai de joelhos. "O reino!" ele balbucia. "O reino sem espaço!" e morre.

Mais uma vez há uma enantiodromia. Von Spät tinha vencido quando levou Melchior para o barco; cem anos mais tarde, Melchior está no hospício, porque assim que nos vemos no reino da razão, tudo o que fica no polo oposto — no reino de Fo — parece ser pura loucura. Melchior consegue sair do hospício. No palco, quando esfaqueiam Von Spät, Fo vence outra vez, desta vez no mundo. Fo continua vitorioso: finalmente encontra o reino, mas é obrigado a abandonar o corpo que fica com Von Spät. Ele mesmo é um velho morto, o que significa que o problema não foi resolvido e sim adiado, porque se a solução só é encontrada na morte, os meios conscientes de realização ainda não foram achados nessa realidade. É por isso que, no cristianismo, a vitória sobre o mal e a união dos opostos são projetadas para a época posterior ao juízo final. O paraíso só vem após a morte. Em Fausto, o herói encontra a redenção após a morte, e no Reino sem espaço, o mesmo acontece. Aqui fica claro que a ponte para a realização não foi encontrada porque a realidade do psiquismo não foi descoberta durante a batalha. Ela é travada na projeção — a razão contra a realidade arcaica do inconsciente — mas não dando-lhe um nome e não vendo sua realidade. O autor mistura a realidade psíquica com a concreta. Essa também é a causa de nossos problemas hoje em dia, aos quais poderíamos aplicar a citação de Rabelais: *La verité dans sa forme brute est plus fausse que la faux*. (A verdade, em sua *prima materia*, em sua aparência superficial, é mais falsa que a própria falsidade.) E isso é bem verdade a respeito do que acabamos de estudar. Apesar de tudo, esses são esforços para criar uma nova atitude religiosa que seja criativa, e uma renovação da cultura — que só pode ser uma forma psicológica e individual — mas que parece revoltantemente falsa, de um cunho político que é mais falso do que o próprio mal.

Apesar disso, contudo, devemos examiná-lo e selecionar os grãos de cereal, separando os bons dos ruins. Se não fizermos assim, estaremos construindo fachadas modernas e bonitas cujas bases não passam de escombros.

Em sua vida e arte, o próprio Bruno Goetz viu-se às voltas com essa problemática. Em seu poema *O tolo e a cobra*[32] ele descreve o *puer* divino como um símbolo que primeiramente vence, depois se purifica e finalmente se une com a grande

---

32. Bruno Goetz, *Der Gott und der Schlange*. Zurich: Balladen, Bellerive, 1949.

cobra (a serpente boa de Saint-Exupéry). O aspecto destrutivo é superado e os opostos se unem em um casamento secreto.

Se compararmos as duas figuras de *puer* — o pequeno príncipe e Fo — veremos que eles têm em comum uma visão de mundo romântica, que ambos são contra as figuras senis como as do rei, do velho megalomaníaco etc., ou a de Von Spät (em Goetz). Em ambos os casos, eles representam a possibilidade de uma renovação criativa, de uma primeira conscientização do *Self*, mas, por causa de uma certa fraqueza do ego e uma diferenciação insuficiente ou falha da *anima*, essas figuras de puer tornam-se um passaporte para a morte, para a loucura ou para ambas.

Uma versão americana que retrata a imagem do *puer* foi feita por Richard Bach em seu livro Jonathan Livingston Seagull[33]. Mas o livro de Bach tem um final feliz: é o amor por seus companheiros que faz Jonathan voltar para seu bando e ensiná-los a voar. Além disso, Jonathan é um pássaro e não um ser humano, e por isso está correto o fato de ele permanecer no ar. Mas há um tremendo risco para o *puer* caso ele resolva identificar-se com Jonathan e tornar-se um "gênio incompreendido" — mas o livro também pode ser corretamente interpretado e trazer uma saudável mensagem de amor, liberdade e dedicação.

Na versão alemã da novela de Bruno Goetz, está claro que o problema do *puer aeternus* não é um problema apenas individual mas também da nossa época. Os velhos são caracterizados como uma imagem ultrapassada de Deus e da ordem mundial, que, na novela, não consegue se encarnar no homem (em Melchior). Se a nova imagem de Deus não consegue nascer na alma do homem, ela permanece uma figura arquetípica inconsciente, que tem um efeito destrutivo e fragmentador. Caminhamos em direção a uma "sociedade sem pai"[34] e o "filho" não nasceu ainda, isto é, não houve conscientização em nosso psiquismo. O nascimento interior só poderia acontecer com a ajuda do princípio feminino.

---

33. Richard Bach, *Jonathan Livingston Seagull*. New York: The Macmillan Company, 1970.
34. Alexander Mitscherlich, *Society Without the Father: A Contribution to Social Psychology*. Nova Iorque: Shucken Book, Inc., n. d.

É por isso que a atenção de todos está se voltando atualmente para ele. Se a amarga e misteriosa Sofia pudesse ser de novo o que era — Sofia, Sabedoria divina — isso poderia ser alcançado.[35] Então o *puer* poderia tornar-se o que ele deveria ser: um símbolo de renovação e do homem interior total por quem os *pueri aeterni* neuróticos de nossos dias procuram sem saber.

---

35. Jung, *Psychology and Religion,* "Resposta à Jó" (§§ 609 em diante.)

Sumário

5   Introdução à coleção "Amor e psique"
9   Capítulo 1
36   Capítulo 2
59   Capítulo 3
88   Capítulo 4
114 Capítulo 5
140 Capítulo 6
159 Capítulo 7
180 Capítulo 8
201 Capítulo 9
228 Capítulo 10
255 Capítulo 11
281 Capítulo 12